2009 문광부 우수교양도서에 선정된 이은식 작가의 신작

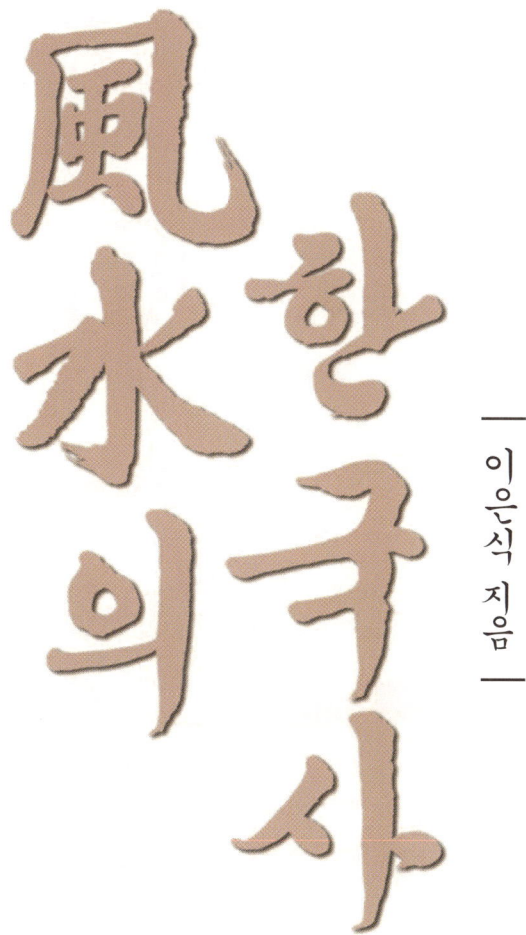

風水의 한국사

이은식 지음

타오름

풍수의 한국사

초판 1쇄 인쇄 | 2010년 4월 3일
초판 1쇄 발행 | 2010년 4월 7일

지은이 | 이은식
사　진 | 이은식
펴낸이 | 최수자

주간 | 고수형
디자인 | 디자인 곤지
인쇄 | 대원 인쇄사
제본 | 경문제책

펴낸곳 | 도서출판 타오름
주소 | 서울 은평구 녹번동 38-12 2층
전화 | 02)383-4929
팩스 | 02)3157-4929
전자우편 | taoreum@naver.com
http://blog.naver.com/taoreum

값 | 14,500원
ISBN 978-89-94125-02-2 03900

2009 문광부 우수교양도서에 선정된 이은식 작가의 신작

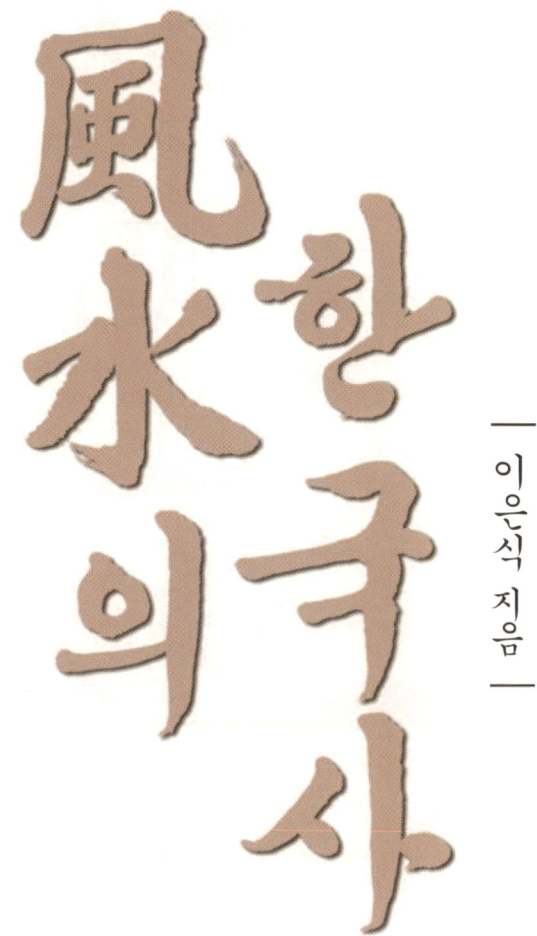

風水의 한국사

이은식 지음

타오름

차례

우리가 몰랐던 한국사에 대하여

이어령 李御寧
· 초대 문화부 장관
· 신문인/문학평론가
· 이화여자대학교 석좌교수
· 중앙일보 상임고문

나그네라는 말은 나간 이, 즉 밖으로 나간 사람이라는 뜻이다. 그러나 역사 기행이나 우리 고전 작품을 찾아가는 나그네는 밖이 아니라 안으로 들어오는 사람이다. 한마디로 우리 고전 작품을 다시 발견하고 그 배경이 되는 고장을 찾아가는 이은식 李垠植 님의 글은 한국인의 내면을 탐구하는 소중한 '안으로의 여행'이라고 말할 수 있다.

내면이란 무엇인가. 인체를 보면 안다. 겉으로 보면 인체는 모두가 대칭형으로 되어 있다. 두 눈 두 귀가 그렇고 양손 양다리가 모두 짝을 이루어 좌우로 나뉘어 있다.

하나의 코와 입이라도 그 모양은 좌우 대칭으로 되어 있다. 그러나 내부로 들어가면 어떤가. 인체 해부도를 보아서 알듯이 심장과 췌장은 왼쪽에 있고 간이나 맹장은 오른쪽에 있어 좌우가 다르다.

그리고 위의 생김새나 대장은 더더구나 그 모양이 외부와는 달라 모두가 비대칭적인 모양을 하고 있다.

이렇게 내면의 여행은 인체의 내부처럼 복잡하고 애매하다. 지도를 보면서 정해진 코스를 찾아가는 외부의 여행과는 딴판이다. 보이지 않는 곳은 내시경으로, 들리지 않는 박동은 청진기를 사용해야 한다. 그것이 바로 내면을 여행하는 사람의 투시력이며 상상력이며 특수한 지식의 힘이다.

이은식 님의 저작은 한국 전통 문화의 맥을 짚어, 보이지 않는 마음의 섬세한 구김살을 열어보는 투시력의 소산이다. 사전辭典 지식으로는 맛볼 수 없는 현장성 그리고 그 배후를 꿰뚫는 정성과 분석력이 대단한 분이시다. 그의 원고를 보면 내가 누구이며 내가 어디에서 왔으며 내가 어디로 가야 할 것인가의 방향을 확실히 제시하고 있다.

그렇기 때문에 이 방대한 '문화 탐구의 기행'인 동시에 '역사 인물 기행'은 우리의 시선을 마음의 내면세계로 향하게 하는 화살표요 그 지도가 되는 것이다. 이 책에서 우리는 정창손을 만나게 될 것이다. 그리고 잊혔던 김사형과 세종대왕, 민유중과 김조순을 비롯한 수많은 역사적 인물들을 만나게 될 것이다. 고정관념을 버리고 선조들이 살던 시대의 삶과 문화, 그리고 한 분 한 분의 발자국을 따라가다 보면 과거의 역사가 아니라 우리 미래의 역사를 만나게 될 것이다.

역사 속의 인물과 고전 작품은 시대와 사회의 변화에 따라 끝없이 재조명하고 새롭게 탄생하는 것이다. 역사는 그냥 이야기가 아니다. 우리가 살아온 달력에 동그라미를 쳐놓은 그냥 기억이 아니다. 시간의 켜가 모여 지층처럼 쌓여간 문자의 땅이요 피의 강이다. 산맥이 높아야 높은 산이 생긴다는 말처럼 그 위에 우리는 우리의 새로운 역사의 봉우리를 만든다.

겉만 보고 한국인을 말하지 말아야 한다. 복잡하고 불가사의한 한국인의 내면을 알고 나서야 우리는 우리 역사 속 한국인의 참모습을 알게 될 것이다.

검은 암탉이 하얀 알을 낳고, 검은 소가 흰 우유를 쏟아내듯이 이은식 님의 책은 오늘날같이 혼탁한 세상에 샘물 같은 그런 구실을 할 수 있을 것이다.

저자 이은식

　동서고금을 통해 그 기록을 살펴본다면 모든 생명체, 특히 우리 인간은 신神이 내려준 자연이라는 품에 안겨 더부살이를 해 왔음을 알 수 있다.

　그 과정을 한번 짚어 본다면 유구한 역사 위에 점철된 무수한 사건과 흥망이 있었건만 매듭을 만들어 거역하지 않고 원형이정元亨利貞으로써 하늘의 뜻대로 순리順理, 순명順命하며 살아가는 슬기와 지혜를 갈고 닦으며 살아 온 것이 우리 인간의 역사일 것이다.

　그러나 때론 신이 내려준 자연을 외면하면서 독립해 살기를 거듭해 온 것도 사실이다. 생활하는 모습의 전부인 문화, 그 문화의 발전이라는 이름 아래 비과학적인 묵은 요소들은 과감히 버리고 실질적이고 합리적이며 능률적인 과학적 요소를 도입하면서 그 끝이 어디인지 알지 못하리만큼 첨단의 길을 내딛고 있는 요즘이다.

　그 가운데서도 인간의 능력으로는 전혀 볼 수 없고 알 수도 없는 학설이 바로 풍수학설風水學說이라고 감히 말할 수 있을 것 같다. 풍수학설에서 말하는 명지名地, 명당明堂이란 어떤 곳을 가리킴이며 또한 인간의 선택에 따라 부귀화복富貴禍福은 과연 정해지는가. 그 물음에 명확한 답을 할 수 있는 사람은 없을 것이다.

마찬가지로 이렇게 반신반의半信半疑하던 필자에게 풍수학으로 한 발 다가설 수 있는 기회가 왔다고 하겠다. 필자는 다만 이 땅에서 살다 가신 선현들의 행적을 가감 없이 후세인들에게 남겨야 한다는 것과 잘못 알려지고 잘못 기록된 부분을 찾아 그 내용을 명료하게 남기려는 신념하에 선현들의 발자취와 만년유택을 찾아 때와 곳을 가리지 않고 전국을 대상으로 답사하였다.

그러다 보니 자연스럽게 보게 되는 것이 집터와 무덤 터였다. 답사한 그곳엔 단 한 곳도 풍수학설과 무관한 곳이 없었고 인문학과 풍수학은 빛과 그림자와 같았다. 우리 민족의 삶의 중심에는 풍수학설이 너무나 크게 자리 잡고 있으며, 뿌리 또한 깊은 곳까지 뻗고 있어 놀라는 경우가 많았다.

본인을 위시한 후손들의 부귀와 명성은 명당, 명지의 결과라 할 수도 있겠지만 그보다 먼저 행해야 할 일은 정성을 다 하여 선조의 넋을 받드는 숭조 사상을 진심으로 여기고 고운 심성으로 살아가는 것이라 믿는다.

2010년 3월
신선이 노닐던 동네 삼선동에서

제 1 부

풍수에 숨어 있는
선현의 지혜

풍수란 어떻게 설명해야 하나

풍수風水는 우리의 삶과 밀착되어 있는 일상적인 것으로 받아들일 수도 있고 극단적으로 풍수만을 따지게 된다면 미신처럼 치부될 수도 있는 문제이다. 그러나 이론을 떠나서라도 무릇 사람을 비롯한 생명이라면 살고 쉬는 터, 죽은 후 몸을 누일 곳을 생각할 때 막연히라도 '좋은 터'를 찾기 마련이다.

땅을 바라보는 시각은 크게 두 가지로 나누어 생각할 수 있는데 먼저 합리적이고 이성적인 측면에서 의식주라는 경제적인 용도를 중시하며 바라본 것은 풍수지리 가운데 '지리'의 측면에 해당된다. 예컨대 국부國富 조사를 위주로 한 조선 시대의 관찬 지리지官纂地理志나 지도학적地圖學的 전통 같은 것이 그에 해당된다고 할 수 있다. 다른 하나는 땅의 본원적인 성격, 다시 말해서 생명의 원천으로 우리의 삶을 있게 하였고 또 사후 우리들의 영면의 거소로 생각하는, 어떻게 보면 매우 신비스럽고 비합리적일 수밖에 없는 대상으로 보아 온 것인데 이것을 풍수지리 중 '풍수'의 측면이라고 이해할 수 있다.

지리는 눈에 보이고 만질 수 있는 실체를 그 대상으로 삼기 때문에 학문적 연구의 소재로 쉽게 인정될 수 있는 것이지만, 풍수는 실체를 감지할 수 없고 오감으로는 느낄 수조차 없는 초감각적 대상이기 때문에 무시될 수밖에 없는 특성을 지닌다.

풍수란 우리가 살고 있는 양기陽氣인 주택에 의하거나, 간접적으로는 조상의 분묘인 음택陰宅을 매개로 해서 땅의 기운에 의존해서 인간의 삶 자체의 행복과 불행을 꾀하는 운명 개척법 가운데 하나이다. 그래서 풍수는 감여堪輿, 지리地理 혹은 지술地術이라고도 한다. 감여라고 하는 말은 천지가 세상을 잘 지탱하며 싣고 있는 것을 의미하면서 땅의 조화에 중점을 둔 것이다. 그에 비해서 지리란 산지형의 형세 즉, 지세나 그 형태를 의미한다. 지술은 지리술이라는 뜻으로 땅이 인간에게 부여하는 길흉화복을 나타낸다.

이처럼 풍수에 대한 정의는 땅과 밀접한 관계를 가지고 있다는 것을 입증하는 것이다. 그런 까닭에 풍수의 목적도 인간이 천지간에 기대어 영화를 꾀하려는 의도가 다분히 내포되어 있는 것이다. 풍수에는 주택뿐만 아니라 묘지, 산 자리 등이 속한다고 볼 수 있다. 전자의 주택이 지상의 길흉 여하에 따라 사는 사람의 운명을 좌지우지 하는 것이라면, 묘지는 죽은 자의 행복과 불행을 정하는 것이다. 특히 묘지는 조상과 후손과의 연계를 통해 효 사상뿐만 아니라 부모로서의 마음이 자식에게 전해지는 의미도 담고 있다. 다시 말하면 묘지 풍수의 목적은 조상을 정성스럽게 숭배하는 정신뿐만 아니라 망인을 좋은 자리에 장사지내주었는가 아닌가에 따라 그 자손들의 성쇠에 많은 영향을 미친다는 데 있다. 그렇기 때문에 상이 난 집에서 지관을 데려다 좋은 묏자리를 잡으려고 하는 것도 바로 이러한 이유에서이다. 그런 까닭에 풍수지리를 풍수 사상이라고도 부르는 연유가 여기에 있는 것이다.

우리 민족은 고대부터 비옥한 땅에서 살다가 세상을 달리하는 날부터는 소위 명당이란 곳을 찾아다니며 유골을 묻고 자손 대대로 번영을 누리려고 하였는데, 이것이 우리 민족만이 믿고 있는 특수한 풍수지리설이라고 보아야 하겠다. 그래서 땅을 커다란 테두리 안에서 집터 및 농토와 같은 양陽터와 조상의 유택인 음陰터로 나누었다.

요즘은 지형의 높낮이와 방향 같은 것은 모두 잊고 살아가는 실정이지만 조상의 유택 사정은 다르다. 앞산보다 뒷산이 낮은 곳이라든가 물기가 있는 곳, 바위와 돌이 많은 곳 등 조건이 많이 따른다. 이와 같이 우리들의 선조님들은 묘터를 매우 중요시 해왔다. 그리고 그런 것들을 평상시에는 무시하고 살던 사람들도 막상 죽음의 문턱에서는 자손들이 나의 시신을 어떻게 처리해 줄까 하는 염려를 죽음의 불안과 함께 또 하나의 걱정거리로 생각하면서 눈을 감았으리라.

풍수 사상을 바탕으로 볼 때 그 지역의 자연관이나 토지관, 운명을 바라보는 시각이나 이것을 통한 가족제도의 모습도 찾아볼 수가 있다. 풍수 사상의 측면에서 우리 민족의 자연관을 보면 먼저 지맥地脈은 곤륜산으로부터 광채가 나고 생기에 찬 산으로 연면히 이어져 생동 변화하면서 조화와 안정감을 잃지 말아야 한다. 그리고 형세가 북쪽으로는 높은 주산主山에 기대어 북풍을 막고 심리적 안정감도 얻을 수 있어야 하며, 남쪽으로는 가까이 안산案山이 아담하고 멀리는 조산祖山이 뒤를 받쳐주어 안온함을 형성하게 해 주어야 한다. 마지막으로 물은 반드시 길한 방위로부터 슬며시 흘러들어와 흉한 방위로 꼬리를 빠져 나가야 한다.

이렇듯 인간이 거주하는 환경을 지배하거나 영향을 받게 될 수 있으면 인간에게 도움을 주는 환경을 선택하고자 하였던 것이다.

이렇듯 풍수는 자연을 성화하고, 그 성별된 중심에 서고자 하는 인간 삶에 대한 욕구를 반영하고 있는 것이다. 인간 자체가 유한한 존재이고 삶 또한 제약적이기에 특별한 정주 공간을 통해 복과 영원성을 기원한 것이다. 아울러 이것이 신앙 체계로 자리 잡을 때 풍수신앙은 신앙적 영역을 확보하는 한편 한국인의 종교적 심성을 크게 좌우한다고 볼 수 있다.

『풍수의 한국사』에서는 풍수란 무엇인지, 어떻게 땅을 보면 좋은가를 알아보고 이와 함께 우리나라의 특징적인 지형과 그곳에서 배출된 인물들의 삶을 알아보고자 한다.

우선 풍수를 하고자 하는 사람은 산에 오르고 물을 건너는 수고를 마다해서는 아니 된다. 보통 이를 등섭지로登涉之勞를 마다하지 말라는 표현으로 많이 나타낸다. 그리고 무엇보다도 산과 땅에 대한 깊은 애정을 가지고 살아있는 생명체로서 산을 대해야만 한다. 산을 살피는 경험이 쌓이고 마음이 태고의 평정을 찾으면 산은 한갓 생명 없는 흙과 돌무더기의 집합체가 아니라 풍운조화風雲造化를 일으키는 용으로 보이게 되는 것이다. 그런 단계에 이르러야 비로소 풍수를 말할 수 있다.

그리고 사람들은 그 용을 찾아 나선다. 이른바 간산看山이라는 것이다. 간산의 사전적 의미는 물론 성묘省墓와 같은 뜻이나 풍수에서 간산을 한다는 것은 살 만한 혹은 모실 만한 터를 찾는다는 뜻이다. 그 용에 의지하여 자신의 기氣를 이 세상천지의 좋은 기에 동화시킨다. 산을 용으로 보기 위해서는 논리를 버려야 한다. 쓸모없는 지식은 모두 털어내 버리고 산과 일체가 되어야 한다. 산을 자신 속으로 맞아들이는 것이다. 마음을 비우고 사심 없는 산을 대하면 산은 살아나서 말을 해 준다. 그것이 풍수의 출발이다.

그런데 우리가 여기서 한 가지 깊이 반성해야 할 점이 있다. 어떠한 사람이건 고귀한 것처럼 산에는, 그리고 더 넓게 땅에는 나쁜 땅이란 없다는 것이다. 쓸모없는 땅이란 없다는 얘기다. 사람에게 그 재주와 능력에 맞지 않는 일을 시키면 못난 사람이 되어 버리는 것처럼 땅도 그 성질을 잘 알지 못하여 용도를 잘못 골라 쓰면 피해를 입는 수가 생긴다. 예컨대 논이 될 만한 땅에 집을 세울 수 없고 절이 들어설 터에 산소를 쓸 수 없는 이치와 같은 것이다. 논은 물기를 넉넉히 품을 수 있는 성질의 땅인데 그런 곳에 사람이 먹고 자고 쉬는 집을 지으면 그런 집에 사는 사람은 각종 질병, 특히 신경 계통이나 순환기 계통의 병을 얻을 수밖에 없다. 또 절은 주로 지기가 강건한 곳에 세워지기 마련인데, 그런 강기剛氣의 터에 시신을 모시면 후손이 견뎌낼 재간이 없어진다. 평범한 한 개인이 감당할 수 있는 자리가 아니기 때문이다. 흔히 세간에 명당이라 알려진 곳들 중에는 그런 강기의 땅들이 의외로 많다. 돈 많은 사람들이 그런 터를 거금을 주고 사들여 산소를 조성하는 것을 자주 볼 수 있는데 이는 일부러 돈 들여 망하고자 고사를 드리는 꼴에 다름 아니다.

터를 고르는 사람이 땅의 성격을 알지 못하여 용도를 잘못 선택하는 것은 그 사람의 어리석음이거나 잘못이지 절대로 땅이 나쁜 까닭이 아니다. 풍수 원칙에 멀리 벗어나는 이단의 자리이면서도 하늘이 내린 절호의 길지와 명당이 되는 예는 얼마든지 있을 수 있음을 상기할 일이다.

전통적인 풍수서風水書에 있어서 풍수 사상의 논리 구조는 대체로 용龍, 혈穴, 사砂, 수水의 4대론을 따른다. 필자는 여러 풍수 유파들의 이론들을 종합하고 설명의 편의를 도모하기 위하여 다음과 같이 정리하였다. 즉 다음에 소개하는 풍수의 논리 체계는 전통적인 것과는 차이가 난다는 것이다.

풍수는 크게 두 가지 체계로 구분이 된다. 하나는 땅에 대한 이치를 논구한 경험 과학적 논리 체계이고 다른 하나는 지기地氣가 어떻게 인사人事에 영향을 미치게 되는가를 밝힌 기氣 감응적 인식 체계 부분이다. 경험 과학적 논리 체계 부분에도 오해될 여건이 없는 것은 아니지만 그래도 이 분야는 다분히 땅에 대한 경험과 지혜의 축적이기 때문에 그 내용이 어려워서 생기게 되는 몰이해를 제외한다면 그 소지가 그렇게 큰 것은 아니라고 믿는다.

풍수에서 땅을 보는 방법은 결국 풍수의 논리 체계 또는 그 구조가 어떠한가를 알아보는 문제와 같다. 어떤 사람, 어떤 용도에 맞는 땅에 입지立地함으로써 재앙을 피하고 복을 추구하자는 것이 풍수의 목적인 만큼 거기에는 매우 복잡한 논리 구조가 생겨나게 마련이다.

경험 과학적 논리 체계는 땅에 대한 이치를 어느 정도 논리적이고 합리적으로 정리해 놓은 부분이고 기 감응적 인식 체계는 땅의 기운이란 것이 어떻게 사람에게 영향을 미치게 되는가를 밝힌 부분이다. 앞의 것은 그나마 정돈된 설명이 가능하지만 뒷부분은 확실히 신비주의적 색채가 강함을 부인하기 어렵다. 물론 전통 풍수서는 대체로 용, 혈, 사, 수론의 4대 구분을 따름이 원칙이나 그것은 너무 전문적이라 이 자리에서 얘기할 성질의 것은 아니다. 『풍수의 한국사』에서는 가급적 전문용어를 배제하고 쉬운 일상의 말로 정리해 독자들의 이해를 높이고자 하였다. 왜 풍수는 쉬워야 하는가. 그것은 풍수가 형이상학이 아니라 인간이 땅에 대하여 어떻게 행동하는 것이 도에 합치되는 것인가를 알려주는 우리 민족의 지혜이기 때문이다. 필자는 여기서 반전문성이란 말을 쓰고자 한다. 그것은 반전문성半專門性이기도 하고 반전문성反專門性이기도 하다.

반半전문성이란 이 내용을 읽고 나면 기를 감지할 수 있는 탁월한 전문가의 입장에 오르지는 못한다 할지라도 돈을 목적으로 공연한 공갈을 일삼는 천박한 지관들의 이론적 수준 정도에는 도달할 수 있으리라는 기대에서 쓴 말이다. 그리고 반反전문성이란 풍수 본래의 인간적 본능을 되살리는 정신으로 돌아가기 위해서는 오히려 난삽한 풍수 술서의 뒤죽박죽인 상태를 벗어날 필요가 있다는 뜻에서 차용한 말이다. 전문성이 오히려 땅의 본질인 기를 파악함에 있어서는 방해가 되는 경우가 너무나 많았기 때문이다.

풍수의 기원

  고대의 신화나 전설, 설화들로 미루어 볼 때 선인들은 만물이 유기체이고 상호 의존적으로 존재하는 것이라 인식하였고, 특히 땅과 운명을 같이 할 수밖에 없는 농경민이었던 우리 조상들의 풍수에 대한 관심은 자연스러운 귀결이었을 것이다.

  농업은 땅과 기상 조건에 의하여 좌우되는 것으로 그 대표적인 것이 바람과 물, 즉 풍수이다. 이때의 바람이란 기후나 풍토를 통칭하는 의미를 지니는 것으로 우리나라의 경우는 지형이 복잡하고 의외로 풍토가 다양하여 위도에 따른 기후의 변화뿐만 아니라 산과 강에 의한 국지적인 미기후微氣候의 영향이 매우 강한 편이었다. 풍수지리의 근원은 그러한 농업적 생산 양식 위에 나타난 사고방식이다.

  따라서 풍수적 사고방식이란 지형과 기후 그리고 풍토 등 넓은 의미에서의 지리관이자 토지관, 자연에 대한 해석 방법이다. 그래서 그 내용은 본질적으로 자연적이며 인간적이고 또한 그래서 어려운 것이다. 그런데 자연 풍토도 인간도 존재 자체에서의 신비성은 어쩔 수가 없다. 어떤 식으로든 이제 모두 알겠다는 따위의 합리적 설명이 전반적으로 가능한 경우는 없다. 그렇기 때문에 여기에 복잡하고 난해한 설명 방식이 끼어들 수 있게 되는 것이다. 잘 모르기 때문에 생기는 일종의 진실 왜곡인 셈이다.

풍수는 음양론陰陽論과 오행설五行說을 기반으로 땅에 관한 이치, 즉 지리地理를 체계화한 전통적 논리구조이며, 『주역周易』을 주요한 준거로 삼아 추길피흉追吉避凶을 목적으로 삼는 상지 기술학相地技術學이다. 구성은 산山, 물水, 방위方位, 사람人 등 네 가지의 조합으로 성립되며 구체적으로는 간룡법看龍法, 장풍법藏風法, 득수법得水法, 정혈법定穴法, 좌향론坐向論, 형국론形局論, 소주길흉론所主吉凶論 등의 형식 논리를 갖는다.

'풍수' 라는 용어는 중국 동진東晉의 곽박郭璞이 쓴 『장서葬書』에 〈죽은 사람은 생기에 의지하여야 하는데 …(중략)… 그 기는 바람을 타면 흩어져 버리고 물에 닿으면 머문다. …(중략)… 그래서 바람과 물을 이용하여 기를 얻는 법술을 풍수라 일컫게 되었다.

(장자승생기야葬者乘生氣也 …(중략)… 경일기승풍칙산계수칙지經日氣乘風則散界水則止 …(중략)… 고위지풍수故謂之風水〉

라는 기록에서 시작되었다는 것이 정설이다. 그러나 이미 그 이전부터 풍수라는 말이 쓰였다는 것은 분명하다.

촌락 입지에서 배산임수背山臨水, 남면 산록南面山麓 같은 곳은 북반구 중위도 지역의 민족들에게 공통된 길지였다. 옛날 우리나라의 마을은 산 중턱 아래에 그리고 강의 북안北岸에 위치했다. 남향은 양광陽光이 좋고 산은 찬바람을 막으며 중턱은 홍수를 예방하고 강안江岸은 물을 얻기 편리하다. 그런 위치의 환경 조건은 안락하고 조화를 이룬다. 그러나 그것만으로 풍수사상이 이루어지는 것은 아니다. 다만 풍수적 사고의 터전을 닦은 셈이다. 우리 민족도 마찬가지의 지리관을 지녔으며, 이를 더욱 발전시켜 삼국시대 초기에는 자생적인 지리 사상을 형성했던 것으로 추정된다. 그러나 풍수지리의 확립된 이론 체계는 중국으로부터 수입된 것이 명백하다. 중국의 경우 언제 어떻게 구체적인 이론으로 정립되었는지 분명히 알수는 없으나 고대의 천부지모天父地母 사상에 음양론이 더해지고, 여기에 사신도四神圖[1]로 대표되는 천문天文 사상이 첨부되어 전국시대 말부터 구체적인 이론으로 정립되었다. 기원전 5~4세기경이었던 이때는 도참 비술적 사상이 강한 영향력을 가지고 있었으나, 한대漢代에 이르러 음양론이 본격적으로 도입되면서 풍수지리설風水地理說이 정착되었다. 남북조시대에 이르러서는 한층 발전하여 대가들이 많이 배출되었는데, 이때 집터인 양택陽宅 위주의 풍수에 묘터인 음택陰宅이 추가된다.

풍수의 본래적 의미는 지극히 일상적이고 평범한 생활환경을 대변해 주고 있는데, 풍風은 기후와 풍토를 지칭하며 수水는 물과 관계된 모든 것을 가리킨다. 따라서 풍수의 대상은 현대 지리학의 관

---

1) 사신도四神圖 신앙: 청룡靑龍, 백호白虎, 주작朱雀, 현무玄武 등 사방위신四方位神을 그린 그림으로 한나라와 남북조시대에 풍수지리설과 신선 사상 등의 조류와 결부되어 유행했다.

심 분야와 다를 것이 없다. 도읍이나 마을의 자리 잡기, 집터 잡기, 물자리 찾기, 정원수의 배치, 길 내기 등은 말할 것도 없고 땅을 보는 기본적 시각, 즉 풍수의 사상성은 인문주의적 입장과 같다. 또한 철저한 윤리성과 인과응보적인 토지관은 오늘날 사회·지리학자들의 지역 불평등에 대한 태도와 일치된다. 이런 면에서 풍수는 인류의 출현과 함께 자연스럽게 형성되고 발전되어 온 땅에 대한 태도의 체계화라고 할 수 있다. 다만 살아 있는 사람과 땅의 관계뿐 아니라 죽은 사람의 경우까지 매우 중요시한다는 점에 풍수의 특징이 있다.

풍수의 기본 논리는 일정한 경로를 따라 땅속에 돌아다니는 생기生氣를 사람이 접함으로써 복을 얻고 화를 피하자는 것이다. 사람의 몸에 혈관이 있고 이 길을 따라 영양분과 산소가 운반되는 것처럼 땅에도 생기의 길이 있다는 것이다. 보다 정확히 말하면 경락經絡과 같은 것이 땅에도 있다는 것으로 경락은 혈관과는 달리 눈으로 확인할 수 없으나 몸의 기氣가 전신을 순행하는 통로로서 지기地氣가 돌아다니는 용맥龍脈도 마찬가지라는 것이다. 땅속 생기의 존재 자체는 아직 증명되어 있지 않으나 그 존재가 전제되어야 설명되는 현상들이 많이 있으며, 과학적 설명이 불가능하다고 해서 있는 사실을 없다고 할 수는 없다. 산 사람은 땅의 생기 위에 얹혀 삶을 영위하면서 그 기운을 얻는 반면, 죽은 자는 땅속에서 직접 생기를 받아들이기 때문에 산 사람보다는 죽은 자가 얻는 생기가 더 크고 확실하다. 죽은 자가 얻는 생기는 후손에게 그대로 이어진다고 여겼는데 이를 동기감응同氣感應 또는 친자감응親子感應이라고 한다. 이러한 풍수지리 이론을 수록한 풍수서는 중국의 것이 대종을 이룬다. 『장서葬書』를 비롯하여 『지리사탄자地理四彈子』, 『청오경青烏經』, 『입지안전서入地眼全書』, 『탁옥부琢玉斧』, 『인자수지자효지리학人子須知資孝地理學』, 『설심부雪心賦』, 『양택대전陽宅大全』 등이 널리 알려진 풍수지리서이며 『명산론明山論』, 『산수도山水圖』 등은 우리나라의 명혈名穴과 길지吉地를 지도와 함께 수록한 풍수실용서이고 『도선답산가道詵踏山歌』, 『금낭가錦囊歌』, 『옥룡자유세비록玉龍子遊世祕錄』 등은 가사체로 된 풍수 지침서이다. 이 밖에도 헤아릴 수 없이 많은 풍수서가 나와 있으나 내용은 크게 다르지 않으며, 대개는 앞서 나온 책을 베끼고 거기에 주석을 다는 형식을 취한 것이 많다.

삼국시대에 중국의 풍수지리 이론이 도입되었다는 확실한 증거는 없으나 사신도四神圖 신앙, 음양오행설陰陽五行說 그리고 점상술占相術, 참위讖緯나 비기祕記류 등이 수입되어 풍수지리와 유사한 관습이 있었다는 흔적이 있다. 고구려를 침공하였던 관구검毌丘儉의 묘를 보고 당시의 유명한 음양가가 묘형이 고독한 상형을 이룬 흉격이기 때문에 장차 멸족의 화를 당하리라는 예언의 기록, 선덕여왕이 여근곡女根谷이라는 산 모양 때문에 백제의 매복 군사를 발견하였다는 설화, 신라 제4대 탈해왕이 토함산 위에 올라 초사흗날 달처럼 생긴 지세를 보고 자기의 살터라고 생각하여 그곳을 빼앗은 이야기, 고구려와 백제의 고분벽화에 사신도가 그려져 있다는 사실

등이 그 증거라 할 수 있다. 특히, 신라 원성왕 때에는 『청오경青鳥經』이 수입되었다는 확실한 기록이 있어 풍수지리가 도선道詵 국사 이전에 도입되었다는 것을 알 수 있다. 그러나 당나라로부터 본격적으로 풍수 사상을 받아들인 것은 도선에 의해서이다.

시대에 따른 풍수의 변천

조선 시대로 들어와 태조 이성계李成桂 역시 도참과 결부되어 성행하던 풍수지리설에 크게 영향 받은 인물이었다. 뿐만 아니라 그는 정치 기반 확립에 유효적절하게 이를 이용하였다. 나라 이름을 새로이 정하기도 전에 국도의 전도奠都부터 꾀할 정도였다. 당시 국도 후보로 거론되었던 한양漢陽, 모악母岳, 계룡산鷄龍山, 개경開京 등지의 풍수적 입지에 관한 당대 풍수 지리가들의 논전은 풍수사에 빛나는 업적으로 남을 만한 기록이다. 조선조에 들어와 보다 분명하게 유교 국가의 이념이 확립되면서 풍수 사상은 양기陽基 위주의 도읍 풍수로부터 음택 위주의 묘지 풍수로 전환되었다.

사회가 안정되었다는 점 외에도 효孝의 관념이 적극적으로 부각되었다는 점이 전환의 주요 이유라고 생각된다. 그러나 세종이나 성종成宗 때까지는 합리적인 양기 풍수가 간헐적으로 논의되기는 하였다. 예컨대 북악산北岳山과 취운정醉雲亭 내맥來脈을 둘러싼 국도 주산 논쟁과 명당수明堂水인 청계천淸溪川의 오염 문제 등이 그 것이다. 하지만 중기 이후에는 묘지 혹은 개인의 주택을 대상으로 하는 이기적인 성격의 풍수가 대종을 이루게 되어 실사구시實事求 是와 경세치용經世致用을 주창한 실학자들에게 망국의 표본으로 격 렬하게 공격당하게 된다. 그러나 한편으로는 민중들의 세계관을 표 출하는 데 사용되기도 하였다. 즉, 홍경래洪景來나 전봉준全琫準 등 은 풍수 사상의 메시아니즘적인 측면을 강조한 인물들로 풍수 사상 을 바탕으로 유儒, 불佛, 선仙 3교를 통합하고 나아가 전통적 민족 사상까지 포괄함으로써 민중의 구심점을 형성할 수 있는 기반을 마 련하였다.

오늘날의 풍수

오늘날 풍수지리는 미신으로 치부되는 경향이 강하지만, 그러면서도 대부분의 사람들은 그 효능을 전면 부정하지 못하고 은연중 기대하는 측면도 강하게 남아 있음을 부인할 수 없다. 근래에 이르러 전통 사상 전반에 걸친 새로운 관심과 함께 풍수지리설도 몇몇 분야의 소장학자들로부터 부분적으로 긍정적 평가가 이루어지고 있다. 주로 지리학과 건축학 분야에서 재해석되고 있는 측면은 취락 입지, 집터 잡기, 대지垈地 내의 건물 배치에 관한 풍수지리설의 입장으로 땅에 대한 유기적 관련성의 강조는 오늘날 매우 합리적이라는 평가이다. 명당으로의 진입에서 지현之玄 형태의 동구洞口 배치는 환경 심리학에서 말하는 완충 공간의 구실을 하고 있다. 마을이라는 개인 공간에서 외부의 사회 공간으로 나아갈 때, 개인이 받는 심리적 불안감과 충격을 구불구불한 동구가 완충 공간으로 흡수하기 때문에 풍수지리적 마을 배치는 합리적이며 타당하다는 견해

이다. 묘지 풍수의 경우에도 지하 수맥水脈과 관련된 자리가 좋지 않다는 실증적 사례들이 발표되고 있으며, 주택의 경우에도 상주 공간인 방은 구들에 반드시 동판銅板을 깔아서 지하 수맥으로 받는 피해를 제거해야 한다는 주장도 제시되어 있다. 그러나 묘지 풍수의 2대 원칙인

- 좋은 일을 한 가문이 길지를 차지한다.(적선지가필유여경積善之家 必有餘慶)
- 산소의 크고 작고 장대하고 누추한 것(대소장누大小壯陋)은 문제되 지 않는다.

라는 사실을 아직도 많은 사람이 망각하고 막대한 돈과 노동력을 투입하여 넓지도 않은 국토를 훼손하고 있는 것은 심각한 문제라 아니할 수 없다. 서울시 지역의 넓이보다 훨씬 더 넓은 면적을 묘지가 차지하고 있고, 날이 갈수록 그 면적이 늘어가고 있는 현실적 책임의 일단이 풍수지리적 사고에 있다는 것은 부인 못할 사실이다.

풍수의 기본
간룡법과 장풍법

   다시 본론으로 돌아가 풍수에 대한 이해를 위해 간룡법看龍法과 장풍법藏風法에 대해 설명을 하고자 한다.

   풍수지리에 내포되어 있는 모든 원리는 산에 가시적으로 나타나 는데 용龍은 바로 산을 지칭한다. 용맥龍脈의 좋고 나쁨을 조산으로 부터 혈장穴場에 이르기까지 살피는 방법을 바로 간룡법이라 한다. 용 속에는 감추어진 산의 정기, 즉 지기가 유행하는 맥이 있어서 간 룡할 때에는 용을 체體로, 맥을 용用으로 하여 찾는다. 맥이란 사람 의 몸에서 혈血의 이치가 나누어져 겉으로 흐르는 것과 같이 땅속 용의 생기가 그 이치를 나누어 지표면 부근에서 흐르는 것이며, 사 람이 맥을 보아 건강 상태를 진단하는 것처럼 용의 맥도 그 형체를 보아 길흉을 판단하는 것이다.

   그런데 풍수 원칙에 털끝만 한 오차도 없는 교과서적인 모양을 갖춘 땅인데도 생기가 없는 '가짜 꽃(허화虛花)'인 땅이 있다. 그 주변 지세의 모양으로는 천하대길지天下大吉地이면서도 땅에 생기가 흐르지 않는 경우이다. 많은 평범한 지관들이 이런 땅에 현혹되어 실수를 저지르는 경우가 비일비재하다. 이들을 용사庸師라 하는데, 이들은 자신이 배운 모든 지식을 동원하여 터를 잡는 사람들이기 때문에 처음부터 알지도 못하면서 사람을 속이는 사기꾼과는 다르다. 다만 그들은 땅에 대한 깨달음이 없기 때문에 이와 같은 실수를 하는 것이다.

그 땅의 용맥이 어떤 기를 지니고 있느냐를 알아내는 일이 모양새가 좋은 땅을 찾는 일보다 우선하는 것이다. 그것을 알아내는 가장 좋은 방법은 사심 없는 인간적 본능과 욕심을 버린 마음가짐 그리고 인륜에 어긋남이 없는 성심을 지니고 땅을 대하는 일이다.

퇴계의 말처럼 〈불인不仁한 사람은 사욕에 가리고 갇혀 물아物我의 감통感通과 측은지심惻隱之心의 추급推及을 알지 못하여 유아有我의 사私를 깨트리고 무아無我의 공公을 확대하여 돌처럼 완고한 마음을 융화하고 명철하게 함으로써 물아일체物我一體의 의식 속에서 사의私意를 얻게 될 것〉이다. 그런 자세가 땅의 원기를 몸속에 영접할 수 있는 태도이다. 결국 풍수도 천지의 도에 다름 아닌 것이다.

용을 살폈으면 이제는 그 용의 어느 품에 안길 것인가가 문제이다. 산룡山龍이 사람을 끌어안을 자세를 갖췄을 때 그 품안이 명당이 된다. 풍수에서 땅은 어머니이다. 그러므로 이제 어머니에 비유하여 장풍법에 대해 설명해 보기로 하자.

어머니가 아기에게 젖을 먹일 때 아기를 양 손으로 품안에 안고 아기 입에 젖꼭지를 물린다. 이 경우 어머니의 품이 명당明堂, 젖무덤이 혈장穴場, 젖꼭지가 혈처穴處가 된다. 땅에 있어서도 마찬가지이다. 주위가 산과 강에 의하여 어머니의 품속처럼 안온하게 조성된 일정 장소가 명당이다. 그 명당 중에서 땅 기운이 집중되어 있는 좁은 범위가 혈장이고 그중에서도 지기가 인체에 교류될 수 있는 지점이 바로 혈처인 것이다. 무덤이라면 광중壙中[2]이 들어앉는 자리, 집터라면 주인이 잠자리에서 몸을 누이는 곳이 바로 그것이다.

우유병에 고무젖꼭지를 달아 어머니가 아기를 품에 안고 우유를 먹인다면 그것은 명당은 있으되 혈처는 없는 꼴이다. 어머니의 품에 안겼으니 명당은 있는 꼴이지만 우유는 어머니의 정기가 아니므로 혈은 없다는 뜻이다. 또한 어머니 품속과 비슷한 인형을 만들어 놓고 그 속에 아기를 뉘어 우유병을 물렸다면 그것은 명당도 혈처도 없는 꼴이다. 겉보기로는 품속 같으나 거기에는 어머니의 생명의 정기가 없기 때문이다. 풍수에서는 그와 같이 모양은 갖추었으나 지기가 없는 땅을 '가짜 꽃' 또는 '거짓된 땅(가지假地)'이라고 부른다.

생기 가득 찬 산룡이 명당을 이루었으면 그 명당의 주위와 속을 살펴볼 필요가 있다. 명당에 자리 잡은 혈장을 찾아내는 것을 목적으로 하는 풍수지리에서 명당 주위의 지형과 지세를 어떻게 파악하는가 하는 문제는 풍수지리의 이해에 중요한 대목이 된다.

장풍법이란 명당 주위의 지세에 관한 풍수 이론의 통칭으로서 정

---

2) 광중壙中: 시체가 놓이는 무덤의 구덩이 부분을 이르는 말로서 광내壙內, 광혈壙穴, 묘혈墓穴, 장혈葬穴, 지실地室, 지중地中이라고도 한다.

혈定穴은 결국 장풍법을 통하여 이루어지는 것이니만큼, 실제로 도읍이나 음택陰宅 또는 주택을 상지相地함에 있어 장풍법은 요체가 된다. 장풍은 '좌청룡左青龍 우백호右白虎 전주작前朱雀 후현무後玄武'라 하여 혈이 남향인 경우 동쪽의 청룡, 서쪽의 백호, 남쪽의 주작, 북쪽의 현무 네 가지 산 즉, 사신사四神砂에서 대종을 이룬다. 현무는 주산으로 국면의 기준이 되는데 주산은 혈장 뒤에 두어 절節 정도 떨어져 솟아 있는 높고 큰 산이다. 주작은 안산과 조산으로 나누어지는데, 조산은 혈 앞에 있는 크고 높은 산이며 안산은 주산과 조산 사이에 있는 나지막한 산으로 주인과 나그네가 마주하고 있는 책상과 같다는 의미이다. 현무와 주작의 관계는 주인과 나그네, 남편과 아내, 임금과 신하 사이로 인식된다. 청룡과 백호는 각각 동과 서에서 주산과 조산을 옹호하고 호위하는 자세를 취하는 산이다.

아기에게 젖을 먹이는 비유를 다시 들어 그 품 안이 인자한 생모의 품 안인지, 유순하고 정이 많은 계모의 품 안인지, 유모의 품 안인지, 고모의 품 안인지를 알아야 한다는 것이다. 그 품안이 어떤 품이냐 하는 것이 그 아기의 인성 형성에 매우 중요한 작용을 할 것이기 때문이다.

그렇다면 그런 자리를 누가 어떻게 판단하는가. 결론은 의외로 간단하다. 자신이 직접 지기에 감응하여 판단하는 수밖에는 없다. 무엇보다 현무玄武는 주산답게 주위의 뭇 산들에 비하여 출중해야 한다. 기품이 있고 위엄이 넘치면 좋으며, 그러면서도 유정有情함을 잃어서는 안 된다. 담대히 곧추 서서 다른 산들을 위압하는 자세의 주산은 결코 바람직하지 못하다. 남편은 가장으로서의 위엄을 갖추되 자상함이 동반되어야 자부慈夫가 되는 이치와 같다. 또한 주산이 너무 과도하게 출중하여 주위 산들이 제대로 어울리지 못하는 것처럼 보이는 것도 좋지 못하다. 자식들은 그저 범용할 뿐인데 그 아비가 지나치게 행세를 해 버리면 자식들이 주눅이 들어 좋지 않은 열등감을 가질 우려가 있는 것과 흡사하다.

요컨대 조화와 균형이다. 다만 너무 안정되어 생기를 잃을 정도가 되지 않도록 주의해야 한다.

명당에 앉아 보니 '이렇듯 안락하며 쾌적할 수가 없구나' 하고 느껴지면 좋은 땅이다. 결코 대지大地를 바라서는 안 된다. 그것은 욕심이며 땅의 기운은 인간의 욕심을 허용치 않는다. 무릇 대지는 귀신이 맡은 바이기에, 진실로 조상 대대로의 음덕이 없다면 가히 엿볼 수 없는 것이 바로 그런 땅인 것이다. 한 가지 주의할 점은 청룡, 백호, 주작 등 현무에 종속적인 산들이 주산을 배역하는 자세를 취해서는 안 된다는 점이다. 특히 주산의 좌우에 있는 청룡과 백호가 주산을 질투하는 듯 돌아앉거나 서로 물어뜯을 듯이 대치하는 것은 매우 좋지 않다. 청룡과 백호가 자기의 본분과 입장을 잊고 마치 주산인 양 기세 있게 좌정하고 있으면 그 자체에 좋은 혈도 맺지 못하면서 오히려 주산의 생기만 훔쳐갈 뿐이고 경우에 따라서는 그 예리한 가지가 주산의 혈장을 찔러 살煞이 될 수도 있기 때문이다. 이것이 장풍법과 정혈법의 요체이다.

물길은 어떠해야 하나

이번에는 득수법得水法을 살펴보자. 물길은 어떠해야 하나를 알아보는 것이 득수법이다.

첫째, 자리를 정함에 있어서는 정기를 공급해 주는 산뿐만 아니라 물도 반드시 있어야 함을 강조한다. 우리 조상들은 한번 자리를 잡으면 대대로 눌러 사는 것을 전통으로 삼는 정착 농경민이었기 때문에 물을 터 잡기의 필수 조건으로 삼은 것은 조금도 이상한 일이 아니다. 그것을 남녀가 서로 짝을 짓고(남녀상배男女相配), 음양이 서로 보충하는(음양상보陰陽相補) 음양론의 입장에서 설명하는 것은 현상을 해석하기 위한 배운 자들의 현학에 다름 아니다.

둘째, 산과 물이 만나는 자리는 우리 민족의 거주 입지 조건에 알맞은 곳일 수밖에 없다. 그런 곳은 경제적으로도 우리들이 산과 물을 통해 골고루 얻는 것을 갖춘 장소가 된다. 또한 물이 크면 교통에 유리한 점도 많다. 뿐만 아니라 물이 인간 심성에 끼치는 영향 또한 적지 않다. 물이 귀한 건조 지역 유목민들의 기질과 물가에서 농사를 짓는 우리 민족의 기질을 비교해 보는 것이 좋겠으나 이 점은 독자의 상상에 맡길 수밖에 없다. 유목민은 그들대로의 풍토 적응력이 있을 것이고 그것은 그것대로 합목적적인 삶이기 때문이다.

셋째, 물을 구할 수 없는 자리라면 물과 속성이 같은 '길(도로)'을 그 대용으로 하는 경우도 있다. 물이나 길 모두 흐름, 유동의 성질을 갖는 것이기 때문이다. 이것은 막히면 죽고 고이면 썩는다는 천리天理를 따르려는 노력이다. 땅에도 숨길이 있어야 순환이 이루어져 건강을 유지할 수 있지 않겠느냐는 논리인 것이다.

넷째, 물길은 부드럽고 유순하며 유장悠長한 것을 으뜸으로 친다. 물길이 혈을 향하여 내지르듯 쏘는 듯 달려드는 것은 불길하게 여기며 마찬가지로 급류도 꺼린다. 불길하게 여겨 꺼리는 것들은 모두 사고의 위험을 지닌 물들이다. 그래서 산간 계류는 그야말로 산천의 경개가 뛰어난 곳이라 할지라도 잠시 머물러 관상할 대상은 되어도 거주할 곳은 아니라고 말한다.

그런데 아무리 물이 맑고 유장해도 분위기가 음랭한 곳은 역시 기피의 대상이다. 이런 곳은 사람이 잘못 들어갔다가 변을 당할 수 있는 곳인데 대부분 이런 장소에는 물귀신이 있다는 얘기들이 인근 주민에게 퍼져 있다. 물속에 와류渦流가 있거나 냉수대가 펼쳐져 있기 때문에 근처에 있던 사람을 잡아끌거나 급격한 수온 차이 때문에 심장마비를 일으켜 그런 소문이 나돌게 되는 것이다.

다섯째, 인위적으로 물길을 바꾸거나 막는 것은 물의 순리를 거역하는 것이라 부작용이 있을 수 있으므로 주의를 요한다. 요즈음 농촌에서 하천의 유로를 변경시키는 직강直江 공사라는 것을 많이 하는데 거의 대부분 공사 후에는 하천 연안이 침식을 받아 둑이 허물어지고 수질이 혼탁해지는 피해를 받는다. 물길을 막는 경우의 피해는 훨씬 심하다. 막은 댐의 상류부는 거대한 물 덩어리가 되어 안개가 심하고 이것은 흔히 병기病氣가 되어 주민들의 호흡기와 신경 계통을 괴롭히는 요인이 된다. 경관상으로도 심한 불균형과 부조화를 야기시킨다.

여섯째, 물은 도도하게 직류하는 것보다는 굽어 감돌아 부드럽게 곡류하는 것을 좋아한다. 직류처는 홍수 때에 범람의 위험이 높다. 그래서 그런 곳은 거주지는 못되고 농경지로 이용될 수 있을 뿐이다. 물은 산과 달리 영원불변하는 것이 아니다. 사람의 손이 가지 않아도 강이 흐르던 곳이 논밭이 되는 경우도 많다. 물론 이럴 경우에는 장구한 세월이 필요하기는 하지만, 그렇기 때문에 이것을 대하는 안목도 유동적이어야 한다. 그런데도 사람들은 지나친 욕심을 부려 욕망을 채우려는 데서 문제가 발생하게 되는 것이다.

중국의 풍수지리에서는 산보다도 오히려 물길을 중시하는 경향이 강하여 많은 풍수서가 득수법에 지면을 할애하고 있다. 이것은 풍수지리설이 흥성하였던 중국 북부 지방의 적은 강수량 상황이 반영된 것으로, 우리나라 풍수지리설에는 큰 영향을 미치지 못하였다. 그러나 산수를 음양에 비기는 전통적 사고방식에 따라 득수법을 무시하였던 것은 결코 아니다.

어느 곳을 향하여 좌정할 것인가

이제 자리를 잡았으면 어디를 향하여 좌정할 것인가가 문제가 된다. 소위 좌향론坐向論으로서 산, 물, 방위, 사람의 풍수지리 기본 요소 중에서 좌향론은 방위에 관계된 술법이다. 원래 좌향이란 혈의 위치에서 본 방위 즉 혈의 뒤쪽 방위를 좌坐로, 혈의 정면을 향向으로 한다는 의미이다.

예를 들면, 북쪽에 내룡來龍을 등지고 남쪽에 안산과 조산을 바라보는 혈처의 좌향은 북좌에 남향이지만 풍수에서는 24방위명方位名을 따라 자좌오향子坐午向이라 부른다. 하지만 보다 넓게는 혈처의 좌향뿐만 아니라 산수의 방위 문제 전반에 관련이 된다.

사람이 어떤 일정 방위에 장시간 노출이 되면 그 방위가 지니고 있는 모종의 힘에 의하여 영향을 받는다고 믿는다. 모종의 힘이 무엇인지는 분명치 않지만 지구의 자기磁氣 체계가 그중의 하나인 것은 틀림이 없다. 좌향론은 방위에 관계된 술법 중에서 가장 어려운 풍수 기술에 속한다. 좌향이란 명당을 잡았을 때 그 국면 전반이 일정한 모양을 갖추어 자리를 잡았을 경우 명당의 '앞쪽으로는 트이고 뒤쪽으로는 기댈 수 있는(전개후폐前開後閉)' 선호성選好性 방위를 선택하는 것을 원칙으로 한다. 좌향은 방향의 개념과는 다른 것으로 한 지점이나 장소는 무수한 방향을 가질 수 있으나, 선호성에 의하여 결정되는 좌향은 단 하나뿐이다.

공기 중에는 우리 눈에 보이지 않고 우리의 감각 기관으로 포착되지 않는 수많은 파장들이 지나간다. 지자기地磁氣에 의한 자력선은 가장 좋은 예일 것이다. 보통의 상태에서는 원래 0.5가우스[3]의 자력선이 공기 중에 지나는 것이지만, 빌딩이나 기타 인공 구조물에 의하여 파장의 방해를 받는 아파트 등에서는 그 절반인 0.25가우스 내지 0.26가우스밖에는 받을 수 없기 때문에 이것이 인체에 이상을 유발시키게 하는 것이다.

또 이것은 사람이 어느 방향에 가장 오랫동안 노출되어 있느냐에 따라 받아들이는 정도에 큰 차이가 생긴다. 철새는 시력에 의해서가 아니라 자력선을 감지하여 길을 찾는다는 것이 실험 결과 밝혀졌다. 아직은 확연한 설명을 할 수 없으나 인체에 커다란 영향을 미친다는 사실만은 밝혀져 있는 셈이다. 이외에도 태양풍이라든가 우주선, 복사선 등 우리가 아직 해명하고 있지 못한 많은 파장들이 풍수 좌향론에서는 이미 상당 부분 감지되어 있으리라고 믿는다.

---

3) 가우스Gauss : 자기력선속의 밀도를 나타내는 단위. 1가우스는 1제곱센티미터당 1맥스웰(maxwell)인 자기력선속의 밀도이다. 독일의 물리학자 가우스의 이름을 딴 것으로서 기호는 G이다.

그러나 좌향은 자력 또는 기로써 융통될 수 있는 것이기 때문에 무엇보다 중요한 것은 기를 느끼는 일이다. 어떤 자리를 정한 후 좌향을 어디로 정할 것인가의 문제에 봉착했을 때는 공연히 향향발미법向向發微法이라든가 15도수법度數法과 같은 이기 길흉법理氣吉凶法을 따져 애를 쓸 필요가 없다.

일찍이 실학자 성호聖號 이익李瀷이 지적하기를

"술서에는 풍수 좌향의 의의를 밝히지 아니하였고 내가 술사들에게 물어보았으나 대답을 하지 못하였다."

하였다. 하물며 오늘의 범용한 술사 부류를 말해 무엇하겠는가.

요는 마음으로 기를 살펴 동기同氣가 감응할 수 있는 곳을 향하여 그 뒤편으로 좌坐를 삼고, 그 앞으로 향向을 삼으면 될 일이다. 오랫동안 그곳에 있으면서 자신의 마음으로 그 땅의 기와 방위의 기 그리고 사람의 기가 조화를 이룰 수 있는 좌향을 취하면 될 것이라는 말이다. 당대 최고의 술사들조차 좌향의 술법은 말하였으되 그 의의를 논하지는 못하였다. 하물며 이제 좌향 술법에 관한 몇 줄의 글을 읽어놓고 확신도 없이 그에 따른다면 몹시 위험한 일이라 아니할 수 없다. 그러니 기감氣感으로 좌향을 정하라고 권하는 것이다.

좋은 땅은 좋은 산이 있으므로 생기는 법이다. 이 산이 왜 좋으냐를 알아내는 기술적인 방법은 풍수의 전통적인 이론 영역이다. 이것은 매우 어려울 뿐만 아니라 좋은 이유를 다른 사람에게 이해시키는 것이 사실상 불가능에 가까운 경우가 대부분이다. 게다가 실제 산을 보기 위하여 산에 들어가 보면 문헌에서 배운 이론대로 산이 떠올라 주지 않는다. 상당히 애매모호한 경우가 많은 것이다. 이때 그 산의 생긴 모양을 사람, 짐승, 조류, 파충류 등 여러 가지 물체에 빗대어 봄으로써 보다 분명히 그것을 표현해 보고자 하는 풍수술법이 형국론形局論이라는 것이다.

지금까지 터를 보는 원칙적인 방법을 소개하였지만 중요한 것은 그 사람의 마음가짐 이외에 아무것도 아니다. 아무리 재주가 많고 간산 택지看山擇地가 도인의 경지에 이르렀다 하더라도 사람다운 윤리를 갖추지 않는다면 결코 지리는 그 깊은 속을 드러내지 않을 것이다. 천도天道 또한 높은 곳에서 밝게 살펴 더러운 욕심을 품은 자에게 땅의 이치를 내려주지 않는다는 것이 풍수 사상의 철저한 윤리성인 것이다.

지명과 풍수 형국론

　만물에 차이가 나는 것은 그것이 지니고 있는 기氣의 차이 때문이고 이 기의 상象이 형形으로 나타나는 만큼 형으로 물상物象의 원기를 알아낼 수 있다는 사고방식이 결국 형국론으로 발전된 것이라 본다. 예컨대 나무가 우뚝 솟은 듯이 산형山形을 갖춘 산은 목기木氣가 흘러 목산木山으로, 불꽃처럼 타오르는 듯한 산세는 화산火山으로 보는 것이 그것이다. 혹은 다산多産과 결부하여 여성의 생식기로 유추하거나 길한 짐승에 비견하는 것 등이 모두 그와 같은 개념의 소산이다.

　물세物勢 형상이 사람의 길흉에 영향을 미친다는 생각은 원시시대부터 유물類物 신앙으로 존재했었다. 그러나 원래 중국의 풍수설 이론 성립 초기에는 이와 같은 형국론이 개입되어 있지는 않았는데, 유독 우리나라의 경우는 이것이 발달해 있다는 특징을 갖는다. 이는 우리 풍수가 중국 풍수와는 달리 자생적인 생성과 발달 과정을 겪었다는 증거가 되는 것이기도 하다.

물론 형국론이 전적으로 우리 풍토에서만 분화되고 발전되었다는 뜻은 아니다. 형국론에는 중국으로부터 유입된 이론 풍수의 영향을 받은 흔적도 많고 다른 중국의 사상 특히 음양오행설이 개입된 흔적은 상당한 것이 사실이다. 우리나라의 경우도 지명에 나타나는 풍수 형국명의 내용은 그런 일반론을 벗어나지 않는 것으로 판단된다. 대상은 주로 주변 환경이나 생활과 밀접한 관련이 있는 것으로 구성되어 있고 이는 당연히 우리나라의 풍토를 우리나라의 풍수 형국명이 그대로 받아들인 결과일 것이다.

우리나라의 산천이나 도읍, 마을의 지명에 나타나는 풍수의 흔적은 거의 대부분이 형국에 관계되는 것들이다. 지명은 문화의 화석 같은 것이기 때문에 어느 장소의 이름이 풍수 형국론風水形局論에 의하여 지어진 것이라면 그것은 상당한 풍수적 의미를 지닌 고장이란 뜻이 된다.

형국론은 지세를 전반적으로 개관할 수 있는 술법이기 때문에 술사 부류가 가장 많이 들먹이는 내용이고 풍수를 잘 모르는 사람도 쉽게 이해할 수 있는 부분임은 사실이다. 그러나 지세의 개관이란 것이 다분히 술사의 주관에 휘둘릴 소지가 있는 것인지라 보는 입장에 따라 달리 인식될 수 있는 것이니, 세간에 알려진 것처럼 명확한 술법은 아니다.

저명한 풍수서 『설심부』에

〈물物은 인물금수人物禽獸의 유류로 미루어 헤아릴 수 있고 혈穴은

형形으로 말미암아 취한다.(물이유추物以類推 혈유형취穴由形取)〉
고 한 것처럼, 실제 답산踏山하면서 길지를 상점相占하는 과정에서
눈으로 직접 길흉을 판별할 수 있는 어떤 유형 분류의 필요성이 생
긴다. 산에 들어가 보면 산수 이론은 이론대로 머릿속에서 맴돌고
산천은 산천대로 존재하여, 이론을 실제 지세에 대비하여 보기 곤
란한 소위 '산자산山自山 서자서書子書'의 현상이 벌어지는 일이 비
일비재하다. 이럴 때 애매모호한 산천의 형세를 인물 금수의 형상
에 유추하여 판단하면 비교적 쉽게 지세 대관과 그 길흉을 떠올릴
수 있다.

형국론은 우주 만물 만상이 유리유기有理有氣하며 유형유상有形
有象하기 때문에 외형 물체에는 그 형상에 상응한 기상과 기운이 내
재해 있다고 보는 관념을 원리로 삼는다. 그러나 앞서 밝힌 바와 같
이 물형으로 유추한다 하여도 술사의 주관이 작용될 소지가 너무나
많기 때문에 형국론이 풍수설의 본질적인 체계 구조에는 잘 나타나
지 않고 대부분 풍수 응용서나 비망기 정도에만 나타날 뿐이다.

그러나 한 가지 유의할 점은 기록상으로는 그렇다고 하지만 기록
이 아닌 실지實地에 나타나는 형국론은 부지기수라는 사실이다. 이
것은 중국 풍수가 형국론에 크게 신경을 쓰지 않은 까닭에 풍수서
에 기록이 드물게 된 것이고 우리의 자생 풍수는 오히려 형국론에
크게 신경을 썼던 까닭에 실지에는 그 사례가 많이 나타날 수밖에
없는 것이다. 말하자면 형국론은 수입된 중국의 풍수가 아닌 우리
고래 자생 풍수의 중요한 한 지표라 볼 수 있는 풍수 논리라는 것이

다. 따라서 마을 풍수를 이해하기 위해서는 일차적으로 그 마을의 형국에 관련된 지명을 찾아보는 것이 순서가 되는 셈이다. 『풍수의 한국사』에서 지명 중 형국에 관계되는 것을 정리하는 것은 바로 그러한 까닭이다.

그 외의 논리 체계

그 외에 정혈법과 소주길흉론에 대해 간략히 살펴보도록 하자. 혈이란 풍수지리에서 생기가 집중하는 지점이다. 혈穴과 경혈經穴은 서로 대응될 수 있는데 주자朱子는 「산릉의장山陵議狀」에서

〈이른바 정혈의 법이란 침구針灸에 비유할 수 있는 것으로, 스스로 일정한 혈의 위치를 가지는 것이기 때문에 추호의 차이도 있어서는 안 된다.〉

고 지적하였다. 경혈은 사람의 경락에 존재하는 공혈孔穴을 뜻하며 생리적, 병리적 반응이 현저하게 나타나는 곳이다. 침구는 이 경혈의 부위에 실시하게 되므로 이 위치를 잘 알아야 장부臟腑의 병을 치료할 수 있는 것처럼, 풍수지리에서도 혈을 제대로 잡아야 생기의 조응을 받게 되며 진혈眞穴을 잡지 못하였을 경우 생룡生龍은 사룡死龍이 되며, 길국吉局은 흉국凶局이 되어 혈법을 정하기 어렵게 된다.

그리고 소주길흉론은 주로 땅을 쓸 사람에게 관계되는 논리 체계로서 적선積善과 적덕積德을 행한 사람에게 길지가 돌아간다거나, 땅에는 임자가 따로 있다거나(지각유주地各有主), 땅을 쓸 사람의 사주팔자四柱八字가 땅의 오행과 서로 상생 관계여야 한다거나 하는 주장이 그것으로 택일擇日의 문제도 포함된다.

이상의 7가지 논리 체계는 편의상의 분류일 뿐 실제 간산看山에서는 모두 일체가 되어 판단에 사용된다. 전체의 국세局勢는 상극, 궁핍, 산발, 고단함, 무정함, 쏘는 듯함 등은 안 되고 상생, 상보, 생기, 변화, 둘러싸임, 유정함, 순조로움, 모여듦 등 조화와 균형의 분위기를 지녀야 좋다. 온화, 유순하고 부드러우며 결함이 없어 마음을 안정시켜 주는 주위 환경과 각이 지지 않은 방위와 유장한 산의 흐름, 찌를 듯하지 않은 물길, 그러나 변화무쌍하여 결코 단조롭지 않은 산수의 배열, 이러한 조화로운 자연에 적덕한 사람들이 사는 것이 풍수적인 길지이다. 풍수지리설은 일종의 생태론적이고 환경론적인 토지관의 표출이며 경험적인 지리 과학이라고 할 수 있는데 풍수설의 기본 원리가 음양론, 오행설, 역易의 체계라 하더라도 그 원리 역시 자연환경의 논리적 정리에서 나온 것이기 때문이다.

한편 풍수지리설에 대한 철학적 반론 중에 풍수지리설은 하늘에 맡겨 두어야 할 자연의 신비로운 힘들을 조작함으로써 자연에 대한 존경심을 결여하게 된다는 관점이 있다. 그러나 진정한 길지를 얻느냐 얻지 못하느냐의 여부는 여전히 하늘에 달려 있어 억지로 되지 않는다고 주장되고 있으며, 길지는 인자仁子와 효자孝子에게만 주어진다고 하기 때문에 큰 문제가 되지는 않는다.

일제의 풍수 침략

일제시대 때 우리나라의 전통적 풍습이나 민간 신앙 가운데서 가장 폭 넓게 자리 잡고 있었던 것은 불교나 유교 또는 기독교가 아닌 '조상 숭배 사상'이었다. 조상 숭배 사상은 죽은 사람을 산 사람 같이 한다는 사상에 입각해 조상을 명당에 묻으려는 습속이 강했고, 명당에 선조의 묘를 쓰면 미래가 보장된다는 믿음 때문에 조상의 묏자리에 대한 집착은 절대적이었다.

이러한 조선의 정서를 역이용하여 우리나라 국민에게 패배 의식을 심어주려고 했던 것이 바로 일본이 전국 산천의 명당자리에 각종 방법을 동원해 지기地氣를 끊어 버리는 일이었다.

풍수 침략이란 세계사에서 그 유래가 없고 또 요즈음 새로운 세대에서는 풍수지리설을 잘 모르기 때문에 풍수 침략이란 말이 실감이 나지 않을 것이다. 그러나 일본이 우리나라를 지배할 당시의 국민 정서에서 차지한 풍수 사상의 비중이 얼마나 중요했는지를 아는 것이 중요하다.

　예부터 우리는 화장이 아닌 매장을 하면서 소위 명당을 차지하려는 노력을 한 것은 양반이나 상민을 막론하고 결사적이었다. 명당에 부모를 모시면 후손이 잘 된다는 풍수 사상 때문에 좋은 명당을 확보하기 위해 빚을 지거나 감옥에 가더라도 그 자체가 효도요, 높은 투자 가치로 생각했기 때문에 당시 사람들에게 풍수 사상은 신앙 그 이상이었던 것이다.

　일본인들은 이러한 조선인들의 명당 선호 사상의 정신적인 기운을 누르고 또 큰 인물이 나오지 않도록 하기 위해 소위 전국의 명당이란 곳은 가능한 대부분 훼손시키고 단맥斷脈을 하였으니 이것이 바로 풍수 침략이다.

　서경대학교 서길수 교수가 우리나라 전국의 약 20퍼센트 정도를 답사하여 풍수 침략사에 대해 조사한 바에 의하면 전국 어디를 가나 '혈穴'을 끊었다는 이야기가 없는 곳이 없으며 그 방법도 다양했고, 훼손 행위의 주체도 다양했음을 알 수가 있다.

　154건의 훼손 사례를 발췌하였으며 전국적으로 약 7백~8백 건 정도의 풍수 침략 사례가 추정되었고 훼손의 주체는 일본인 62건, 이여송 45건, 도선 국사 2건, 불분명 45건이다.

도선 국사의 명당 훼손 사례

　도선이 중국에서 풍수지리설을 배우고 귀국할 때 도선의 스승인 당아린이 조선을 위한 것이라며 중요한 맥을 끊으라고 하였다. 도선은 북쪽부터 내려오면서 맥을 끊다가 서울에 도착했을 때, 비로소 당아린에게 속았다는 것을 깨달았고 그 복수를 하기 위해 영암 월출산 구정봉에 올라가 중국을 향해 쇠방아를 찧었는데 그 때마다 중국의 인물이 하나씩 줄어들었다고 한다. 이것을 알아차린 당아린이 급히 도선에게 사과하므로 쇠방아 찧는 것을 그만두고 자신이 끊은 맥을 잇기 위해 전남 화순군에 운주사를 짓고 천불 천탑을 세웠다고 전한다.

명나라 장수 이여송의 명당 훼손 사례

이여송李如松이 임진왜란을 맞아 위기에 처한 조선을 돕고자 명나라 군사를 이끌고 조선에 와 보니 조선의 산천이 너무나 아름답고 영웅호걸이 많이 태어날 지기를 품고 있으므로, 이를 시기하여 명나라 지관 2명에게 시켜 발이 닿는 데로 명당을 훼손하고 맥을 끊었다고 한다.

그러나 명나라 장수 이여송은 임진왜란 당시 불과 8~9개월밖에 조선에 머물지 않았으므로, 그 기간 동안에 전쟁을 하면서 언제 훼손할 시간이 있었겠는가라는 의문을 갖는 이들도 있으며 일제가 훼손해 놓고 이여송에게 책임을 돌린 것이라는 주장도 있다.

일본인들의 명당 훼손 사례

일본인들은 일제 36년간 조선의 정신을 말살하려고 소위 명당이란 곳을 대부분 철저히 유린하였으니 그 사례를 보면 짐작할 수 있을 것이다.

첫째, 혈穴을 찌르거나 말뚝을 박은 것이 가장 많은 사례로 쇠못, 쇠몽둥이, 쇠판, 쇠 문고리, 돌 말뚝을 박았다.

둘째, 산꼭대기에 구덩이를 파고 며칠간 불을 놓아 뜸을 뜬다.

셋째, 숯을 파묻는다.

넷째, 사발을 엎어서 파묻거나 북어를 명주실, 베 등과 함께 파묻는다.

다섯째, 건물들을 건축한다. 조선의 기운을 누르기 위해 인왕산 중턱에 일본 신사(대大)를 짓고, 경복궁 대궐 안에 조선총독부(일日) 건물을 세우며, 한성의 중심부에 경성부(본本, 현 서울 시청)를, 그리고 현 한국은행(국國) 건물을 세웠는데 그 건물 구조를 공중에서 바라보면 대일본국大日本國이라는 글자 모양이 되도록 건축하였다고 한다.

여섯째, 신성한 곳을 공원화 한다. 창경궁을 창경원으로 둔갑하고 전국의 사직단을 사직공원으로 바꿔서 신성함을 훼손시켰다.

일곱째, 부여의 용머리를 파괴한 것처럼 파괴하거나 폭파해 버린다.

여덟째, 태봉산의 태실胎室을 캐내 버린다.

아홉째, 인왕산仁王山을 인왕산仁旺山으로 바꾼 것처럼 지명을 바꾼다.

열째, 명당과 명소를 자르기 위해 도로(길)를 만든다.

혈족 중심의 사회성과 가장 중심의 가족 제도는 한국의 오랜 역사를 일괄하는 특색으로써, 한국 문화의 여러 양상은 효孝 사상의 뿌리에서 싹튼 것이라 할 수 있다. 이러한 특질을 가장 잘 표현하고 있는 것이 한국의 풍수신앙, 특히 묘지 풍수신앙인 것인데 일본은 당시 조선인의 가장 근본적이고 특징적인 풍수신앙을 훼손함으로써 우리의 정신을 말살하려 했던 것이며, 이러한 국민 정서를 헤치고 패배 의식을 심기 위해 쇠못을 박아 인재가 나오지 않도록 하는 방법을 동원했던 것이다.

이것을 볼 때 풍수지리설 자체를 떠나서 국민들의 마음속에 깊숙이 박힌 쇠말뚝을 뽑아내어 민족의 혼과 정지를 고양시키고자 광복 50주년인 1994년에는 범국민적 운동으로 일제가 훼손한 단맥의 복원 작업을 가졌으며, 무엇보다 국권을 상징하는 경복궁 궐내의 조선총독부 건물을 철거한 것은 우리의 정신적 자긍심을 회복하는 상징적 의의를 가진 것이라 할 수 있다.

이제 풍수에 대한 기본적인 설명을 마치고 본격적으로 우리나라 지형과 인간의 삶이 어떻게 관계하였는가를 살펴보도록 하자.

제2부

한양 정도定都 6백 년

조선의 5백 년 정읍지와 풍수설

세상 모든 생물체는 살아갈 수 있는 적합한 환경이 조성되어야 하겠지만 좋은 조건은 누구나 다 누릴 수도 없고 또한 갖기도 어렵다. 즉 통풍이 잘 되고 앞뒤 산이 바람과 적을 막아내기에 알맞고 산에서 주는 산물이 풍부하여 식생활에 도움이 되고 적당한 물의 공급으로 농사를 지을 수 있고 먹을 물도 얻을 수 있는 곳에서는 자연적인 혜택을 얻으니 살아가기가 편하고 얻어지는 것이 많다. 그러므로 안락한 생활을 영위할 수 있게 되는 것으로 이러한 자연 조건이 잘 갖추어진 곳이 명당이라고 하나 이런 명당은 찾아내기가 매우 어렵다. 이동이 거의 불가능한 농경 사회에서는 태어난 곳에서 그 환경에 맞추어 살다가 그곳에서 죽는다. 그러다 보니 이곳저곳 이동을 할 수 있는 스님이나 갈 처사(지관)들만이 느끼면서 연구하고 또한 얻을 수 있었다.

우리나라 풍수학의 효시라고 할 수 있는 신라 말엽의 도선 국사는 한양의 지세를 둘러보고 고려 이후에 이씨李氏가 창업할 5백 년의 도읍지라고 하였다는 기록을 볼 수가 있다.

그래서 삼각산三角山(북한산)에다 돌로 쐐기를 박았으며 그래도 못 미더워 도선사道詵寺를 창건하여 지세의 준동을 방비하였다고 하니, 그 말은 시기가 올 때까지 잠을 자도록 했다는 말로 풀이할 수가 있다. 다시 말하면 고려의 국운이 끝날 때까지는 움직이지 말고 잠이나 푹 자라는 조치로 알면 되겠다. 그러나 '계왕자이도한양繼王者而都漢陽'이란 풍수설 때문에 고려왕조에서는 대대로 이에 대한 신경을 써 왔음을 볼 수가 있다. 그 대표적인 예가 벌리동伐李洞(현 서울 강북구 번동)이라는 기록으로 한양에 오얏나무(이李)를 많이 심었다가 그 나무가 무성할 때를 기다려 무참히 벌채를 해 버림으로써 이씨 왕업王業의 기氣를 꺾는 것으로 상징하였기 때문에 고려왕조에서는 이 '벌리伐李'의 풍수 작업을 게을리하는 일이 없었다고 한다.

그러나 이러한 풍수학적 대응만으로는 천도를 막을 수가 없었던지 고려 태조太祖 왕건王建이 도읍한 지 475년 만인 1392년(고려 공양 4) 7월에 고려는 무너지고 이성계가 역성혁명易姓革命을 함으로써 국호를 조선이라 정하고 개경(개성)의 수창궁壽昌宮에서 즉위식을 올리고 조선조의 태조로 등극하였다.

이성계가 조선을 건국하고 왕위에 오르자 가장 서둘렀던 것은 도읍을 옮기는 일이었다. 정권을 위협하는 고려왕조의 잔재 세력들을 피하고 백성들에게 새로 건국한 조선왕조의 신선한 느낌을 줄 필요가 있었고 또한 불사이군不事二君을 내세운 고려의 중신들이 새로이 건국한 조선의 벼슬을 거부하고 끝내는 은거지를 찾아 잠적함으로써 이태조의 심기를 불편하게 하였기 때문이다. 이태조는 풍수지리설과 인문 지리적인 조건을 고려하여 새로운 도읍을 결정해야 만 했다.

또한 이태조는 고려의 궁이 있는 개경은 이미 그 운세를 다 했다고 믿어 왔고 그의 마음속에서는 오래 전부터 임금이 되겠다는 꿈과 야망을 키워왔던 것이다.

신라의 고승
도선의 풍수 철학

827년(신라 흥덕 2) 태어난 도선은 최치원崔致遠과 같은 시대의 사람으로서 신라 시대 말기의 승려였으나 신라보다는 고려 사회를 거쳐 조선에 이르기까지 크나큰 영향력을 끼쳐 끊임없이 화제의 대상이 된 인물이다.

도선은 지금의 전라남도 영암靈巖에서 태어났으며 속성俗姓은 김씨金氏였다. 15세에 승려가 되어 월유산月遊山의 화엄사華嚴寺에서 대경大經을 공부하고 4년만인 846년(신라 문성 8) 바로 대의大義에 통하여 수많은 불학도들이 신으로 추앙하였다. 그 후 수도 행각에 나선 도선은 선문구산파禪門九山派 중 하나인 동리산파桐裏山派의 개조開祖 혜철惠哲 대사를 찾아 소위 무설설 무법법無說說無法法을 배워 크게 깨닫고 25세에 천도사에서 구계具戒 불교 의식을 받았다.

이후 도선은 운봉산雲峰山에 굴을 파고 불도를 닦았으며 태백산 앞에 움막을 치고 수도 생활을 하면서 여름을 보내기도 하였다. 그

후 수도로써 생을 마칠 뜻을 갖고 전라도 희향현曦陽縣에 있는 백계산白鷄山의 옥룡사玉龍寺에서 수양하다가 898년(신라 효공 2) 입적하였다.

신라의 효공왕孝恭王이 요공 신사了空神師라는 시호를 추증한 것으로 보아서도 그의 승려로서의 지위를 짐작할 수 있을 것이다. 그러나 도선은 순수한 고승으로서가 아니라 우리나라 음양지리설陰陽地理說과 풍수지리설의 시조로서 우리에게 더 잘 알려져 있다.

도선이 중국인中國人 일행一行 스님으로부터 직접 풍수지리를 전수받았다는 것은 연대가 맞지 않으므로 사실이 아니나 대체로 그의 이론을 습득한 것만은 분명한 것으로 보인다. 일행 스님은 위도緯度를 측량하고 역법曆法을 정리하기도 한 매우 합리적이고 실증적인 사람이었는데, 도선 또한 그의 영향을 크게 받았다. 도선과 그의 제자들은 우리나라의 산세와 지형을 세밀하게 관찰하고 분석한 이들로서 우리나라 지리학의 창시자라고 볼 수 있다. 국토를 오늘의 인문 지리학적 시각에 가깝게 재해석하여 한반도의 가장 큰 특징인 동쪽은 급경사이고 서쪽은 완만한 지체 구조(경동지괴傾東地塊)임을 파악하였고, 수도首都의 위치가 동남방에 편재된 경주보다는 중부 지방이 더 낫다는 의견을 제시함으로써 고려 개국의 이념적이고 실리적인 바탕을 마련하기도 하였다.

이러한 내력을 지닌 도선을 우리나라 역사의 표면에 크게 내세우게 된 것은 고려의 태조 왕건이었다. 왕건은 도선의 풍수지리설에 완전히 심취해 있었던 것으로 보인다. 왕건은 궁예가 철원에 도읍

을 정할 당시 도산의 풍수지리에 의한 고암산高巖山의 진산鎭山 25
년과 금학산金鶴山의 진산 3백 년과 같은 예언 등을 볼 때 왕건은
도선의 충실한 신자요 그 전도자였는지도 모를 일이다. 만약 왕건
이 아니었다면 그의 명성이 이토록 드러났을까 생각해 보게 된다.

왕건이 죽기에 앞서 그의 자손들이 아침저녁으로 보고 귀감으로
삼게 하기 위하여 훈요십조訓要十條를 남겼는데 이는 풍수지리를 중
요시한 대표적 사례라고 볼 수 있다. 사원의 개창開創에 관한 제1조
로부터 모든 사찰 입지를 도선이 정해 준 곳이 아니면 쓰지 말라는
제2조, 서경西京을 귀하게 여기라는 제5조, 국토에 대해 순역順逆의
관점에서 파악하는 제8조 등의 해석은 철저하게 풍수지리적이다.

특히 2조에는 도선이 신성한 인물로 부각되어 있는데, 여러 사원
은 모두 도선이 산수의 순역을 추점推占하여 개창한 것이다. 그리고
도선이 말한

"내가 점정占定한 곳 이외에 함부로 사원을 지으면 지덕地德을 손
상케 하여 국운이 길지 못하리라."

는 것을 환기시키면서 신라 말에 사원을 다투어 지어서 지덕을 손
상케 한 결과 신라가 망하게 되었다고 하며 자손들이 함부로 절을
짓지 말 것을 경계하는 것이다. 그리고 5조에는

"짐이 삼한三韓 산천의 음우陰佑를 힘입어 대업을 이룩하였다."

고 전제하며 서경(현 평양)의 지덕이 순조하여 우리나라 지맥의 근
본이 되므로 서경에 깊은 관심을 가질 것을 당부하고 있다.

그리고 제8조에서는 공주강公州江 밖은 산형과 산세가 모두 거슬

리게 달리고 있어 인심도 또한 그러할 것이라는 풍수지리설에 따라 그 지방 사람들을 등용하지 말라고 하고 있다.

우리는 위에서 말한 몇 가지 사실을 통하여 도선이 태조 왕건에게 얼마나 큰 영향을 주었는가를 살필 수 있을 것이다. 그리고 왕건은 그 위치와 고려왕조의 창시자였기 때문에 그의 유훈은 후세에 많은 영향을 주었으며 그에 따라 도선은 고려 사회에서 절대적인 위치를 굳히게 된 것이다.

도선은 또한 예언자로도 알려져 있다. 875년(신라 경문 15)에 그는

"지금부터 2년 뒤에 반드시 고귀한 신분이 될 인물이 탄생할 것이다."

라고 하였는데 과연 그 뒤 2년 만에 송악산松岳山에서 사내아이가 태어났는데 그 아이가 바로 뒷날의 고려 태조가 되었다는 것이다. 이처럼 도선은 전지전능한 신화적 인물로 알려지게 되고 중국에서 기원한 풍수지리설과 음양도참설을 내용으로 그가 쓴「도선비기道詵秘記」는 사람들의 마음을 사로잡고 있었다.

이와 같이 태조 왕건에 의해 당시 사회에서 중요한 인물로 부각됨으로써 옥룡사에 건립된 그의 탑은 징성혜등澄聖慧燈이라 명명되었으며 그 후 현종顯宗 때는 대선사大禪師, 숙종肅宗 때는 왕사王師, 인종仁宗 때에는 선각先覺 국사로 명명 추증되었으며 오늘에 이르러서까지도 풍수지리설의 대가이자 고승으로 기억되고 있다.

도선은 865년(신라 경문 5)에 신도 1천5백여 명이 현 위치인 강원도 철원군 동송읍 관우리 450번지에 국보 63호인 철조 비로사나불

좌상鐵造毘盧舍那佛坐像과 보물 223호인 3층 석탑을 축조하여 도피안사到彼岸寺를 창건하고 불상을 봉안하였다.

또한 도선이 현재의 충청남도 당진군 면천면 성하리 소재에 영탑사靈塔寺를 창건했다는 설이 있으며 또한 현 충청남도 당진군 고대면 진관리 소재에 영랑사影浪寺를 중창했다는 설이 있으나 고증 자료는 없다.

이후 고려로 들어서면서 태조 왕건은 선종과 도선류의 풍수지리설에 크게 힘입어 나라를 세운 만큼 그에 대한 경도는 지극하였고, 이후 고려 시대를 통하여 풍수지리설은 지속적인 영향력을 확립하였다. 이후 성종成宗과 현종의 동경東京, 즉 경주에 대한 지속적 관심 그리고 문종文宗 이후 꾸준하게 계속되어 온 남경南京, 즉 서울에 대한 관심은 고려 말까지 계속되며 서경천도론은 묘청의 난에서 절정에 이르게 된다. 고려조의 모든 역사적 사건에는 예외 없이 풍수지리설이 근저에 놓여 있었다고 해도 과언이 아닐 정도로 풍수지리설이 강력하게 영향을 미쳐 왔다고 볼 수 있다.

신승神僧과 재왕지지宰王之地

『대동기문大東奇聞』에 보면 고려 말 국사였던 나옹懶翁 선사께서 제자인 무학無學과 함께 함경도 함흥 부근을 돌아 남으로 오는 길에 얽힌 일화가 소개되고 있다.

1361년(고려 공민 10) 어느 따뜻한 봄날 두 스님이 함흥 북쪽을 향하여 걸어가고 있었다. 두 사람의 모습은 사제師弟임에는 틀림없으나 뭔가를 정답게 소곤거리며 걸어가는 모습이 그 이상 소통되는 사이임을 알 수 있었다. 이따금씩 산을 가리키며 웃기도 하고 흰 구름을 바라보고는 걸음을 멈추기도 하다가 동쪽에서 큰 산 하나가 시야에 들자 스승인 노승은 쉬어갈 것을 말하였다. 바랑을 벗어 놓고 잔디 위에 앉는 젊은 승려에게 늙은 스님이 동쪽의 큰 산의 뿌리를 한 손으로 가리키며

"저 산에 흥왕지지가 있는 것을 너는 아느냐?"

물었다. 이에 젊은 승려가

"네 알고 있습니다. 저 바로 큰 뫼 뿌리가 동으로 뻗은 세 갈래 줄기 가운데, 가운데로 뻗은 짧은 등성이가 정혈인가 봅니다."

하고 대답하니 노승은 머리를 좌우로 흔들었다. 틀렸다는 뜻이다.

"그럼 어느 곳이 정혈입니까?"

하고 젊은 승려가 묻자

"사람으로 칠진데 두 손을 놀림에 바른손이 가장 긴요한 것이니 바로 오른쪽 등성이가 진혈이니라."

하였다. 차천로車天輅의 시문집인 『오산집五山集』에서는 두 신승을 가리켜 늙은이는 나옹 혜근 선사요 젊은이는 무학 자초 선사라고 하였는데, 지세에 밝은 나옹이 당시 소년이었던 무학과 말을 주고 받다가 한 곳을 가리키며 왕이 되는 묘터라고 한 것이다.

이때는 이성계의 아버지 이자춘李子春(환조桓祖)의 상중이어서, 이성계의 노복들과 지관이 묏자리를 얻고자 이 산 저 산 다니고 있을 무렵이었다. 때마침 바로 두 스님이 앉아 있던 옆 후미진 곳에서 잠시 쉬려고 앉아있던 이성계의 가복家僕이 이들의 대화를 모두 다 들었다. 가복은 한달음에 뛰어와서 이성계에게 스님들 대화의 전모를 고하였고 이 사실을 알게 된 이성계는 상복을 입은 채 말을 달려 함관령咸關嶺 산마루에서 두 스님을 만나게 되었다.

말에서 내린 이성계는 나옹에게 공

『대동기문大東奇聞』

남해 금산 영응기적비
(南海 錦山 靈應紀蹟碑)

경상남도 문화재자료 제277호
경상남도 남해군 상주면 상주리

조선 태조(太祖)가 이곳에서 백일기도를 하던 중 산신(山神)의 영험에 의해 보위(寶位)에 오를 수 있었다는 전설이 깃든 유적을 기념하여 1903년 [광무7년] 5월 11일 세운 비석이다. 태조는 나라를 세우기 위해 전국의 명산(名山)을 찾아 기도를 올렸으나 뜻을 이루지 못하다가 이곳에서 산신의 호응을 받아 등극할 수 있었고, 그 보은으로 보광산(普光山)을 금산(錦山)으로 바꾸어 부르도록 하였다 한다. 의정부(議政府) 찬정(贊政) 윤정구(尹定求)가 글을 짓고 써서 세웠다. 높이 2m, 폭 60cm이다.

경상남도 남해 금산의 보리암

보리암 내에 있는 영응기적비

손하게 큰 절을 하면서 가르침을 줄 것을 간곡히 부탁하니 나옹은 어찌할 수 없이

"물건은 각기 임자가 따로 있다(물각유주物各有主)."

라고 하며 명당을 잡아주었는데 그 자리가 바로 왕이 난다는 자리였다고 한다. 드디어 진혈을 얻은 이성계는 아버지인 환조를 그 곳에 매장하게 된다. 이성계의 나이 26세 때의 일이다.

또한 전국 명산대찰에 가 보면 이성계의 기도처가 아주 많은데 특히 경상남도 남해에 있는 금산錦山(본명 보광산普光山) 보리암菩提庵에서 기도한 후 왕이 된다는 계시를 받고 왕이 된 후 비단이라는 뜻의 금산이라고 명한 점 등을 보아도 그가 풍수지리학에 많이 의존한 것을 알 수 있다.

그래서 천도할 우선 후보지로 전라도의 진동현珍同縣(현 충남 금

산군 서부 지역)과 양광도(현 충청도)의 계룡산 지역 그리고 한양 등 세 곳 후보지에 깊은 관심을 가지고 고르다가 계룡산을 정도定都로 하고 공사를 시작하였다. 그러나 당시 풍수지리학의 권위자이자 이성계가 총애하던 경기 좌우도 관찰사 하륜河崙이 계룡산은 남쪽으로 너무 치우쳐 동북 및 서북과는 거리가 너무 멀고 또한 계룡산의 지형은 흘러나가는 물이 땅의 기운을 약화시켜 나라가 곧 쇠망할 곳에 해당하는(수파장생水破長生 쇠패입지衰敗立至) 불길한 곳이라고 강력히 반대하여 계룡산으로의 천도 계획은 백지화되었다. 당시 공사의 규모는 동·서·남·북문을 만들고, 복판에 종루鍾樓를 세워 사통팔달하게 하며 신도 기내畿內에 속하는 주현州縣, 부곡部曲, 향鄕을 81개로 정하는 등 규모가 크게 시작하였으며, 현재 남아 있는 42개의 초석만 보더라도 그 계획이 웅대하였음을 짐작하고도 남음이 있다.

　계룡산으로의 천도가 틀어진 이후 국사인 무학 대사의 의견을 들어 1394년(태조 3/ 갑술)에 한양 천도를 결행하였다.

　풍수지리상 한양은 주산인 북악을 중심으로 좌청룡 우백호가 잘 갖춰져 있고 좌청룡의 맥은 주산인 북악에서 동쪽으로 뻗은 성북동의 응봉鷹峰을 만들고 다시 동대문의 낙산駱山까지 이어진다. 우백호는 북악에서 서쪽으로 인왕산과 안산을 거쳐 남서쪽으로 방향을 틀면서 뻗어 내리다가 아현동과 대현동에서 고개를 쳐들고 그 기세를 이어 용마루를 거쳐 마포 앞 한강가에 이르러서야 머리를 수그리고 나서 마무리를 짓는다. 안산案山은 남산으로 삼았다.

국도國都의 풍수적 해석

우리나라에서 풍수 사상이 가장 적극적이고 활발하게 논의된 것은 조선 개국 초 수도를 정할 때였다. 이때 후보지로 거론된 곳은 선호鐥岵, 불일사佛日寺, 적성積城, 장단長湍처럼 잠깐 물망에 오르다가 그친 곳도 있었으나 논의 대상에 꾸준히 오른 개경, 계룡, 모악, 한양 등은 오늘날의 도시 입지론적 입장에서 보더라도 그 타당성이 돋보인다.

개경 이곳은 전 왕조의 수도로서 일차적으로 수도의 물망에 올랐다. 한반도의 중앙부를 차지하며, 예성강과 임진강이 합류하는 강화江華 북안에 연접되어 있는 지역으로서 백두산의 영기가 간백산間白山, 북포태산北胞胎山, 남포태산 등 마천령 산맥을 거쳐 두류산頭流山에서 함경산맥을 만나고, 낭림산맥을 지나 원산 서쪽 마식령 산맥에서 남서향하여 임진강 상류에까지 연결되는 형태이다.

그러나 개경 부근에 이르러서는 산세의 험준함은 없는 편이고, 대체로 저산성의 구릉지를 이루고 있는 것이 특징이다. 저산성이기는 하지만 주위가 거의 모두 산지로 되어 분지상盆地狀을 이루고 있기 때문에 규국規局⁴⁾은 넓지 못한 편이다. 왕궁의 소재지인 만월대滿月臺를 중심으로 북쪽 5리에 개경의 진산인 부소扶蘇 또는 곡령鵠嶺이라 하는 송악산松岳山 그리고 그 북쪽으로 천마산天磨山, 성거산聖居山, 국사봉國師峰이 있는데, 천마산과 국사봉이 마주하고 있는 계곡 사이에는 부성副城으로서 대흥산성大興山城이 축조되어 있다. 동쪽으로는 일출봉과 남산, 서쪽으로는 월출봉과 봉명산鳳鳴山, 남쪽으로는 외성外城터인 용수산龍岫山, 진봉산進鳳山, 광덕산, 군장산軍壯山 등 해안 지대로서는 상대적으로 험준하다고 볼 수 있는 산세가 둘러싸고 있어, 오관산五冠山의 정기를 축적할 수 있는 풍수상 전형적인 장풍국藏風局이다. 오관산이 개경 정기의 진원지임은 『택리지擇里志』에도 명백히 지적되어 있다. 이 산은 도선이 말한 수모목간水母木幹의 형세로 산세가 극히 길고 심원하며 대단大斷하여 송악이 되었는데, 풍수가에서 말하는 주천湊天의 토성土星이 바로 그것이다. 기세가 웅건 박대雄健博大하고 의사가 포축 혼후包畜渾厚하다. 동서로 강이 있고 남쪽 바다로는 강화와 교동 두 대도大島가 가로막았으며, 북으로 한강의 물을 가두어 하류는 은연중 앞산의 바깥을 둘러싸서 깊고 넓다. 풍기風氣가 평양에 비하여 더욱 짜임새

---

4) 규국規局 : 길지吉地로 확정하는 범위 안의 땅으로서 도국圖局이라고도 한다.

있고 견고하며 박연朴淵, 화담花潭 등 주위 경관이 모두 아름답다.

그러나 장풍에 따라 주변 산세가 조밀하여 국면이 관광寬廣하지 못하고, 북쪽 산 여러 계곡에서 흘러나오는 계류수는 모두 중앙에 모이기 때문에 여름철에는 수세가 거칠고 분류奔流가 급격하여 순조롭지 못한 결점이 있다. 이와 같은 역세逆勢의 수덕水德을 진압하고, 지덕을 비보裨補하기 위하여 도선의 사탑비보설寺塔裨補說을 응용하여 계류의 합류점과 내수구內水口에 사찰을 건립하였다. 하천의 범람이 우려되는 취약 지점과 합류점에 사원을 건립함으로써 인공 건조물에 의한 하천의 측방 침식을 억제하고 승려들로 하여금 하천을 감시하게 하는 동시에, 유사시 그들의 노동력으로 대처할 수 있는 좋은 방안이라 여겨진다.

계룡산　이곳으로의 신도안은 크게 보아 한양과 같은 득수국得水局과는 거리가 멀고, 개경과 유사한 장풍국으로 해석될 수 있는 곳이다. 이곳을 말할 때 가장 두드러지게 자주 표현되는 말이 산태극 수태극山太極水太極과 회룡고조回龍顧祖라는 것인데, 이는 모두 계룡산과 그 주위 산천의 형세를 가지고 말하는 일종의 형국론적 술어이다.

이 두 가지는 성격상 같은 해석이 가능하다. 산태극과 회룡고조란 같은 형세에 대한 이중적인 표현으로 진안의 마이산과 덕유산의 맥이 무주~영동~대전 동부~회덕을 거쳐 공주로 이어지고, 이것이 다시 남쪽으로 방향을 바꾸어 공주군 계룡면과 반포면의 경계를 따라 이어져 태극 모양을 이룬다는 것으로, 용세가 머리를 돌려 근원을 돌아보는 고조顧祖의 형세라는 관점이다. 물의 흐름 역시 금강의 줄기가 장수~진안~무주~영동~대전 동부~부강~공주~부여~강경을 거쳐 장항과 군산 사이로 빠지는 동시에, 용추골 용동리의 명당수가 청룡의 뒤를 돌아 크게 우회하여 금강에 합류하는 거대한 태극의 모습을 보이고 있기 때문에 수태극이 된다는 것이다. 계룡산 최고봉을 주산으로 하고 그 주변에 논산군, 대덕군, 공주군의 일부를 포함한 사방 10리의 마을로 동서북쪽이 아늑히 산에 둘러싸여지고 남쪽이 부드럽게 경사진 땅이다.

　그러나 이곳은 호순신胡舜申이 찬한 풍수지리서『지리신법地理新法』에서 제시된 것처럼 〈수파가 장생 방위라 반드시 망할 땅(수파장생 쇠패립지)〉이라는 해석이 가능할 뿐 아니라, 제신諸臣의 반대론에서 명백히 제시된 바와 같이 위치가 남방에 치우쳐 동, 서, 북 삼면과 떨어져 도리의 균형을 얻지 못한 곳이다. 그리고 가까운 곳에 큰 하천이 없어 배로 물자를 수송하는 일이나 물을 사용하는 일이 힘들며, 해안으로부터의 거리가 멀어 그에 따른 불편함이 상당함은 물론 둘레가 지금 국립공원으로 지정된 계룡산 연맥에 의하여 깊게 둘러싸인 일종의 좁은 산곡 분지형의 지세이기 때문에 국도로서는 개경이나 한양에 비길 바가 못 된다.

한양과 모악　한양은 오늘날 서울의 사대문 안쪽이고, 모악은 신촌과 서강 일대이다. 모악은 하륜이 거의 독단적으로 주장하였던 땅으로 나라의 중앙에 있어 교통도 편하고 수상 운송에 있어 이점도 있으나 불행히 한 동네에 위치하여 궁전과 종묘를 넓게 잡을 수 없으며, 명당 좌처坐處가 협착하고 주산이 저미低微하여 겨울철 한랭한 북서 계절풍을 막기 어렵고, 수구水口를 닫을 수 없어 한양에 비길 만한 곳이 되지 못한다.

개경과 한양은 거시적 안목에서 보자면 매우 비슷할 수도 있지만 국토의 통합이라는 측면에서는 기본적인 차이가 있다. 특히, 추가령구조곡楸哥嶺構造谷을 이용하여 함경도 지방과의 유통을 꾀하는 데 있어서는 한양의 입지가 개경보다 월등한 편이다. 또한 규국도 비교가 되지 않을 만큼 한양이 탁월하다.

한양은 풍수상 장풍과 득수를 고루 갖춘 전형적인 풍수 명당의 지세이다. 앞서 설명되었듯이 현무인 주산은 북악산이 되고 청룡은 낙산, 백호는 인왕산이며 주작은 두 가지로 나누어지는데 안산은 남산, 조산은 관악산이다. 외수外水인 객수客水는 한강인데, 안산과 조산 사이를 빠져 흐르며 명당을 크게 감싸 안고 있는 형세를 취한다. 내수內水인 명당수는 청계천으로 객수인 한강과 명당수인 청계천은 그 흐름의 방향을 반대로 하는 내외 수류 역세水流逆勢의 형국이다. 청계천이 동쪽으로 도성을 관통하여 한강으로 유입되는 데 반하여, 한강은 서진西進하기 때문에 명당수와 객수는 완연히 역세의 국면을 가지게 된다. 좀 더 부연하면 한강은 서울 부근에서 한양을 북으로 감싸듯 돌며, 서울 남쪽을 지나 북서진하는 대규모의 곡류 하천 형태를 취한다. 이때 현재의 동작, 영등포, 노량진, 강서구 일대가 곡류 하천의 공격면이 되고, 용산과 서빙고 쪽에 퇴적물이 쌓이기 때문에 한강이 범람하는 경우에도 도성 안은 비교적 안전하다고 볼 수 있다. 그에 겹쳐 내외 수류가 역세이므로 심한 범람이 일어나는 경우라 할지라도 도성 안이 침수되는 것을 방지하여 주고 있다. 청계천은 퇴적물이 쌓이는 쪽인 뚝섬에서 한강에 합류하기 때문에 홍수 발생시 도성 안의 하수와 지표수를 쉽게 배수할 수 있는 이점을 갖는다. 즉, 공격 사면 쪽에서 유입되는 지류가 본류의 수압 때문에 배수 불능이 되는 경우일지라도 퇴적물이 쌓이는 쪽은 본류의 수압이 훨씬 낮기 때문에 지류의 배수가 공격 사면 쪽보다는 훨씬 유리하다. 그러나 북악산과 인왕산을 연결시켜 주는 부분인 한양의 건방乾方(북서쪽)이 비어 모자라기 때문에 황천살黃泉煞로 볼 수 있는 단점이 있다.

태조 이성계의 주요 천도지 후보 중, 1차 천도 후보지는 하륜이 불가함을 주장하여 백지화되었고, 다음 후보지로는 금강을 낀 금산을 검토하였으나 국토의 균형에 맞지 않는다는 불가론에 밀려 제3 후보지인 한양을 검토하게 되었다. 유교학자인 정도전鄭道傳과 왕사인 무학은 항상 그 일선에 섰다. 지금과 같이 별채가 된 지형 상태라면 쉬웠겠지만 당시만 해도 한양 땅은 울창한 숲과 잡초로 뒤덮여 어디가 어디인지 잘 구별이 되지 않았다고 한다.

아무리 지세를 잘 보는 무학이라지만 남북향을 구별하기가 힘든 상황에서 막막해 할 수밖에 없었다. 지형은 잡히지 않고 피로에 지쳐 갈대밭 언덕에서 잠시 휴식을 취하고 있는데 그때 마침 누더기 옷을 입은 촌로 한 사람이 소의 등에 앉아 가면서 단번에 무학을 알아보았는지 무학을 향하여 한마디 말을 던지고 바삐 사라졌다. 당시는 말이 드물고 대신 소를 길들여 타고 다니는 사람이 많았다고 한다. 그의 말인즉

"이 미련한 무학아, 너는 명색이 왕사라고 하는 놈이 그렇게 미련하느냐. 궁터를 잡으러 온 모양인데 여기는 바닥에 물이 나고 안산案山과 배산背山이 멀기 때문에 적당한 위치가 아니다."

하면서 꾸짖기에 무학은 엉겁결에 자세를 낮추고 공손하게 그럼 어디로 가면 좋은 길지를 얻을 수 있느냐고 물었더니 이곳에서 정북 방향으로 10리(4킬로미터)를 더 가 보면 궁터를 할 만한 곳이 있을 거라고 일러주었다.

무학은 갑자기 당한 일이라 어안이 벙벙하였으나 예삿일이 아니라고 생각하여 높은 언덕에 올라 북쪽으로 길을 잡아 갈대숲을 헤치며 발걸음을 잣대로 하여 청계천을 넘어 북으로 북으로 헤집고 가서 보니 인왕산이 앞을 막아 더 나아가지 못하는 지점까지 왔다. 거기서 남쪽으로는 잘 생긴 현재 남산이 있고 식수 조달을 할 수 있는 청계천의 맑은 물, 북풍을 막아주는 인왕산, 왜적을 막을 수 있는 한강이 연상되므로 무학은 크게 놀랐다.

과연 소 등을 타고 가던 어수룩한 촌로는 과연 누구이길래 이렇게 길지를 일러주었을까 하면서 오던 길로 다시 돌아가면서 보폭을 재어 보니 정확히 10리였다고 하여 '往(갈왕)', '十(열십)', '里(마을리)'라고 지명을 남겨졌으니 역사적인 행적이 남아 있는 이름이 아닌가 싶다.

유좌묘향酉坐卯向과
임좌병향론壬坐丙向論[5]

한양 천도가 정해진 다음 어떤 산으로 한양의 주산을 삼는가에 대하여 전권을 띠고 답사 중이던 무학 대사와 정도전 사이에는 근본적인 차이가 있었다. 주산이 결정되어야만 궁궐의 위치를 잡을 수 있기 때문에 주산 결정은 쟁점이 될 수밖에 없었는데, 유학을 대표로 하는 정도전은 고금의 학리에 정통한 학자였고 무학은 그의 예언이 늘 적중한 신승으로 왕사王師의 자리에 있었기 때문에 이는 자연히 심각해지게 되었다.

이들 중 무학은 인왕산을 주산으로 하여 낙산을 안산으로 하고 북악과 남산을 좌청룡 우백호로 하여야 한다는 유좌묘향론을 주장하였고, 정도전은 북악산을 주산으로 하여 남산을 안산으로 하고

---

5) 유좌묘향酉坐卯向은 묏자리나 집터 따위가 유방酉方을 등지고 묘방卯方을 바라보는 방향으로 서쪽에서 동쪽을 바라보는 방향이며 임좌병향壬坐丙向은 임방壬方을 등지고 병방丙方을 향한 방향으로 서북을 등지고 동남 쪽을 바라보는 방향이다.

인왕산과 낙산을 각각 좌청룡 우백호로 삼아야 한다는 임좌병향론을 주장하였던 것이다.

정도전은 자고로 임금은 남쪽을 보고 정사를 하였지 동쪽을 보고 정사를 한 일이 없다는 이론에 근거를 두고 무학 대사의 주장을 일축하였고, 이러한 좌향론에 밀린 무학 대사는 정도전이 잡은 궁궐의 좌향 때문에 2백 년 안으로 왕위 싸움이 2번, 방탕한 임금이 2분, 국가의 안위가 걱정되는 2번의 외침을 당할 것이라고 신라의 명상 의상義湘 대사의 『산수비기山水秘記』를 근거로 예언을 하였다. 뒷사람들은 이 예언을 태종의 골육 싸움과 수양首陽 대군(세조世祖)의 왕위 찬탈, 연산군燕山君과 광해군光海君의 악정 그리고 임진왜란壬辰倭亂과 병자호란丙子胡亂으로 적중하였다고 한다.

앞날을 정확히 예언한 남사고

남사고南師古는 역학, 참위讖緯, 감여堪輿, 천문, 관상, 복서 등 모든 학문에 두루 통달한 예언가였다. 그는 일찍이 이인異人을 만나 공부하다가 진결眞訣을 얻어 비술에 정통하게 되었고 앞일을 정확하게 예언하기도 하였는데 명종 말기에 이미 1575년(선조 8)의 동서분당東西分黨을 예언하였고, 임진년인 1592년에 백마를 탄 사람이 남쪽으로부터 나라를 침범하리라 하였는데 일본의 장수 가토 기마요시(가등청정加藤淸正)가 백마를 타고 쳐들어왔다. 뿐만 아니라 자신의 생사 문제까지 예언하며 풍수지리에 많은 일화를 남겼다. 그의 이름으로 된 도참서로는 『남사고비결南師古秘訣』과 『남격암십승지론南格庵十勝地論』이 『정감록鄭鑑錄』에 전한다. 『정감록』은 조선의 선조인 이담李湛이라는 사람이 이씨의 대흥자代興者가 될 정씨의 조상인 정감鄭鑑이란 사람으로부터 들은 이야기를 기록한 책이라고 전하는데 사실상 정감과 이담이 실존 인물이라 할 증거는 없으며 1785년(정조 9) 홍복영의 옥사에서 『정감록』이란 책에 대해 언급하고 있는 것이 문헌상 가장 오래된 것이라는 기록이 있을 뿐이다. 『정감록』에는 정감과 이담의 문답 외에도 도선, 무학, 토정, 격암 등의 예언서에서 발췌한 것들을 포함하고 있다.

이 예언서는 이후 조선의 흥망대세를 미리 예측하여 이씨의 한양 몇 백 년 다음에는 정씨鄭氏의 계룡산鷄龍山 몇 백 년이 있고 그 다음으로 조씨趙氏의 가야산伽倻山 몇 백 년, 또 그 다음에는 범씨范氏의 완산完山 몇 백 년과 왕씨의 어디 몇 백 년 등등으로 계승될 것을 논하여 놓고 그 사이에 언제 어떤 재난과 어떠한 화변이 있어 세태의 민심이 어떠하리라는 것을 차례로 예언해 놓았다.

그러나 조선이 정씨의 혁명을 만나게 된다는 운명설은 선조 이전부터 있었으며 1589년(선조 22) 정여립의 역모도 이러한 것이 배경이 되어 작용한 것이었다. 그 뒤로도 광해군이나 인조 이후의 모든 혁명 운동에는 거의 빠짐없이 정씨와 계룡산의 그림자가 어른거렸으며 미래의 희망으로 인식이 되었다.

연산군 이후 국정의 문란과 임진왜란과 병자호란, 그리고 여기에 대해 당쟁의 틈 속에서 민중들은 암담한 현실에 어찌할 줄을 모르던 때 그들에게 희망을 주기 위해 이씨 왕조가 무너지더라도 우리 민족은 영원할 것이라는 신념을 갖도록 한 것이 『정감록』에 일관되게 흐르고 있다.

『남사고비결』에서는 조선의 수도인 한양의 북한산과 한강(한산한수漢山漢水)이 골이 많고 여울이 많아(다골다탄多骨多灘) 골육상잔의

화가 많을 것을 말하는 등 각종 재난을 예언하였고『남격암십승지론』에서는『정감록』사상의 특징인 십승지지十勝之地, 이른바 재난이 일어날 때 피신처인 열 군데의 보길지保吉地를 구체적으로 예언하고 기술하였다. 남사고는 죽은 뒤인 1709년(숙종 35)에 울진의 향사에 배향되었으며, 편저에『선택기요選擇紀要』가 있다. 생몰년은 알려지지 않았으며 본관은 영양英陽, 호는 격암格庵이다.

경상북도 성주군 초전면 소성동에서 약 1킬로미터 서쪽으로 가면 마족혈이라는 무덤이 있는데 그에 대한 전설이 전한다. 남사고가 흠실이라는 마을을 다녀와서 서울로 올라가는 길이었는데 그 길목의 옥산玉山 장씨張氏가 사는 집에서 상을 당하였는데 어찌나 가난했든지 하루 세끼를 못 이을 정도였다. 마침 남사고가 그 곳을 지나가게 되었을 때 이 사실을 알게 된 장씨 형제는 연극을 꾸며 술 취한 듯이 하다가 동생이 남사고에게 덤벼들어 그를 쓰러뜨려 버렸다. 이에 형이 동생을 보고 크게 나무라고는 남사고를 업고 집으로 돌아와서는 자신들도 끼니를 잇지 못해 가난함에도 팥죽을 쑤어 대접을 했다.

이것을 본 남사고는 어찌나 고마운지 그 형에게 내가 은혜를 갚으려고 하는데 무슨 일이 없느냐고 물었고 형은 아버님이 별세하셨다고 말하였다. 이에 남사고는 흠실 옆의 산에 묘터를 쓰면 그 후손이 영의정까지 올라갈 것이라고 가르쳐 주었다.

그가 가르쳐 준 묘터에 장사를 지내고 흙을 덮기 전에 곡을 하려고 할 때 자기를 덮친 이가 함께 곡을 하는 것을 남사고가 보게 되었고 그는 내가 너희 형제에게 속았다고 크게 한탄하며 그곳을 떠났다고 한다.

그 후 그 자손이 정말로 영의정까지 벼슬을 하였다고 하며 지금 옥산玉山 장씨張氏의 시조라고 한다. 마족혈이라고 하기 때문에 비석이나 상석 같은 석물을 하면 뛰는 말의 발에 지장이 된다고 하여 비석을 세우지 않았고 그래서 비석 없는 커다란 무덤이 남사고의 전설을 간직한 채 있다고 전해진다.

민중의 가슴에 자리한
『정감록』에 대한 신앙

한말의 문인 이각종李覺鍾의 기록으로 『정감록』에 대한 백성의 집념을 살펴보기로 하자.

〈세상은 바뀌어 임진의 난이 되었고, 전후의 상처가 쉽사리 회복되지 않아 국운이 차츰 기울어지고 있을 무렵 『정감록』의 조선 3백년 설이 널리 민심을 움직였으며, 팔도八道의 인심은 차츰 더 헷갈리기 시작하였다. 그리하여 당시의 재상 서애西崖 유성룡柳成龍은 친히 『징비록懲毖錄』을 지어 전란의 유래를 명백히 하고 백성을 안심시킴으로써 민풍民風을 진작하는 한편 사서私書 『정감록』을 공개하여 조선 5백 년 설을 유포시킴으로써 인심의 안정을 꾀하였다. 후세에 '하회출 정감록河回出鄭鑑錄'이라 함은 바로 이 정책적인 『정감록』을 말하는 것이다.〉

한말 고종의 즉위와 때를 같이 하여 『정감록』의 비결이 연천봉連天峰의 참문讖文과 더불어 다시 국망國亡의 여론으로 민심이 흉흉

하였다. 이때 집정하고 있던 흥선 대원군興宣大院君은 이 뜬소문을 가라앉히기 위하여 팔도에 나돌고 있는 『정감록』의 책자를 거두어 공개리에 태우고, 계룡산에는 입산 금지령을 내렸다.

계룡산은 풍수적인 유형으로 보아도 도읍터로서 길지로 인식되어 왔는데, 이 산을 멀리서 보면 산형이 '제帝'자 형으로 보인다.

상제봉上帝峯이 복판에 솟아있는데 이것이 주산이 되고, 금계산金鷄山이 풍수의 좌청룡으로, 일룡산日龍山이 우백호로 뻗어 내렸다. 여기에는 계鷄, 용龍이 상제上帝와 함께 나란히 있으므로 계림鷄林(한반도)에 군왕(용龍)인 자가 제위에 오름을 지형적으로 암시하고 있는 것으로 당시의 사람들은 해석을 했다.

이 금계金鷄와 일룡日龍이 웅크리고 있는 신도안의 좌우에는 하나씩의 조그마한 원구園丘가 있다. 그 동쪽에 있는 것이 금계포란金鷄抱卵의 난구卵丘이고, 서쪽에 있는 것이 일룡농주日龍弄珠의 주구珠丘이다. 풍수적으로 보아 이보다 더 좋은 길지는 없다는 것이다. 이처럼 풍수설을 굳게 믿은 백성들은 새 도읍터로 이주하기 시작하였다. 1926년도에 조사된 연도별 통계에 의하면 일청 전쟁이 일어나던 해부터 이 신도안으로의 이주자가 늘어나기 시작했다. 국권 피탈이 일어난 1910년을 전후해서 가장 이주자가 많았으며 1918년에는 약 1천 호, 5천 명이 기록되어 있는데, 통계를 보면 난세일수록 이주자가 급증하는 현상을 보였다.

고종이 실권을 물려받은 후에도 태조가 이곳에다 모신 계룡신사鷄龍神祠를 폐하고, 천자오악봉선天子五嶽封禪의 옛 도리를 따라 왕국 5백 년을 끌고, 새로운 제국의 신기원을 연다는 뜻에서 계룡산 신원사神院寺를 신원사新元寺로 개명하였다.

또 명성 황후는 몰래 승도들에게 돈을 주어 계룡산 연천봉連天峰 등운암騰雲庵 자리에 압정사壓鄭寺를 짓고 정씨鄭氏의 왕기王氣를 누르는 원사願寺를 세워 밤낮으로 불공을 드리도록 하였다.

명성 황후는 자기 대신 상궁을 보내어 연천봉의 영천靈泉에 목욕 재계하고 원생귀자願生貴子의 기도를 하였다고도 전한다. 그리고 그 영험으로 순종이 태어났다고 믿은 명성 황후는 매년 30석의 공양미를 하사하였다는 것이다.

다시 합방 이듬해인 1911년 국선 철도 호남선이 개통하자, 또 『정감록』의 예언이 들어맞았다 하여 유언비어가 떠돌았었다.

그 비결 중에는 정씨가 계룡산에서 입도立都하는 시기를 말하는 가운데 '초포행선草浦行船'이란 글귀가 있다. 배가 육지에 올라와 달린다는 뜻인데 그 배를 기차에 비긴 것이었다.

남사고 산수 십승 보길지지山水十勝保吉之地

십승지지에서 승지勝之는 보통 경치나 지형이 뛰어난 곳을 말하는데 우리나라에서는 보통 굶주림이나 전쟁을 면할 수 있는 피난처를 뜻한다. 민간에 전해지는 승지 중 남사고가 선정한 십승지가 특히 유명하다.

그가 말한 십승지는 풍기의 금계촌金鷄村, 안동의 내성奈城, 보은 속리산 산기슭의 증항蒸項 근처, 운봉 두류산 산기슭의 동점촌銅店村,

예천의 금당동金堂洞 북쪽, 공주의 유구천維鳩川과 마곡천麻谷川 사이, 영월의 정동正東 상류, 무주의 무풍 북쪽의 덕유산德裕山, 부안 변산의 호암壺岩, 가야산의 만수동萬壽洞으로 지역적으로는 대체로 남한 지방에 한정되어 있고 도별로 보면 경상도 4개소, 전라도 3개소, 충청도 2개소, 강원도 1개소로 서울에서 멀리 떨어진 곳이 대부분이다.

먼저 풍기의 금계촌은 현재 경상북도 영주군 풍기읍에 속하는 곳으로 소백산 아래에 위치하여 예로부터 인재가 배출되는 복지라고 일컬어 왔다. 말을 타고 가던 남사고가 소백산을 보고 즉시 말에서 내려 말하기를

"이 산들은 활인산活人山(사람의 목숨을 구하는 산)이고 피난처로 제일이다."

라고 하였다고 전해진다.

그중 소백산 남쪽 산기슭에 위치한 금계촌은 북천北川(현 조계천錦溪川)과 남천이 남류하며 서로 합하는 곳으로 산을 등지고 물길이 띠를 두르는풍수지리적으로도(부산대수 負山帶水) 전형적인 명당이다.

두 번째로, 안동의 내성은 원래 안동 대도호부의 속현으로서 부치府治에서 북쪽으로 90리 지점에 위치한다. 이중환李重煥의『택리지』에도 내성은 태백산 아래에 자리 잡아 춘성春城, 소천김川, 재산才山과 함께 병을 피해 거처를 옮기고 세상을 피해 숨을 수 있는 땅이라 하였다. 현재는 경상북도 봉화군 내성면에 속한다.

세 번째로, 보은의 속리산 아래 증항 근처는 전란 때 이곳에 몸을 숨기면 단 한 사람도 상하는 일이 없었다고 하나 대를 이어 몸을 보존할 곳은 되지 못한다고 한다. 증항은 보은읍에서 상주와 함창 방면으로 뻗은 가로를 약 40리 쯤 지나면 충청북도와 경상북도의 도계가 되는 시루봉 아래의 안부鞍部를 말한다. 증항이라는 지명은 이 증봉에서 유래된 듯하다. 증항에서 서쪽 관기리官基里 사이는 군내에서 가장 기름진 평지가 전개된다. 그러므로 『택리지』에서도 사람 살기에 가장 적당한 곳으로 들고 있다.

네 번째로, 운봉 두류산 아래 동점촌에서 두류산은 곧 지리산을 말하는 것으로 현재는 산청군과 함양군 경계에 있지만 전에는 남원, 하동, 함양, 진주 등 10여 개 군으로 둘러싸여 있었고, 어떤 때는 운봉현 전체가 지리산에 포함되었기 때문에 운봉 두류산이라 한 것 같다. 그런데 현재 동점촌이라는 곳은 찾을 수 없다. 『택리지』에서는 지리산 북쪽의 함양 땅의 영원동靈源洞, 군자동君子洞, 유점촌鍮店村이 남사고의 복지라 하였고, 『대동지지大東地志』에서는 벽암碧巖, 추동楸洞, 유점촌이 남사고의 복지라고 하였다. 이들 승지는 대부분 지리산 북쪽 임천臨川 유역에 위치하였다. 두 문헌에서 공통적으로 나오는 것은 동점촌이 아니라 유점촌인데 유鍮와 동銅의 글자가 유사하여 혼용되었을 가능성도 있으며 『정감록』에는 운봉의 향촌香村이라고도 되어 있다.

다섯 번째로, 예천의 금당동 북쪽은 지금의 예천군 용문면 죽림동竹林洞 금당실로 비정된다. 동쪽에 옥녀봉玉女峰, 서쪽 멀리에 국사봉國士峰, 남쪽으로 백마산白馬山, 북쪽에 매봉으로 각각 둘러싸인 분지인데, 동남쪽의 병암성에서 한천漢川의 침식으로 골짜기가 되어 이곳의 관문이 된다. 이런 점을 생각했을 때 남사고는 이곳이 전쟁이 미치지 않을 것이므로 오래 살 곳이 된다고 한 것 같다.

여섯 번째로, 공주의 유마維麻 지방은 지금은 공주시 유구읍을 흐르는 유구천維鳩川과 사곡면寺谷面을 흐르는 마곡천麻谷川과의 사이 1백 리를 말하는데 이 지역은 살육을 면할 수 있는 피난처라고 한다. 이 지역은 차령산맥車嶺山脈이 서남으로 뻗고 그 남부와 거의 병행하여 그 지맥의 광덕산廣德山, 금계산金鷄山 등이 연이어 뻗어 그 사이가 좁고도 긴 유구천 계곡이 된다. ㄷ자형 지형에서 열린 곳은 곧 금강錦江이 되므로 이런 계곡으로 들어가면 안전하다고 생각한 듯하다. 지난 한국전쟁 당시 많은 피난민들이 이 계곡으로 몰려들었었다.

일곱 번째로, 영월의 정동 상류는 강원도의 유일한 피난처였다. 영월읍과 동편은 한강 상류가 남북으로 흐르는 곳으로, 한강 동부의 망경대산望景臺山 줄기가 동서로 뻗어 한강의 지류로서 북쪽의 함백천咸白川과 남쪽 옥동천玉洞川의 분수령이 되는데 남사고는 옥동천을 피난처라고 한 것 같다. 특히, 한강과 옥동천이 합하는 부근은 『임원경제십육지林園經濟十六志』에서도 큰 평야라 하여 경작지가 넓게 발달해 있을 뿐만 아니라 수목이 울창한 곳이기도 하다.

여덟 번째로, 무주의 무풍 북동쪽에는 덕유산이 있는데 무풍은 무주부茂朱府의 별호도 되지만 현재는 행정상 전라북도 무주군 무풍면이 되었다. 남사고가 말한 무풍 북쪽 덕유산은 현재의 위치가 불분명하다. 『무주읍지茂朱邑誌』에도 덕유산은 남쪽 50리 지점에 있다고 하여 사실과 차이가 많다. 『택리지』에는 북쪽에 설천雪川과 무풍이 나오는데, 무풍은 남사고가 복지라고 한 곳이다.

아홉 번째로, 부안 변산의 호암壺巖은 원문을 그대로 해석하면 호암 아래 변산의 동쪽을 몸을 숨길 수 있는 최고로 기이한 곳이라 하였는데 확실치 않은 점이 많다. 호암의 호자가 '병호壺'자이니 이 자에서 기인하여 변산이 되었는지도 모르나 호암의 소재지가 불분명하며 변산의 동쪽이라는 말도 애매하므로 통설에 의해 변산반도를 총칭하는 것으로 해석된다. 여러 문헌에 따르면 변산반도는 수목이 울창하고 인적이 없어 호랑이가 사람을 피하지 않고 고려와 조선의 궁에서 사용한 재목은 이곳에서 공급하였다고 한다. 남사고는 몸을 감추는 데 가장 묘한 곳이라 하고 제주도에서 반란이 일어나면 이곳도 장신처로서는 불가능하다고 부언하였다.

마지막 승지인 가야산의 만수동은 비정하기가 대단히 곤란하다. 우선 가야산은 성주星州의 가야산 그리고 덕산면德山面과 해미면海美面의 경계에 있는 가야산이 유명한 데 이 두 곳에는 만수동이라는 곳이 없다. 보통 만수동이라 하면 지리산 중 운봉읍雲峰邑과 함양군咸陽郡의 경계에 있는 곳을 말하며 『택리지』에서도 구전됨에 있어 만수동과 청학동靑鶴洞을 들었다. 만수동은 지금의 구품대九品臺이고, 청학동은 지금의 매계리梅溪里라 하였는데, 이것으로 보아 가야산 만수동이라 함은 지리산의 만수동이 아닌가 싶다.

이들 십승지 대부분은 깊은 오지에 위치해 있어 임진왜란이나 한국전쟁 당시 피해를 거의 받지 않았으며, 조선 후기의 사회적 혼란기나 일제 강점기, 한국전쟁 이후에도『정감록』을 신봉하는 많은 사람들이 전국에서 모여들어 소위 정감록촌을 형성하기도 했다. 이들 촌락은 오늘날 대부분 개방되어 그 특성이 없어졌지만, 풍기의 금계촌 같은 경우 1970년대까지도 외부와 단절된 독립된 공동체를 운영하였으며 독특한 촌락 경관과 생활 양식을 견지했었다. 이곳은 또 한국전쟁 당시 월남한 사람들이나 전쟁을 피해 찾아든 이들이 각자 출신 지역의 산업을 옮겨 와 이식 산업을 영위해 다양한 생활 방식이 복합되어 발달한 지역이기도 했다.

국도 서울과 관련한 풍수

성문에 얽힌 풍수

한양의 8대 성문도 이 풍수설과 밀접한 관련이 있음을 간과할 수 없다.

우선 8대문 중 숭례문(남대문南大門)을 오행으로 볼 때 '례禮'자는 불火 또는 남쪽에 해당하므로 남을 나타내고 또 불을 상징하는 복자伏字임에는 이론의 여지가 없다. 그런데 다른 성문의 현판은 모두가 횡액 횡서橫額橫書의 가로로 된 현판임에 비추어 숭례문만은 종액 종서縱額縱書의 세로로 된 현판인 점이 특이하다. 이를 두고 어느 학자들은 한국인의 인맥에서 '숭崇'의 상형문자는 불이 타오르는 형상이기 때문에 불이 잘 타오르게 하기 위하여, 즉 불을 강조하기 위해서는 그 글씨를 세로로 세울 수밖에 없었을 것이라 말하기도 한다.

화산火山인 관악산은 타는 불로 맞부딪힌다는 뜻에서 숭례崇禮라는 글씨를 세웠다고 한다. 숭례는 중국에서 남문의 이름으로 곧잘 쓰이는 문 이름으로 한양 남대문의 이름을 숭례라 하였음은 중국의 예에 따른 것이라 할 수 있지만 그 문패를 세로로 세운 뜻은 이 같은 조선조의 풍수설이 가미되었을 것으로 생각하는 것이 타당할 줄 안다.

경복궁에 화재가 잦은 풍수적 이유로서 술사들은 한결같이 이 경복궁과 맞선 관악산의 화산성에 두었고 따라서 이 방재를 위해 변형된 문액門額을 고안한 것으로 화산으로 인한 대비를 철저히 하였다고 보여진다.

현재로는 확인할 길이 없지만 관악의 주봉인 연주대 근처에 방화부防火符를 담은 9개 단지를 묻어 화기를 막았다는 구전口傳도 근거가 있다고 본다. 또한 동대문東大門의 문액인 흥인문興仁門을 보면 흥인문도 오행설로 보면 '인仁'이 목성木性이요, '목木'은 동쪽에 해당하므로 동쪽 문이란 뜻이 된다. 다만 흥인문이 다른 문에 비하여 특색이 있다면 다른 문액이 모두 3자로 되어 있는데 반해 흥인문만은 '지之'자를 하나 더 넣어 4자로 만들었다는 점이 주의를 끈다. 한양 정도 때는 흥인문도 3자로 되어 있었는데 임진왜란 직후 지자를 추가하여 4자를 만들었다는 기록을 볼 수 있다.

국초 정도시에 한양의 지세 가운데 허한 곳으로 동쪽과 남서쪽이 지적되었다고 한다. 그런데 임진왜란 때 동쪽의 허한 지점으로 왜적이 쳐들어옴으로써 그 후 이러한 풍수설을 실감한 끝에야 그 풍수적 보완법이 논의되었을 것이다.

그 보완법의 하나는 동대문에 곡성曲城을 쌓은 것이요, 둘째는 흥

지네형인 비봉 연맥의 천적으로 처마에 닭 조각상이 되어 있는 창의문

인문 명에 '지之' 자를 하나 더 넣은 것이다. '지之' 자나 '현玄' 자는 풍수상에서 용이 온다(내룡來龍)는 것을 의미하는 형상적인 표식 문자로 이용되어 왔기 때문이라고 볼 수 있다. 여기에서도 동대문의 풍수적 허를 메우려면 인조산人造山을 만들고 풍수적으로 '내룡'을 상징하는 글자를 흥인문에다 써 넣어 흥인지문興仁之門이라고 하였을 것이라고 하였다.

또한 토막은 세검정洗劍亭으로 넘어가는 고갯마루에 우뚝 솟은 창의문彰義門에는 다른 문과는 달리 성문 바깥쪽으로 나무로 닭 모양을 조각해 세웠다고 한다.

이것은 창의문 밖의 외성外城이 쓰러진 비봉碑峰 연맥이 풍수적으로 지네형이기 때문에 이 해충을 압승하는 풍수적 방편으로 지네가 가장 무서워한다는 천적인 닭을 조각하여 세운 것이라고 구전한다. 북문의 숙정문肅靖門은 이름만이 문일 뿐 몇 백 년 내내 폐쇄된 채로 열린 일이 없었다고 한다. 이규경李圭景의 『오주연문장전산고五洲衍文長箋散稿』에 의하면 이 문은 양주楊洲 북한산으로 통하는바 폐쇄된 지 오래인데 속전에 의하면 이 문을 열기만 하면 성내의 여염집 부인들에게 음란한 바람이 일어 폐쇄하였다고 한다.

한편 조산造山이라는 것은 인공의 산으로 풍수의 보허步虛를 삼는 것으로, 조산이 많기로 유명한 곳이 바로 경상북도 안동安東이다. 안동의 지세는 낙동강 유역이기에 허기虛氣가 많다는 이유로 하여 곳곳에 조산을 만들었다.

1608년(선조 41)에 나온 안동의 고읍지 『영가지永嘉誌』에 보면, 안막곡安莫谷에 3개, 성안에 4개, 서문 밖 삼거리에 1개, 율곡리에 1개, 신세리에 2개, 그리고 유림·존당·안기·견항에 각기 1개씩의 조산이 있다고 밝혀 놓았다.

풍수는 오늘날의 사람들이 과학을 믿는 것보다 옛날 사람에게는 더 확고부동한 믿음이었다.

누에형 안산과 뽕밭

『오주연문장전산고』에 의하면 지금 남대문 바로 밖에 하나의 연못이 있다 하였고 『동국여지승람』에도 숭례문(남대문) 밖에 남지南池라는 못이 있어 기우제는 그곳에서 올린다고 하였다. 이 인위적으로 조성된 남지는 한양 풍수의 결함을 막기 위하여 만들어진 것이다.

1483년(성종 14)에 한명회韓明澮는 임금에게

"국도에서 멀리 보이는 관악산은 화산이기 때문에 장안의 화재를 우려하여 모화관慕華館(현 독립문 북쪽 언덕) 앞과 숭례문 앞에 못을 파서 이를 방비하였으나 병오년 이래 장안에 화재가 끝이지 않은 까닭은 이 못들이 메워지고 자취만 남은 탓입니다. 이 못을 복구하여 장안의 화재가 없도록 하십시오."

라고 임금에게 아뢰었다.

남지는 인공 못으로 그 후 몇 번 팠지만 다시 메워지곤 하여 폐지廢池로 내려왔는데 조선 후반기에 들어 이 연못을 파고 맑게 하면 남인파南人派의 인물이 등용된다는 속전이 나돌았다. 1823년(순조 23) 초여름 숭례문 밖의 주민들이 전곡을 거둬 이 폐지를 다시 파서 맑은 물을 괴게 했는데 이때 다음과 같은 요언이 나돌았다.

〈남지南池 파자 허미수許眉叟 살판났네.〉

이것은 그 무렵 남인파인 허미수가 입각한 데 대한 반대파의 반동이 이 같은 풍수와 결탁한 것이었다. 남지에 손만 대면 이 풍수 반동의 노래가 번지곤 하였다. 그 후에 역시 남인인 채낙공蔡洛恭이 복관하자 이 노래가 또 번졌다.

1786년 정조正祖가 즉위하면서 당폐黨弊를 일소하고 사당 병용책四黨倂用策을 써, 이에 오랫동안 불우했던 남인을 등용하고 남인의 거두인 채제공蔡濟恭을 거점으로 하여 진보적인 혁신 학통을 이루었다. 이 진보적인 남인끼리 시파를 이루었고, 이 시파는 보수파가 가장 두렵고 또 멀리하는 존재로 커나갔던 것이다.

당시 남인파의 인물을 보면 한국 천주교의 온상적인 인물 이가환李家煥, 이승훈李承薰, 권철신權哲身, 황사영黃嗣永, 윤지충尹持忠, 이벽李蘗, 권상연權尚然, 정약종丁若鍾, 정약용丁若鏞, 정약전丁若銓 등이 주류였다. 이들은 한국 역사상 가장 고차원의 진보적인 파동을 일으킨 인물들이다.

이에 대한 보수파의 반동이 정조 이후의 탕평책에 음성적인 반발로 남지의 풍수설을 들추어낸 것일 것이다. 원래 남대문 밖에는 진보주의 인사들이 많이 살았으므로 남지와 남인을 풍수적으로 연결시켰을 것이라는 추리도 가능하다.

한편 지금도 남아 있지만 광화문 앞에 놓인 해태 석상도 관악의 연맥인 시흥 삼성산의 그 모습이 형화체形火體로 되어 있어 화산이므로 이와 마주 보이는 곳에 물짐승을 만들어 세움으로써 그 불길을 잡게 한다는 설이 박제형朴齊炯의 『근세조선정감近世朝鮮政鑑』에 나와 있는데 이는 대원군의 풍수학적 묘안의 소산이라고 한다.

남산은 생김새가 누에의 머리 같다하여 잠두산蠶頭山이라고도 한다. 그래서 이 산의 정기를 배양시키려면 뽕을 먹여야 한다고 믿었고 남산의 지덕을 배양하기 위하여 남산이 바로 보이는 강 건너 사평리沙坪里에 뽕나무를 많이 심었다. 현재 잠실蠶室이 바로 그곳으로 왕실에서는 반드시 풍수적으로 왕실 내에서 누에를 길러야만이 안산인 남산의 지덕을 보는 것으로 알았다고 한다. 즉 잠실의 뽕은 왕가의 잠실을 위해 만들어진 뽕밭이 아니라 남산의 지덕을 위한 풍수설에 따라 왕이 이곳 뽕을 갖다 먹이게끔 되어 있었던 것임을 알 수 있다.

지금 성균관의 뒷산은 매봉(응봉鷹峰)이다. 매는 육식을 즐기므로 이 매봉의 지덕을 가꾸기 위해서 한때 성 밖으로 내쫓았던 백정들을 이곳에 강제로 이주시켜 육고간을 경영토록 하였다고 하였으니 이 또한 매혈의 지덕을 키우고자 함에서였다.

새문안 교회 그리고 이숙번과 돈의문

새문안을 한자로 써서 신문로新門路라고 했는데 신문로는 나중에 한자를 붙인 이름이고 원래는 새문안이라고 했다. 새문안이란 말의 뜻은 두 가지로 그 하나는 처음에 사대문四大門을 지을 때 서대문으로 쓰던 서전문西箭門의 지세가 불편해서 이것을 폐지하고 평지에다 새로운 문인 돈의문敦義門을 짓고 이를 쓰게 했는데 이 돈의문을 새문이라고 했고 그 문 안의 동네를 새문안이라고 했다는 것이다. 새로 세운 돈의문 안을 새문안이라고 했고 돈의문 밖을 새문 밖이라고 했는데 이 돈의문은 1915년까지 그대로 있다가 그해 3월에 길을 넓히면서 헐어버려 없어졌다.

또 하나, 새문안이란 말의 연유는 색문동塞門洞 즉 '막힐색塞' 자를 써서 문을 막았다는 뜻으로 이런 얘기가 전해지고 있다.

태종을 도와 1차 왕자의 난을 처리한 안성군 이숙번李叔蕃이 서대문 안에 큰 집을 짓고 살았는데 서대문으로 드나드는 사람들의 인마 소리가 하도 시끄러워 서대문을 막아 버리고 사람들의 출입을 금했다고 해서 색문 그리고 문을 막았다고 해서 이숙번을 그 원한의 대상으로 문 막은 집, 곧 색문집이라고 했는데 여기서 색문안, 새문안이란 말이 나왔다는 것이다.

일설에는 이숙번이 돈의문 즉, 새문안을 막았다고 하나 서전문을 폐쇄하고 돈

종로구 세종로에 있는 새문안길

의문을 설치한 것은 세종 때의 일이니까 이숙번이 막은 문은 돈의문이 아니라 서전문인 것이다. 새문안이 새문의 안이라는 말보다 문을 막아버렸다는 색문이란 말이 그럴듯하게 들린다.

정도전이 아직 살아 있을 때의 일이다. 하륜이 정도전의 미움을 사서 충청도 관찰사로 나가게 됐을 때 정원군으로 있던 태종이 그를 위해 송별연을 베풀었는데 하륜은 이때 일부러 술 취한 척하면서 태종의 옷에 술을 엎질러 버리고 말았다. 태종이 화가 나서 돌아가자 하륜은 쫓아가서 사과를 하는 척하며 귀띔을 해 주었다. 즉 신덕 왕후 강씨 소생 왕자들의 동향이 심상치 않다고 말이다. 그래서 태종이 어떻게 했으면 좋겠느냐고 물으니 하륜은 외직으로 나가게 됐으니 진천에 내려가 기다릴 수밖에 없으나 이러한 일은 안성 군수로 있는 이숙번을 불러서 일을 맡기면 잘 처리할 것이라고 했다. 그래서 태종은 곧 사람을 보내 이숙번을 급히 한양으로 올라오게 해서 같이 의논을 하였다. 이때 이숙번은 서슴지 않고 신덕 왕후 강씨 소생의 왕자를 없애기 위해서는 정도전 등을 죽여야 한다고 해

결책을 상신했다.

　태종의 밀명을 받은 이숙번은 안산의 군사들과 궁중의 중복들을 거느리고는 군기감을 빼앗고 경복궁을 포위한 다음에 우선 정도전을 죽이고, 그들이 왕자의 난을 획책했다고 해서 무안 대군과 의안 대군을 제거하는데 성공하였다. 이숙번은 그 공으로 안성군에 봉해졌고 벼슬이 우찬성에 올랐다. 그런데 그 뒤로 이숙번은 오직 자기의 공을 믿고 같은 벼슬의 군신들을 마치 자기의 종처럼 여길 뿐 아니라 임금이 불러도 병이라고 핑계를 대고 나가지 않으며 거만하고 방자하기 이를 데가 없었다. 그러니 자기 집이 있는 서대문 근처가 시끄럽다고 해서 서대문을 막아 버리는 것은 식은 죽 먹기였다. 이렇게 되자 대간들이 가만히 있을 리가 없었다. 이숙번은 결국 탄핵을 받아 경상도 함양군으로 귀양을 가게 된다.

　세종 즉위시 「용비어천가龍飛御天歌」를 지을 때 태조와 태종 때의 일을 잘 아는 사람은 이숙번 밖에 없다고 해서 잠시 불러들였는데 그때 젊은 중신들에게 역시 안하무인격으로 놀아 결국은 「용비어천가」가 끝난 다음 다시 유배지로 보내져 거기서 세상을 떠나고 말았다.

풍수에 매달린 광해군의 폐해

　광해군은 자신의 계모가 되는 선조宣祖의 계비繼妃인 인목 왕후를 폐한 일로 해서 인조반정仁祖反正으로 쫓겨난 임금인데 그래도 즉위한 당초에는 상당히 의욕적으로 업적을 남기기도 했다.

　임진왜란으로 말미암아 서울에 있던 대궐은 모두 불에 타고 없어졌는데 선조 때에는 전쟁 직후라 궁궐을 복구할 국력이 없었다고 보는 것이 옳겠다. 그래서 다음 왕인 광해군 때에 이르러 많은 궁궐들이 중건이 됐다.

우선 1614년에는 창덕궁昌德宮이 중건되고 그 2년 후인 1616년(광해 8)에는 창경궁昌慶宮이 중건됐다. 광해군이란 임금은 상당히 귀가 얇았던 모양으로 남의 말을 잘 듣는 분이었다. 그래서 인왕산 아래 궁궐을 지으면 좋다는 성지性智라는 스님의 말을 듣고 인왕산 아래 인현궁을 짓기로 하고 공사를 일으켰다.

광해군은 늘 큰 변이 일어날까 두려워했는데 그에 관한 일화가 있다. 광해군은 항상 궁중의 깊숙한 곳에 몸을 숨기고 사람을 시켜 찾게 했는데 찾지 못하면 기뻐하고 찾으면 기뻐하지 않았는데 대저 변이 있을까 염려해서 몸 숨기기를 연습한 것이다. 그만큼 왕위에 있는 것이 불안했던지 측근에는 술사나 점쟁이 같은 사람을 두고 얘기를 들었는데 김일룡이란 점쟁이가 어느 날 항간에 이상한 풍문이 돌고 있다고 하며 새문동에 왕기가 있다는 말을 하였다. 즉 지금의 새문안이다. 그때 새문동에는 선조의 다섯째 아들인 광해군의 이복동생이 되는 정원군定遠君이 살고 있었다. 정원군은 원래가 얌전한 성격으로 역모 같은 것을 꾸밀 염려는 없었지만 그래도 불안한 광해군은 술사 김일룡의 말을 들어 새문동의 왕기를 누르기 위해 그곳에 새로 궁궐을 짓고 광해군 자신이 들어가기로 결정하고 이궁 건설에 착수하였다.

우선 정원군과 함께 근처의 민가를 다른 곳으로 옮기게 하고 그

곳에다가 경덕궁敬德宮을 짓기로 했다. 그런데 그때 이미 창경궁을 중수하고 있었으며 또 인왕산 아래에는 인경궁仁慶宮을 짓고 있었기 때문에 우선 인경궁의 공사는 일단 중지하기로 하고 경덕궁을 서둘러 짓게 했다. 광해군은 먼저 담을 쌓아 놓고 궁궐을 짓기로 했는데 1620년(광해 12) 완공이 되었다.

광해군은 그의 재임 중에 많은 궁궐을 재건하거나 창건했는데 그 때문에 재정적으로 무리를 하였고, 자금의 조달을 위해서 부정과 부패가 만연될 수밖에 없었다. 또 여기에 따라서 매관매직의 악습도 끊이지 않았다고 한다. 이렇게 해서 경덕궁은 왕에게 무슨 일이 있으면 피신하기 위한 이궁離宮으로 건설하고 서별궁이라고 했는데, 어찌됐든 광해군은 경덕궁에는 한번도 들어가지 않았다. 그리고 선조의 계비인 인목 대비를 이곳에 유폐하여 서궁이라고 하다가 결국은 그로 인해서 인조반정이 일어나고 광해군은 쫓겨나고 말았다.

경덕궁은 영조英祖 때에 와서 경희궁慶熙宮으로 이름을 고쳤고 경희궁은 일제 때에 와서 일본인들이 그들의 자제를 교육시키는 학교를 만들기 위해서 궁궐의 모습을 알아볼 수 없을 정도로 헐어냈다. 지금 경희궁 터에는 장충동에 있는 신라호텔의 정문이 됐던 홍화문弘化門만이 복원되어 간신히 궁궐의 모습을 연상케 하고 있다.

이외에도 한양과 관계하여 풍수학적으로 많은 전설과 기록이 있지만 여기서 끝마치고 다음 기회에 또 밝히기로 하겠다.

제3부

명지·명당을 찾아가는 길

저간에 이르러 명당明堂이란 '터'의 개념도 희박해 가는 것이 현실이라 하겠다. 그러나 아직도 많은 사람들이 집을 짓고 산소를 쓸 때 으레 풍수가를 대동하여 명당에 해당되는 터를 잡으려고 하는 것은 사실이다.

그렇다면 명당은 어떤 곳인가? 첫째, 자손이 번성해야 하고 둘째, 인재가 끊이지 않고 배출되어 문중의 영화가 끊이지 말아야 하며 셋째, 부富도 함께 누릴 수 있어야 된다고 보는 것이다.

예부터 이런 명당을 찾는 지사地師들을 대개 갈葛 처사라고 불러 왔다. 특별히 신분이 보장되어 있는 것도 아니고, 이 산 저 산 떠돌아다니며 도롱이에 지팡이와 짚신 신세이니 죽장망혜竹杖芒鞋 갈처사인 것이다. 이름도 숨기고 가문도 알 수 없으니 그런 신분을 알 수 없는 부지하허인야不知何許人也라, 옛 글에 많이 나오는 알 수 없는 노인이 그들이기도 했다.

여기 몇 가지 예를 들어 명지·명당이란 어떤 곳을 말하는지 그리고 그러한 땅에서 배출된 특출한 인물들이 누가 있는지, 그들의 삶은 어떠하였는지를 음미해 보기로 하자.

세종 대왕 영릉 이장과
광주 이씨

세종의 묘택이 몰고 온 파란

세종은 유사 이래 최고의 성군聖君임과 동시에 또한 뛰어난 효자이기도 했다. 선왕 태종太宗이 붕어하자 갈 처사가 묘를 잡아 주었는데『세종실록』에 이 사람의 이름이 이양달李陽達이라고 나와 있다. 그것이 지금의 헌릉獻陵(서울 강남구 내곡동 소재)이요, 이는 현재 인릉仁陵[6]과 함께 사적 제194호로 지정된 서울시의 중요 문화재 가운데 하나로 존재하고 있다.

원래 헌릉은 세종의 어머니인 원경元敬 왕후 민씨閔氏 사후인 1420년(세종 2)에 능의 터를 잡아 놓았던 것인데, 2년 뒤에 상왕上王으로 있던 태종이 승하하자 왕비의 능과 나란히 왕릉을 만든 것이었다. 각각 1420년 9월 17일과 1422년(세종 4) 9월 6일의 일이니 지

---

6) 인릉仁陵 : 제23대 순조 임금과 비 순원純元 왕후 김씨金氏의 능.

금으로부터 벌써 589년여 전의 일이다. 행정구역도 당시로는 광주군廣州郡 대왕면大王面 내곡리內谷里였다.

세종은 즉위한 지 4년 째 되던 1422년 상왕으로 물러나 있던 아버지 태종이 56세의 춘추로 승하하자 애끓는 마음으로 어머니 원경왕후의 능 옆에 그 시신을 모셨다.

능의 공사가 진행 중이던 어느 날, 세종은 비가 부슬부슬 내리는 가운데 이 묘택을 잡아 준 갈 처사에게 큰 절을 올렸다. 아버지에 대한 얼마나 효심이 깊었던지 아버지의 유택을 잡아 준 일개 지사에게 지존의 제왕이 고맙다고 절을 올리자, 조정의 만조백관들은 이구동성으로 그 불가함을 아뢰었다. 그러던 중 지존 무상의 왕에게 절을 받은 불충스런 자는 구족을 멸해야 한다며 비난 여론이 물 끓듯 일어나게 되고 갈 처사는 창졸간에 능지처참될 판에 이르렀다. 이와 같은 사태에 세종은 돌아가신 선왕 생각에 눈물을 주르륵 흘리며 조정의 신하들에게 말하였다.

"내가 갈 처사에게 절을 올린 것은 왕으로서 그런 것이 아니다. 돌아가신 선왕을 생각해서 아들 된 도리로서 효심을 표하다 보니 그리 된 것이므로 그대들은 너무 괘념치 말라."

왕명으로 죽음은 겨우 면하였으나 그래도 비등하는 비난 여론 때문에 갈 처사는 먼 곳으로 귀양을 떠나는 것으로 일은 일단락되었다.

세종은 세상을 하직할 때 유언하기를

"내가 죽거든 선왕의 묘택 아래 묻어다오. 그래야 혼백이나마 아버지 어머니께 아침저녁으로 문안을 드릴게 아니냐?"

하며 간곡히 부탁하므로 아무도 그 뜻을 거스를 수가 없었다.

세종은 한글을 창제하고 국경을 넓혔으며 각종 과학 문물제도를 정비하여 조선왕조의 문화 르네상스를 이룩한 임금이었음에도 일개 지사에게 큰절을 하고 임종의 순간에서도 자신의 신후지지身後之地에 집착하는 등 한 나라 제왕으로서의 행동에 대해 혹 의아하다는 생각을 할지도 모르겠다.

그러나 효성이 지극했던 세종은 죽어서도 아버지 곁에 있고 싶어했으며 또한, 세종의 이와 같은 행동이나 유언에는 매우 의미심장한 풍수 사상관이 들어 있다는 것을 간과해서는 안 된다. 세종은 단순히 기복이나 점복, 잡술로 풍수에 관심을 보인 것이 아니다. 세종처럼 총명하고 현명한 현군에게 있어 풍수는 역사와 지리와 우주를 꿰뚫는 장엄한 천지조화의 대법칙으로 이해되어 졌다. 역대『조선왕조실록』중의 하나인『세종실록』에 풍수와 관계한 자료가 가장 많이 기록되어 있다는 사실은 이미 당대에 풍수 사상이 단순한 민족 신앙의 차원에 머물지 않았다는 것을 암시하는 것이다.

세종 자식들의 죽음과 영릉으로의 이장

그러나 세상사 많은 것들이 이율배반적인 모습을 보이듯 그토록 풍수에 관심을 보이고 그것을 믿어 온 세종은 그 자신의 묘택을 쓰면서 엄청난 피바람을 불러일으키고 만다. 당시에 어떤 지사가 어떤 법수로 묘를 썼는지는 밝혀져 있지 않지만 세종의 유언대로 능을 정하고 난 이후에 일대 파란이 일기 시작한다.

세종의 22명이나 되는 아들딸 가운데 둘째 아들인 수양 대군(세조)을 제외하고는 모조리 죽임을 당한 것이다. 또 왕세자인 문종은 즉위한지 겨우 2년 만에 죽어버리고, 그 아들인 단종端宗은 숙부인 수양 대군에 의해서 왕위를 빼앗긴 후 영월 땅으로 유배되어 어린 나이에 원한을 품고 죽었다. 다른 왕자들 또한 서로 싸우다가 모조리 죽음을 면치 못했으니 왕족이 전멸해 버릴 사태에 이른 것이다.

세종은 54세의 나이로 1450년 승하하기까지 왕비 소헌昭憲 왕후와의 사이에 8남 2녀를 두었다. 첫째가 문종이요, 둘째는 세조이며 광평廣平 대군과 평원平原 대군은 일찍이 죽었고 나머지는 안평安平 대군, 임영臨瀛 대군, 금성錦城 대군, 영응永膺 대군이다. 두 딸 중 정의貞懿 공주만이 성장하여 함흥 부윤 죽산竹山 안씨安氏 안망지安望之의 아들 안맹담安孟聃과 혼례를 올리게 되므로 세종의 자식 복을 일컬어 '8대군에 1공주'라는 말까지 생겼다.

이어 세종은 신빈愼嬪 김씨金氏와의 사이에 6남을 두었고 혜빈惠嬪 양씨楊氏와의 사이에 3남, 숙원淑媛 이씨李氏와는 1녀, 상침尙寢 송씨宋氏와는 1녀를 각각 두었다. 그리고 마지막 궁인宮人 강씨姜氏와의 사이에 1남을 두어 모두 22명의 아들과 딸을 두었다.

그러나 이렇듯 많은 세종의 대군과 군, 그리고 공주와 옹주는 훗날 세조가 왕위를 찬탈한 뒤 불안한 정권을 안정시키는 차원에서 대부분 희생되었다. 지하에 계신 세종이 땅을 치며 통곡했을 것이다.

세조 당대에는 이 비운의 왕가의 운명에 대해서 공론이 잠잠했다. 물론 헌릉 아래 있는 영릉英陵이 길지가 아니니 길지를 찾아 천

|세종 소생의 자녀들|

세종
‖
소헌 왕후 심씨
(영의정 심온의 여女)
(청성백 심덕부의 손녀)

대군大君 8명
군君 10명
공주公主 2명
옹주翁主 2명
모두 22남매

— 문종(향) 현덕 왕후 권씨
— 세조(수양 대군, 유) 정희 왕후 윤씨, 파평 윤번의 사위
— 안평 대군(용) 좌의정 연일 정연의 사위
— 임영 대군(구) 좌의정 남지·우의정 전주 최승녕의 사위
— 광평 대군(여) 좌의정 평산 신자수 사위, 신효창의 손서
— 금성 대군(유) (증)좌의정 전주 최사강 사위
— 평원 대군(임) (증)좌의정 남양 홍이용 사위
— 영응 대군(담) (증)좌의정 해주 정충경,
　　　　　　　　 (증)좌의정 여산 송복원,
　　　　　　　　 목사 연안 김영철 사위
— 정소 공주(조졸)
— 정의 공주 부마 죽산 안맹담(관찰사 안망지 아들)

— 화의군(영) 영빈 강씨 생, 밀양 박중손 사위
— 계양군(증) 신빈 김씨 생, 좌의정 한확의 사위,
　　　　　　 도원군(덕종)과 동서
— 의창군(공) 신빈 김씨 생, (증)찬성 연안 김수金修의 사위
— 한남군(어) 혜빈 양씨 생, (증)지돈영 안동 권격의 사위
— 밀성군(심) 신빈 김씨 생, (증)찬성 여흥 민승서의 사위
— 수춘군(현) 혜빈 양씨 생, (증)좌찬성 연일 정자제의 사위
— 익현군(관) 신빈 김씨 생, (증)찬성 평양 조철산의 사위
　　　　　　 (조철산은 고려 충신 조견의 아들)
— 영풍군(전) 혜빈 양씨 생, 참판 순천 박팽년(사육신)의 사위
— 영해군(당) 신빈 김씨 생, 한성 판윤 평산 신윤동의 사위,
　　　　　　 신효창의 증손서
— 담양군(거) 신빈 김씨 생(조졸), 강양군江陽君 입후入後
— 정현 옹주 상침 송씨 생, 부마 파평 윤사로
　　　　　　 (판 광주廣州 목사 심은의 아들)
— 정안 옹주 숙원 이씨 생, 부마 청송 심안의

장遷葬하지 않으면 안 된다는 의견이 나오기도 했다. 왕족 전멸의 원인도 모두 그와 무관하지 않다는 것이었다.

결국 세조는 희대의 명신하이자 명문장가인 서거정徐居正을 불러 하문을 하기에 이른다.

"선왕 세종의 능이 길지가 아니라 좋은 곳을 찾아 옮겨야 한다는 논의가 있는데 그대는 어찌 생각하는가?"

하자 서거정이 대답하기를

"산수의 방위를 가지고서 자손의 길흉화복을 삼는다는 것을 신은 아직 모르옵니다. 세상에서는 묘택을 옮기어 복을 받으려 한다지만, 대왕마마께서는 왕이신데 지존의 왕께서 그 이상 무엇을 더 바라고 원하겠습니까?"

하니 세조 또한 여기에 동조하여 천릉遷陵할 생각이 없노라 밝혔다. 그렇게 대답했던 서거정 본인은 사후 초장지에서 다시 길지라 하는 경기도 화성으로 천장하였으니 역시 달성 서씨 문중에서도 명당, 명지를 잊고 살지는 않았음이 분명하다.

성군聖君의 유택은 신이 준 자리인가

그러나 세조 이후 예종이 즉위하자 신하들 사이에서 이윽고 왕족 전멸의 이 끔찍한 사태에 대해서 차츰 여론이 돌기 시작했다. 더 이상 이대로 둘 수 없다는 것이었다. 그리하여 세종의 묘택이 좋지 않으니 이장을 하자는 결론으로 모아졌다.

1469년(예종 1) 파묘를 해보니 아니나 다를까 물이 가득 차 있었다. 지금도 묘를 파낸 자리가 그대로 있는데 여간 나쁜 자리가 아님을 알 수 있다. 헌릉 아래 가시넝쿨과 잡목이 잔뜩 자라있는 곳으로, 세종은 나름대로 부모에게 효도하기 위해 선왕의 묘택 아래 낮은 곳에 자신의 묘를 썼는데, 그곳이 좋지 못한 자리로서 그만 화를 자초한 결과가 되었다. 아무리 성스러운 대왕이라 할지라도 나쁜 자리에 그 체백이 들어가니 지리의 운명이란 이토록 틀림이 없는 법이다. 세종의 체백은 나쁜 유택에 들어가서 갖은 고난을 겪었으니 자손들이 살아 있는 동안 환란을 당한 것은 당연지사였던 것이다.

이에 예종은 개장할 길지 찾기를 명하는 데, 지금의 서울 땅에서 1백 리 이내에 묘택을 잡기로 하고 뛰어난 지사 8명을 선발하였다. 포천, 문산, 고양, 김포, 여주, 이천 등등의 방면으로 각각 지사들을 분산하여 보냈는데 여주와 이천 쪽을 답사한 지사가 지금의 영릉 자리를 발견해서 이장하게 되었다.

이 대목에서 눈여겨보아야 할 것이 있다. 예종은 1백 리 이내라고 했는데 거기에는 이유가 있다. 당시 국법에 왕은 전쟁과 같은 환란을 맞게 되었을 때 거리를 따지지 않고 피난하는 것이 허용되었다. 이를 몽진이라 한다. 그렇지만 그 이외에는 생사를 막론하고 그 이상을 벗어나는 것이 허용되지 않았다.

한 예로 정조는 아버지인 사도思悼 세자가 장조莊祖로 추존되면서 수원 화성으로 천장하기로 했으나 신하들은 1백 리가 넘는 곳이라 불가하다고 야단을 떠는 일이 있었다. 이에 정조는 어느 날 110리가 되는 화성 땅을 80리라고 어명으로 정하고 천장을 시행하였다. 그런 이유로 지금까지도 옛 어른들은 화성을 80리라고 하는 것이다.

당시 영릉이 있던 자리와 상황

우리 5천 년 역사에 있어 최대 성군으로 추앙 받는 조선 제4대 임금 세종과 정비 소헌 왕후의 합장릉인 영릉은, 부왕 태종이 묻힌 헌릉 아래쪽에 있었다.

세종은 이곳을 친히 방문하여 수릉壽陵[7]으로 삼고자 하였다. 이에 지관과 음양가들이 불길한 터라고 반박하자

"다른 곳에 복지를 얻는 것이 어찌 선영 옆에 장사 지내는 것과 같겠는가! 화복지설禍福之說은 믿을 것이 못 된다."

하며 자신의 뜻을 굽히지 않고 조선조 최초로 합장릉인 동분이실同墳異室로 조영造塋하였다.

이 당시 동원된 군정軍丁은 1만5천 명이었으며 강화도에서 석물을 운반하는 등 어려운 공사로 인해 죽은 자만도 1백 명이나 되었다고 한다. 1446년(세종 28) 4월 19일 정비 소헌 왕후 심씨가 죽자 그해 7월 19일 동실東室에 안장하고 서실西室은 자신의 수릉으로 삼았다. 4년 후인 1450년(세종 32) 2월에 세종이 승하하자 문종은 부왕의 유지에 따라 1450년(문종 즉위) 6월 15일 서실에 합장하였다.

그 후 세종의 둘째 왕자인 세조 재위시 영릉 터가 좋지 않아 천장을 해야 한다는 주장이 여러 번 제기되었으나 앞에서 밝힌 바와 같

---

7) 수릉壽陵: 임금이 죽기 전에 미리 만들어 두는 가 무덤.

이 형조판서 서거정의 말에 의하여 실시하지 못하였다. 세조의 뒤를 이은 예종은 영릉을 여러 이유를 들어 이장하기로 결정한다. 그리하여 세종이 안장된 지

국가 정보원 자리에 있던 세종대왕릉의 표석

19년이 지난 1469년 1월 30일 능을 옮기기 위하여 묘를 파기 시작하였는데 아니나 다를까 광내壙內에 물이 가득 차 있었고, 그해 3월 6일 경기도 여주군 능서면(현 영릉)으로의 천장을 마무리하였다.

옛 영릉의 신도비를 비롯한 석물들은 천장 당시 왕명에 의해 그 자리에 묻고 유해만 옮겨 갔다. 여기에 묻힌 신도비, 혼유석, 장명등, 문·무인석 등 각종 석물들은 「세종대왕기념사업회」가 1973년 12월부터 4개월간 발굴하여 「세종대왕기념관」(서울 동대문구 홍릉 소재)에 옮겨 보관 중이다. 현재 옛 영릉에는 세종과 소헌 왕후의 유해를 안장했던 깊이 240, 동서 276, 남북 368 센티미터의 석실과 석관이 지하에 남아 있으며 『조선왕조실록』에 의하면 석실 천장이 일월성신도日月星辰圖를 그리고 4면 벽에는 청룡, 백호, 주작, 현무도를 그렸다고 한다. 또한 지상의 봉분 터 주위에는 봉토의 유실을 막기 위해 둘러쌓았던 호석 20여 점이 남아 있다.

한 가지 아쉬운 점이 있다면 세종의 구 능지가 국가정보원(옛 안전기획부) 내에 있어 아무나 출입할 수 없다는 점이다.

세종과 광주 이씨 문중과의 악연

우리 인간들은 어떤 뜻밖의 일이 일어나면 혹시 하고 선조들의 묘소를 들먹이기 일쑤이다. 그만큼 우리 민족은 터(땅)의 오묘함을 깊이 믿고 있는 듯하다. 천지의 이치라는 것이 아침이 지나면 석양을 피할 수 없고 궂은 날이 가면 청명한 날씨를 굳이 초대하지 않아도 오는 것을 가리켜 우리들은 우주의 섭리라고 한다. 세상에 태어난 생명체는 반드시 죽게 되니 생자필멸生者必滅이라 했고, 만난 사람들은 반드시 헤어지게 되니 회자정리會者定離라 했다.

이렇게 인간의 힘으로는 얻는 것도 잃는 것도 마음먹은 대로 할 수 없는 없음을 우리는 알고 있다. 행운을 취한 주인이 무엇을 어떻게 하느냐에 따라 그 작은 기대는 이루어질 수도 있고 허물어질 수도 있는 것이거늘 그 이치를 터득하지 못하고 살아가는 인간은 스스로를 가리켜 어리석다고도 한다.

여기 544년 전 이인손의 묘소 덕분에 자손이 번창하였고 다시 묘소 이장 때문에 3대에 걸쳐 10여 명의 혈손들이 죄 없이 화를 당한 것도 모두 그 원인으로 인한 것이라 생각한다면 터라는 것을 정말 오묘하다라고 밖에 설명할 수 없을 것이다.

물론 광주 이씨 문중에서 일어난 화근은 우연일 뿐이라고 받아들일 수도 있지만 묘소를 이장할 때부터 그 집안의 화는 예상된 일이라고 보는 이들도 많다. 그 우연이 화근치고는 너무나 컸기 때문에 그 역사를 한번 밝혀 보기로 하였다.

우선 한양 오군골과 성남 하대원동에 있는 이집 선생과 그 자손들이 잠든 광주 이씨 세장지世葬地를 보자. 그들 문중은 영화와 부귀도 많이 누렸지만 그만큼의 굴곡과 명암 또한 피할 수 없었음을 보여준다.

1463년(세조 9) 이인손이 세상을 하직하자 명지사를 초빙하여 하늘의 신선이 하강하는 천선강탄天仙降誕형, 혹은 신선이 앉아 있는 선인단좌仙人單坐형이라고 불리는 명당터에 예장하였다. 이 천하대명당이 세종의 묘택으로 정해지는 과정은 광주 이씨 문중의 묘택과 얽혀 극적으로 전개된다.

지금의 영릉 자리는 원래 광주 이씨 3세손인 이인손의 묘택이 있던 곳이었다. 광주 이씨 가문은 동고東皐 이준경李浚慶, 한음漢陰 이덕형李德馨 등을 비롯해서 영의정을 여러 명 배출하였으며 조선왕조 5백 년 동안 문과와 무과 급제자 수만 해도 무려 421명에 이르는 명가문이다. 이 가문이 이렇게 번창한 데에는 그만한 이유가 있다. 지금의 세종이 묻힌 영릉 자리가 대명당이기 때문이다.

영릉의 원주인 이인손

그러나 그 묘택이 광주 이씨 문중 선산에서 세종의 새로운 이장지로 정해지니 천지의 조화가 이토록 오묘한 것이다. 왕릉이 조성될 때에는 일반적으로 그 주변에 있는 사대부의 묘택이 곧바로 영릉의 터였다고 『조선왕조실록』은 밝히지 않는다.

반면에 광주 이씨의 문중 일화를 기록한 『광이회보廣李會報』에 의하면 이인손의 묘터가 곧 영릉 자리라 하니, 이는 터의 개념을 조금 더 공간적으로 확대한 데에서 오는 것이라고 봐야 겠다.

『예종실록』에 따르면 지금의 영릉 자리에 원래 있던 묘택의 주인공은 공조 참판 이사순李師純과 이계전李季甸이었으며, 이인손의 묘소는 당시 그 옆(청룡의 북쪽)에 있었다고 한다. 또 다른 문헌에는 월성 이씨 고려 충신 이존오李存吾의 아들 이래李來의 묘소였다고도 한다.

1404년(태종 4) 태어난 한산韓山 이씨 가문의 이계전은 고려 말의 명문장 목은牧隱 이색李穡의 손자이며, 사육신 이개의 숙부이다. 그 어머니는 권근權近의 따님으로 그는 명가의 혈통을 이어받아 벼슬이 도승지, 이조판서, 판중추부사, 경기 관찰사 등에 이르렀다. 그러나 단종 폐위에 앞장선 인물로서 정난공신 1등이라는 불명예스러운 공훈을 받고 역사에 흠집을 낸 간신이다.

이인손은 태종 때 문과에 급제하여 벼슬이 우의정에 이르렀고, 그의 부친은 청백리淸白吏로 유명한 이지직李之直이요, 조부는 앞서 밝힌 고려 말의 절의와 학문으로 명성을 떨쳤던 이집이다. 시조

경기도 여주 사곡리 가래울 마을 뒷산으로 이장한 이계전의 묘소

로 추앙받는 이집은 이미 고려 말에서부터 명문장으로 이름을 남겼으며 아들 삼형제인 이지직李之直, 이지강李之剛, 이지유李之柔 또한 모두 문과에 급제하여 높은 벼슬에 오른 바 있다.

1314년(고려 충숙 1) 태어난 이집의 초명은 원령元齡, 자는 호연浩然, 호는 둔촌遁村이다. 이당李唐의 아들로서 충목왕 때 문과에 급제하고 정몽주鄭夢周, 이색李穡 등과 교유하였다.

이인손은 이지직의 둘째 아들로서 세조를 도와 공을 세웠다. 시호는 충희忠僖라 했다. 이인손의 형 이장손李長孫의 외아들 이극규李克圭와 이른바 광리5군廣李五君으로 불린 이인손의 아들 오형제인 광릉부원군 이극배, 둘째 광성군 이극감, 셋째 광성군 이극증, 넷째 광원군 이극돈, 다섯째 광남군 이극균과 이인손의 아우인 관찰사 이예손李禮孫의 장자 이극기와 차자 이극견 모두 그 배움이 깊어 조정에 나아가니, 광주 이씨 8종형제를 일러 세칭 '팔극 조정'이라는 말이 유행할 정도였다.

팔극은 8명 모두 극자 항렬을 가졌기 때문에 취해진 이름이다.
우연인지 자연인지는 몰라도 이인손의 묘소를 이장하고 난 뒤에 이
루어진 일이다.

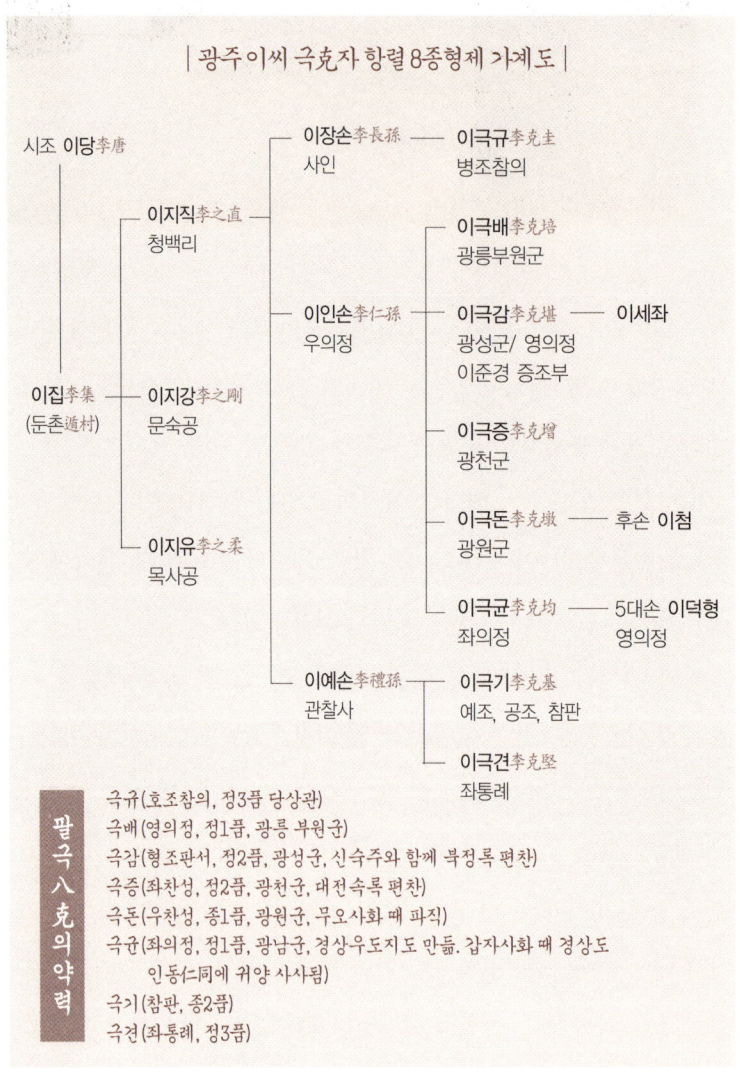

| 광주이씨 극克자 항렬 8종형제 가계도 |

시조 **이당**李唐

이집李集
(둔촌遁村)

이지직李之直
청백리

이지강李之剛
문숙공

이지유李之柔
목사공

이장손李長孫
사인 ── **이극규**李克圭
병조참의

이인손李仁孫
우의정

이극배李克培
광릉부원군

이극감李克堪 ── 이세좌
광성군/ 영의정
이준경 증조부

이극증李克增
광천군

이극돈李克墩 ── 후손 이첨
광원군

이극균李克均 ── 5대손 **이덕형**
좌의정　　　　영의정

이예손李禮孫
관찰사

이극기李克基
예조, 공조, 참판

이극견李克堅
좌통례

팔극八克의약력

극규(호조참의, 정3품 당상관)
극배(영의정, 정1품, 광릉 부원군)
극감(형조판서, 정2품, 광성군, 신숙주와 함께 북정록 편찬)
극증(좌찬성, 정2품, 광천군, 대전속록 편찬)
극돈(우찬성, 종1품, 광원군, 무오사화 때 파직)
극균(좌의정, 정1품, 광남군, 경상우도지도 만듦, 갑자사화 때 경상도
　　인동仁同에 귀양 사사됨)
극기(참판, 종2품)
극견(좌통례, 정3품)

위와 같이 8종형제는 어느 씨족에서도 찾아보지 못한 화려한 정계 진출이 돋보인다. 7명의 당상관과 5명의 군, 1명이 정3품관으로 조정 각부에 배치되어 많은 활약을 하였고 가문의 명성도 높았다. 이렇게 왕성하게 성장하던 팔극 종형제들은 연산군 때 무오와 갑자 2번의 사화로 인하여 폐해를 가장 많이 받기도 하였다.

세종의 이장지로 바뀌게 된 사연

그런데 이 이인손의 묘소가 세종의 새로운 이장지로 바뀌게 된 과정에는 신비롭고도 곡절한 천지인의 조화가 들어있으니, 이제 그 내용을 여기 간추려 소개해 본다.

대명당의 묘터를 잡아 둔 지사는 그 이름이 밝혀져 있지 않으나, 신통한 능력을 가진 사람이었다. 그는 땅의 생기를 보아 앞날을 예언할 줄 알았는데 명당터를 잡아 주면서 자신이 일러주는 사실을 유언으로 쓰라는 조건을 내걸었다. 그렇지 않으면 묘를 쓸 수 없노라는 것이다. 내용인즉 다음과 같았다.

첫째, 묘택 앞을 흐르는 개울에는 절대로 다리를 놓지 말 것.

둘째, 아무리 자손이 번창하여 잘되더라도 이곳에 재실齋室이나 사당 등 일체의 건물을 절대로 짓지 말 것.

유언의 내용에 따라서 자손들은 그대로 하였으며 몇 년이 지나도록 광주 이씨 가문의 불문율은 그대로 지켜졌다. 워낙 명당 터이다 보니 그 발복이 금새 이루어져 정승, 판서, 고관대작들이 줄줄이 나기 시작하는데 그 수효를 헤아리기 어려울 정도였다. 이인손의 친자 5형제와 그들의 종형제 3인을 합하여 팔극조정이란 말이 유행할 정도로 이들은 현달했으니, 오죽하면 조선의 역대 제왕 중에서 최고로 문장이 뛰어난 성종이

"아들을 낳으려거든 마땅히 광주 이씨 같은 아들을 낳을 것이오." 라고 말하기까지 했으랴.

이들이 살고 있었던 현재의 서울 신문로와 정동 일대는 '오자등과 오자봉군五子登科五子封君'의 집으로 오군곡五君谷이라 불렸을 정도로 그 영화로움은 빛을 발하였다.

자손들 중에 이렇게 현달하고 높으신 분들이 많으니 가을마다 성묘를 할 때 여간 불편한 것이 아니었다. 양반 어르신 체면에 다리도 없는 냇가를 신발을 벗고 건너야 하지를 않나, 멀리서 온 자손들이 잠잘 곳이 없어 모이자마자 헤어져야 하지를 않나, 누가 보더라도 남부러울 것 없는 집안에서 재실도 없이 지내자니 영 말씀이 아니었다. 제사 한번 지내려면 어디 모일 데도 없고 잠잘 곳도 없으니 도저히 이래서는 안 되겠다는 생각으로 문중 회의가 열리게 되고 그 결과 재실이라도 짓자는 쪽으로 의견이 모아졌다. 우리가 돈이 없나 권력이 없나, 우리 땅에 우리가 재실을 짓고 다리를 놓겠다는데 누가 뭐라 한단 말인가 하면서 짓자는 쪽으로 의견이 기울었으나 그에 대한 반대 또한 만만치가 않았다. 아버님의 유언을 그대로 지켜야 한다는 것이었다.

그러나 대의명분은 현실주의 앞에 무릎을 꿇고 만다. 유언 옹호론자들은 유언 무용론자들 앞에서 더 이상 할 말이 없었다. 수적으

로 벌써 엄청나게 열세였기 때문이다. 드디어 가문의 비밀스런 율법이 그 자손에 의해서 파기되기에 이르렀다. 곧 커다란 재실이 지어지고 냇가에는 큰 돌로 만든 다리가 놓이게 되었으며 그 돌의 잔재는 아직도 남아 있다.

재실을 지은 광주 이씨 가문은 딱 한 해만 그곳을 사용했다고 한다. 해가 바뀐 그 다음 연도가 세종의 능을 이장하기 위해 8명의 지관이 각처로 명당 길지를 찾으러 나간 해였기 때문이다.

능지를 잡아 오라

호조판서 노사신盧思愼, 예조판서 임원준任元濬(임사홍任士洪의 아버지), 한성 부윤 서거정과 함께 다니면서 여주와 이천 쪽으로 새로운 능 자리를 보러 나온 상지관 안효례安孝禮는 몹시 지쳐 있었다. 날은 푹푹 찌고 땀은 비 오듯 흐르는데 며칠을 돌아다녀도 좋은 자리는 보이지 않는 것이었다. 북성산北城山에 올라 사면팔방을 살펴보고 마침 한쪽 산기슭의 맑은 정기를 멀리서 보았으나, 내려와 찾으니 숲이 울창하여 어디가 어디인지를 분간하기가 쉽지 않았다.

이곳저곳 헤매는 사이 빗방울 소리도 요란하게 나뭇잎을 때리며 소나기가 내리기 시작했다. 인가도 하나 없는 산중에서 소나기를 만나니 안효례는 곤혹스럽기 짝이 없었다. 어명도 제대로 받들지 못하고 외로운 벌판에서 비를 맞으며 처량한 몰골로 어쩔 줄 몰라 하던 안효례의 눈길이 멀리 야트막한 산자락 아래 멈추었다. 그곳이 바로 광주 이씨의 재실이었던 것이다.

안효례는 돌다리를 건너 광주 이씨의 재실 처마 밑에 들어가 비를 피하였다. 소낙비가 멈추자 바깥으로 나와 주위를 둘러 보던 안효례의 눈에 위쪽 야트막한 산언덕에 있는 묘택이 들어왔다.

천선강탄형인 천하의 대명당이 바로 그곳에 있었던 것이다. 게다가 그곳은 북성산 정상에서 보아 두었던 그 터로서 좀전에 찾아 헤매던 대길지였던 곳이다. 안효례가 정신없이 달려가 묘비를 보니 이인손의 묘택이었다. 정승을 지낸 분의 묘택으로서 훌륭한 대명당에는 분명하였으나 그 자리는 군왕이 들어설 자리이지 정승이 들어갈 자리는 아니었다. 다시없는 조선의 명당터였던 것이다. 성스러운 세종의 묘택으로서는 최적지였으나 이미 이인손이 묘를 쓴 곳이라는 것이 문제였다. 어쨌든 안효례는 산도山圖를 열심히 그려 궁궐로 돌아왔다.

지관들을 불러다 놓고 명당자리를 찾았는지 묻는 예종에게 안효례가 답하였다.

"예, 두루 살펴본 결과 몇 군데 능산陵山 자리가 될 만한 터는 있었으나 천하 대명당 자리로 손꼽을 만한 곳은 딱 한 자리가 있사옵니다. 여흥(현 여주) 북쪽에 큰 골짜기가 하나 있는데 산의 형세가 떡 벌어져서 주산과 무덤 자리가 분명한 곳으로, 풍수법에 이르기를 산이 멈추고 물이 구부러진 곳은 자손이 크게 번성하고 천만세 동안 숭업을 이어간다고 하였는데, 그곳이 대길지로 사료되오며 신이 본 바로는 능을 모실 터가 이보다 나은 곳이 없을 듯합니다."

예종은 이와 같은 자못 경탄스러운 상주上奏에 고무되어 얼굴이 밝게 상기되었다. 그러나 문제는 그 자리가 바로 전날 우의정을 지낸 이인손의 묘택이라는 것이었다.

일행들의 보고를 다 들은 예종은 그 후 여러 날을 고심한 끝에 묘책을 생각해내고 당시 평안도 관찰사로 있던 이인손의 큰아들 이극배를 조정으로 불러들였다. 아무리 지존 무상의 임금이지만 사대부의 묘택을 함부로 어찌할 수는 없었던 것이다. 이에 예종은 인간적인 호소를 하기에 이른다. 말하자면 그 명당터를 양도해 달라는 은근한 압력을 우회적으로 구사하였던 것이다.

원래 왕은 용상에 앉아서 말하는 것이 상례이거늘 예종은 그 옆에 돗자리를 깔아 이극배를 앉게 하고 자신도 용상에서 내려와서 친히 그 옆으로 바짝 다가앉아 극배공의 손목을 잡으며

"경은 얼마나 복이 많아서 선친의 산소를 그렇게 좋은 대명당에 모시었소? 짐은 삼천리강산을 갖고 있으되 조부 세종을 편히 쉬게 할 곳을 마련하지 못하고 있으니, 그저 경이 한량없이 부럽기만 할 따름이오."

하면서 수차례에 걸쳐 애원하다시피 이를 되풀이하니 바로 명당터를 양보해 달라는 뜻이었다.

이극배는 하는 수 없었다. 왕이 직접적으로 어명을 내리면 차라리 마음 편했을 것이다. 그러나 예종은 양보하란 말을 한마디도 안하면서 이극배의 아픈 곳을 자꾸만 찔러 왔다. 신하된 도리로서 왕을 불편케 하는 것은 불충이 아니겠는가? 결국 이극배는 아우들을 불러 모아 상의한 끝에 선친의 묘터를 내놓기에 이르렀다.

대명당 자리를 양도받은 예종의 기쁨은 이루 말할 수 없었다. 곧 조정에 전지를 내려 좋은 날을 택하고 산역山役을 시작했으며 광주 이씨 가문에는 많은 사패지지賜牌之地를 하사하고 방방곡곡 어디라도 좋으니 묘를 쓰라 일렀다.

연주리로 이장한 우의정 이인손의 묘비

이인손의 묘를 파서 유해를 들어내니 그 밑에서 비기秘記를 새겨 넣은 글귀가 나왔는데, 이를 본 모든 사람들은 대경실색할 수밖에 없었다.

〈이 자리에서 연을 날리어 하늘 높이 떠오르거든 연줄을 끊어라. 그리고 연이 떨어지는 곳에 이 묘를 옮겨 모셔라.〉는 글이 적힌 종이가 나온 것으로 지사는 장례를 할 때 벌써 이장의 운명을 알았던 것이다. 사람들이 신기하게 여겨 그렇게 하니 과연 바람에 실린 연이 서쪽으로 날아가다 약 10리쯤 밖에 떨어졌다. 그곳에 가 보니 대명당은 아니었으나 그래도 아늑한 터로서 자손이 번창할 만한 곳이었다. 이리하여 이인손의 묘는 현재의 영릉 자리에서 서쪽으로 10리쯤 되는 곳으로 옮겨졌으니, 그곳을 이름하여 연이 떨어졌다 해서 연주리延主里(현 신지리新池里)로 불리게 된다.

터 그리고 산 자와 죽은 자는 서로 어떤 연관을 맺고 있는 것인지

정말 풀지 못할 의문을 주는 대목이다. 만약에 묘소의 터를 주지 않고 있었다면 어떤 일이 생겼을까 하는 생각의 여지를 남김과 처음 묘터를 잡아준 지관의 말대로 재실을 짓거나 돌다리를 놓지 않았더라면 하는 아쉬움이 남는다. 그러나 이 우주 공간에 존재하는 모든 물체는 물각유주物客有主라 하여 각기 임자가 따로 있다 하였으니 정말 풀리지 않는 영원한 숙제일지도 모르겠다.

또한 정사는 아니나 일설에는 다음과 같은 이야기도 전한다. 이인손의 묘를 파 내려갈 때 신라 말의 풍수사인 도선의 비기가 나왔는데

〈이곳은 나라의 재상이 3년 동안 임시로 묻혀 있을 곳이지만
단족대왕은 영구히 쉴 자리.
相公三年 權操之地 短足大王 永窆之地
상공삼년 권조지지 단족대왕 영폄지지〉

라고 적혀 있었다고 한다.

여기에 기록되어 있는 단족 대왕은 세종을 가리키는 말인데, 원래 세종은 한쪽 다리가 짧아 절룩거렸기에 단족 대왕이라는 별명이 있었다고 한다. 그러나 이 설화는 후세에 의해 조작되었을 가능성이 많다고 생각된다.

하늘, 땅, 사람의 조화로 결정되는 명당의 참 주인

여하튼 이토록 좋은 명당터에 세종을 모셔 두었기 때문에 조선왕조의 운명이 적어도 1백 년은 더 연장되었다고 전해지기도 한다.

묘를 이장한 광주 이씨 가문에서는 그 후로 걸출한 인재가 봇물 터지듯 나오지는 못했으나 그래도 정승을 아홉이나 배출한 명가를 이루었다. 경기도 양평군 양수리에 있는 구정벼루는 바로 정승들만 아홉이나 묻혀 있는 곳이다. 최근의 인물로서 우리나라 불교학의 거두인 동국대학교 출신의 이기영 박사, 이용훈 대법원장, 국회의원 이중재와 이경재 등을 꼽을 수 있지만 그 외에는 그다지 큰 인물이 조선 시대처럼 드러나지는 않는다. 풍수학적으로 모두 그 유언의 약속을 어긴 일에서 비롯된 것으로 해석된다.

유언이 적혀 있는 비단은 조선 선조 때 영의정을 지낸 이덕형의 사당 안에 지금도 보관되어 있다. 좀이 약간 슬었으나 내용을 못 알아볼 정도는 아니다.

지리의 이치란 참으로 묘한 것이다. 하늘과 땅과 사람이 이토록 정확하게 조화하는 것은 모두 그 땅의 조화로움에서 나오는 것이다. 땅과 그 터의 기운은 까마득한 미래의 운명까지도 좌우한다. 명당터의 참주인은 누가 될 것이며, 이장은 언제 어느 곳으로 하게 되고, 그날의 날씨는 어떠하다는 등 천지인의 모든 것을 관장한다. 이른바 '탈신공奪神功 개천명改天命'으로 신의 공덕을 빼앗아 하늘의 운명을 바꾼다는 것이니 지리에는 하늘의 명까지도 바꿀 수 있는 무서운 힘이 있는 것이다.

그날에 소나기가 내리지 않았더라면 안효례가 재실로 비를 피할 마음이 생기지 않았을 것이고, 이인손의 후손들이 다리를 만들지 않았더라면 소나기가 세차게 내리는 와중에 내를 건너지 못했을 것이기 때문이다. 그랬더라면 천성강탄형의 대명당도 발견되지 않았을 것이니 지리의 이치란 그저 오묘하기만 하다 하겠다.

광주 이씨의 뿌리와 역사

광주 이씨는 조선조에서 상신相臣(영·좌·우의정) 5명, 대제학 2명, 청백리 5명, 공신 11명을 낸 명문名門이다. 세종 이후 5조朝에 걸쳐 출장입상出將入相했던 명신 이극배李克培(영의정), 폭군 연산의 폭정에 서릿발 같은 기개로 항거하다 숨진 이극균李克均(좌의정), 선조조 서정쇄신庶政刷新의 기수로 역사에 남은 이준경李浚慶(영의정), 임진왜란의 소용돌이 속에서 명외교관이자 명전략가로 한 시대를 풍미했던 이덕형李德馨(영의정) 등 기라성 같은 역사의 인물들이 광주 이씨 문중에서 나왔다.

조선조의 문과 급제자는 186명, 무과 급제자는 235명으로 이씨 가운데서는 전주全州, 연안延安, 한산韓山 이씨에 이은 4위이다.

광주 이씨는 그 뿌리를 1천6백 년 전의 신라에 두고 있다. 원조遠祖는 신라 내물왕奈勿王 때의 내사령 이자성李自成이나 이후의 세계世系는 분명치 않다. 다만 후손들이 대대로 신라 칠원성漆原城(현 경남 함안咸安)의 성백城伯이 되어 살았다는 기록이 전해 내려오고 있을 뿐이다.

935년, 신라는 고려에 천년 사직을 넘겼다. 이때 칠원성漆原城 이자성李自成의 후손들은 항복을 거부하고 왕건王建에게 끝까지 저항하였고 이에 고려는 그 후손들을 회안淮安(현 광주廣州 지역)으로 강제 이주시켜 역리驛吏로 삼았다. '광주'를 본관으로 삼게 된 연유이다. 신라 귀족의 긍지를 지켜 고려에 충성을 거부했던 광주 이씨는 고려조에서 수모와 인고의 세월을 살아야 했다. 이들에게 관계 진출의 문이 열린 것은 무신의 난과 몽고의 침입으로 고려 지배층이 개편된 제24대 왕 원종元宗 이후부터이다.

실로 3백여 년 만에 정치적 해금이 이루어진 것이다. 광주 이씨를 명문의 위치에 올려놓은 충흥 시조는 고려 말의 석학 둔촌 이집으로 그는 충목왕忠穆王 때 문과에 급제하여 정몽주鄭夢周, 이색李穡, 이숭인李崇仁 등과 친분이 두터웠던 당대의 문장이었다.

이집을 시발로 조선조에 들어와 광주 이씨는 3백여 년 잠재웠던 잠재력을 드러내기 시작했다. 조선 초기 태종 때의 인물로 이지직, 이지강, 이지유 3형제는 그의 아들들이며 이들은 각각 형조참의, 좌참찬, 사간을 지냈고 이때부터 광주 이씨는 명문으로서의 기틀을 다지게 된다.

신라의 이자성李自成과 이집은 세계상世系上 대수를 헤아릴 수 없다. 때문에 광주 이씨는 이집의 아버지인 이당李唐(고려 국자생원國子生員)을 시조로 받들어 6백 년 혈맥을 잇고 있다.

오극五克의 영화와 사화로 인한 희생

이밖에도 광주 이씨는 고려 때 형조참의인 이양중李養中과 조선 시대 학자였던 이관의李寬義를 각각 파조로 하는 소파가 있으나 이당의 후손들이 주축을 이룬다.

조선 시대 세조世祖부터 성종成宗 대까지는 광주 이씨의 개화기라 할 수 있는데 세조 때의 인물로 사인을 지낸 이장손李長孫, 우의정을 지낸 이인손李仁孫, 황해도 관찰사를 지낸 이예손李禮孫 3형제가 이 시기를 대표하는 광주 이씨의 인물들이라 할 수 있다. 이들은 이집의 손자이자 이지직의 아들들이다. 이들 3형제 중 이인손은 모두 5형제를 두었는데 이들 모두 중앙 관계에 진출하여 세칭 '오극五克집'으로 당대에 이름을 떨쳤다. 이극배李克培는 세조 때 영의정을, 이극감李克堪은 세조 때 이조참의와 형조판서를, 이극증李克增은 성종 때 이조판서와 호조판서·병조판서·좌참찬을, 이극돈李克墩은 성종 때 이조판서·병조판서·호조판서·좌찬성을, 이극균李克均은 연산 때 좌의정을 지냈다.

이렇게 집안이 성세를 누리자 이극배는 이를 염려해 두 손자의 이름을 '겸謙'과 '공恭'이라고 짓고 항상 겸손하고 공손하게 세상을 살도록 훈계했다 한다. 그는 세조 때 북변에 침입한 야인을 정벌하는 데 공을 세우는 등 다섯 임금에 걸쳐 문무를 겸한 명신이었다.

역사의 어느 시점에 줄을 그어도 흥망의 굴곡은 있는 법이기에 한 가문의 역사도 예외일 수는 없었다.

폭군 연산이 역사의 무대에 등장하면서 이극배의 집안은 사화의 소용돌이에 휘말린다. 대표적인 희생자는 5형제 중 막내였던 이극균으로 그는 연산 등극 후에도 영의정에 임명되었으나 연산의 폭정에 견제를 계속하다 갑자사화에 연루되어 사약을 마시고 숨졌다. 뿐만 아니라 이 사화에서 그의 아들 남양南陽 부사 이세준李世俊,

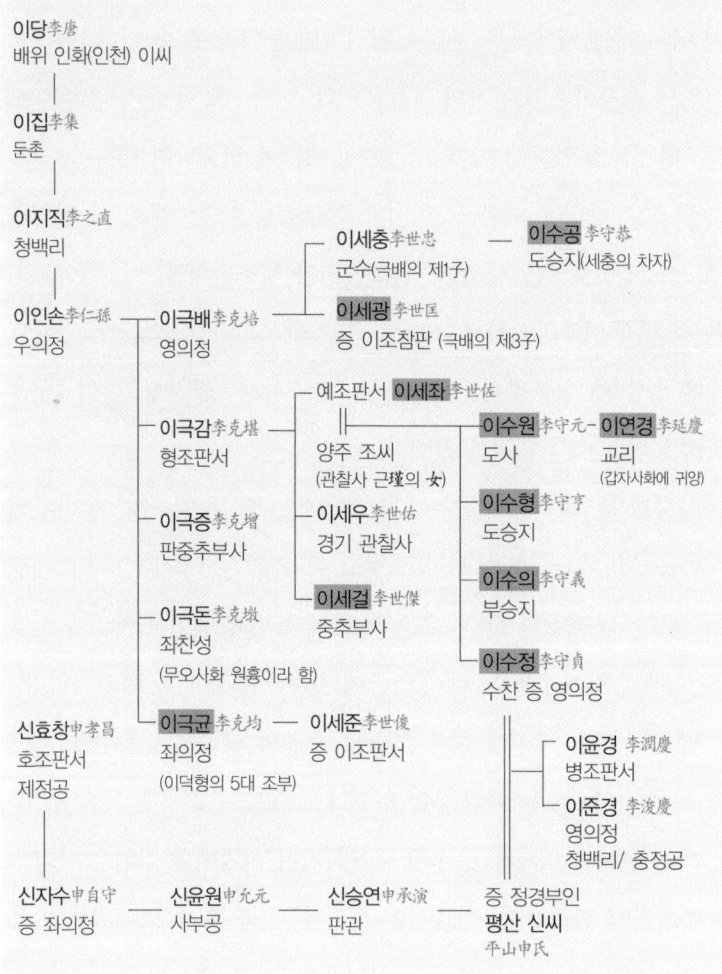

| 광주 이씨 가계도 |

이당李唐
배위 인화(인천) 이씨

이집李集
둔촌

이지직李之直
청백리

이인손李仁孫
우의정

이극배李克培
영의정
　이세충李世忠 — 이수공 李守恭
　군수(극배의 제1子)　도승지(세충의 차자)
　이세광 李世匡
　증 이조참판 (극배의 제3子)

이극감李克堪
형조판서
　예조판서 이세좌 李世佐
　양주 조씨 (관찰사 近瑾의 女)
　이세우 李世佑　경기 관찰사
　이세걸 李世傑　중추부사
　　이수원 李守元 - 이연경 李延慶　도사　교리 (갑자사화에 귀양)
　　이수형 李守亨　도승지
　　이수의 李守義　부승지
　　이수정 李守貞　수찬 증 영의정

이극증李克增
판중추부사

이극돈李克墩
좌찬성
(무오사화 원흉이라 함)

이극균李克均
좌의정
(이덕형의 5대 조부)
　이세준 李世俊　증 이조판서

신효창申孝昌
호조판서
제정공

신자수申自守
증 좌의정
신윤원申允元
사부공
신승연申承演
판관

증 정경부인
평산 신씨
平山申氏

이윤경 李潤慶
병조판서
이준경 李浚慶
영의정
청백리/ 충정공

광주 이씨로서 형제, 부자, 숙질, 종반 등 갑자사화 때 참화당하고 귀양까지 간 인물을 포함하면 203명에 달한다. 색으로 진하게 표시된 10명이 갑자사화에 참화를 당한 인물이다.

조카 판중추부사 이세좌李世佐 등 20여 명의 일족이 참화를 입었다. 이세좌는 이극감의 아들이었다.

그러나 연산군 집정의 혼란기에 잠시 주춤했던 광주 이씨는 명종明宗 대부터 시작해 선조宣祖 대에 이르러 이준경李浚慶과 이덕형李德馨 2명의 영의정을 배출하고 병조판서 이윤경李潤慶 등을 배출하며 다시 융성을 회복한다.

격변의 인생을 산 광주 이씨 사람들

풍수와 관련하여 이인손의 묘소를 옮김으로 인해서 발생한 화인지는 모르지만 특히 아래 광주 이씨 가문의 사람들을 보면 이들이 보통 인간으로서 감내하기 어려운 큰 고통을 인생 전체를 들어 겪은 경우가 많음을 알 수 있다. 그렇지만 그들은 한 나라의 정치 일선에 서서 국가의 운영에 관한 전반적인 부분에 영향을 미치며 큰 세상에서 자신들의 역량을 발휘하였고, 또 정치에 관심이 없는 인물이라 할지라도 학문적, 예술적으로 뛰어난 영향을 후대에 남긴 인물들이었음을 알 수 있다. 빛이 있으면 그림자가 있고 큰 업적 뒤에 숨은 이야기들이 있듯 풍수와 관계하여 혹은 인생사와 관계하여 단선적인 판단을 해서는 안 될 것이다. 과연 이인손의 묘소 이장과 무오·갑자사화에 희생된 후손들은 풍수와 상관이 있다고 보여지지만 그 정답을 말해 줄 사람은 없을 듯하다.

이극돈李克墩은 1435년(세종 17) 이인손의 넷째 아들로 태어났다.

그는 전례典禮와 사장詞章에 밝은 훈구파勳舊派의 거물로서 성종 이후 등장한 신진 사림파士林派와 항상 반목이 심하였다. 그러던 중 『성종실록』을 편찬할 때 실록청 당상관이 되어 기사를 정리하다가 사림파의 거두 김종직金宗直의 제자 김일손金馹孫이 과거 사관史官으로 김종직의 「조의제문弔義帝文」과 훈구파의 비위 사실 등을 사초史草에 올린 것을 발견하고, 유자광柳子光과 함께 「조의제문」이 세조의 즉위를 찬탈한 것을 비난한 것이라 하여 학자를 싫어하는 연산군을 충동시켜 1489년(연산 4) 무오사화를 일으켜 김일손 등 신진 사림파의 많은 학자를 제거하여, 무오사화의 원흉으로 일컬어졌다. 사화가 있은 후 잠시 파직당했다가 다시 광원군廣原君에 봉해졌으며 1503년(연산 9) 죽은 후 시호 익평翼平이 내려졌으나 뒤에 다시 관직과 함께 추탈되었다.

이극균李克均은 우의정 이인손의 막내아들로 1437년(세종 19) 태어났으며, 자는 방형邦衡이다. 1456년(세조 2) 식년문과에 급제했으나 무술에도 뛰어나 세조의 총애를 받고 선전관이 되었다. 1460년(세조 6) 회령 도사會寧都事, 이듬해 사헌부 지평과 도체찰사의 종사관을 역임하고 1472년(성종 3) 동지중추부사로 사은 부사謝恩副使가 되어 명나라에 다녀왔다. 1491년(성종 22) 이조판서로 서북면西北面 도원수가 되어 여진족 토벌에 공을 세우고, 좌참판을 거쳐 1497년(연산군 3) 판중추부사로 있을 때 경상우도의 지도를 만들어 바쳤다. 또 신숙주의 『해동제왕기海東諸王記』의 예에 의하여 여진족의 지리지를 편찬하기도 하였다. 1499년 좌찬성左贊成, 평안도 경변사警邊使를 지내고 1503년 우의정을 거쳐 좌의정에 이르렀으나, 누차 연산군의 황음을 바로 잡으려고 애쓴 것이 화근이 되어 이듬해인 1504년(연산 10) 갑자사화 때 인동仁同에 유배되었다가 사사되었다. 다시 뒤에 신원되었다.

이세좌李世佐의 자는 맹언孟彦으로 판서 이극감의 아들이다. 1445년(세종 27) 태어났으며, 1477년(성종 8) 첨정僉正으로서 식년 문과에 갑과甲科로 급제하여 이튿날 대사간에 특진되었으며 1485년(성종 16) 호조 참판으로 정조사가 되어 명나라에 다녀와 광양군廣陽君에 봉해졌으며, 1489년 무오사화 때는 판중추부사를 거쳐 1503년 예조 판서로서 양로연養老宴에 참석하여 왕이 내리는 술을 어의에 엎지른 실수로 무안務安으로 중도부처中途付處에 처해졌으며, 이어 평해平海로 이배되었다. 이듬해 갑자사화에 앞서 성종이 윤비尹妃(연산군의 생모)를 폐할 때 이를 극간하지 않았다 하여 다시

충청북도 괴산에 있는 이세좌의 묘소

거제도巨濟島로 이배되던 중, 곤양군昆陽郡 양포역良浦驛에서 자살의 명을 받고 목메어 자결한 뒤 효수당했다.

이수공李守恭은 이극배의 손자이며 이세충의 아들이다. 1464년(세조 10) 태어난 그의 자는 중평仲平으로서 김종직의 문인이었다. 1486년(성종 17) 진사가 되고, 1488년 별시 문과에 장원하였으며 장령掌令, 응교應敎, 전한典翰을 거쳐 1498년(연산군 4) 사성司成이 되었으나 이해 무오사화에 연루되어 창성昌城에 유배된 뒤 광양光陽에 이배되었다가 1501년에 풀려나왔다. 갑자사화에 앞서 윤비의 묘를 옮길 당시 도감都監의 설치를 반대한 죄로 참형당했다.

이연경李延慶은 이세좌의 손자이며 봉사奉事 이수원의 아들로서 1488년(성종 19) 태어났다. 자는 장길長吉, 호는 탄수灘叟, 시호는 정효貞孝이다. 판중추부사로 있던 1504년 갑자사화 때 유배되는 조부를 배소配所까지 따라갔다가 1506년 중종반정中宗反正으로 풀려 돌아왔다. 이듬해 생원이 되고, 선릉 참봉宣陵參奉에 음보蔭補되었으며 1518년(중종 13) 공조와 형조의 좌랑을 지냈다. 1519년 현량과에 병과丙科로 급제하고 지평, 교리 등을 지내다가 이해 기묘사화己卯士禍에 연루되어 파직되었다. 다시 1545년(인종 1) 폐과되었던 현량과가 복구되었으나 벼슬에 나가지 않았으며 1552년(명종 7) 세상을 떠났다.

이약수李若水는 아버지 이자李滋와 어머니 광주廣州 안씨安氏 사간 안팽명安彭命의 딸 사이에서 1486년(성종 17) 태어났다. 자는 지원止源, 호는 우천牛泉이다. 생원시에 합격하였으며 1519년(중종 14) 기묘사화로 조광조趙光祖가 유배되자 동료 유생 150여 명을 이끌고 궐내에 들어가 조광조의 설원을 호소하다가 의금부義禁府에 갇혔다. 1521년(중종 16) 신사무옥辛巳誣獄에 연루되어 평해로 유배되었다가 10년 만인 1531년에 예산으로 이배되어 그해 8월 그곳에서 죽었다.

이약빙李若氷 또한 이자의 아들로 1489년(성종 20) 태어났다. 자는 희초熹初, 호는 준암樽巖이다. 성균관 유생으로 1508년(중종 3) 왕이 성균관을 찾아 시험할 때 수석으로 뽑혀 『예기禮記』를 하사받았고, 1513년(중종 8) 수석으로 생원이 되어 이듬해 별시 문과에 병과로 급제하였다. 이후 여러 관직을 거쳐 1518년(중종 18) 공조 정랑工曹正郞에 올라 사가독서賜暇讀書[8]하였다.

이듬해 기묘사화에 희생된 자신의 형 이약수와 조광조趙光祖의 사면을 주청하다 삭직되고, 1537년(중종 32) 다시 기용되어 예조 정랑을 거쳐 한산韓山 군수로 보직하였다. 그러나 1539년(중종 34) 노산군魯山君(단종)과 연산군의 후사를 세울 것과 복성군福城君의 신원을 상소했다가 또 파직되었다.

1543년(중종 38) 경기도에 재상어사災傷御史로 파견되고, 이듬해 수원水原 부사, 종부 시정宗簿寺正 등을 거쳐 1547년(명종 2) 좌통례

---

8) 사가독서賜暇讀書: 조선조 세종 때 유능한 젊은 문신들을 뽑아 휴가를 주어 일정한 장소인 독서당에서 공부하도록 했던 것을 말한다.

左通禮로 재직 중 소윤小尹인 윤원형尹元衡, 이기李芑 등이 양재역
良才驛의 벽서壁書 사건을 일으켜 대윤大尹을 제거할 때 대윤 윤임
尹任의 인척이라 하여 사형되고 가산이 적몰되었다. 선조 때 신원되
었으며 대흥大興의 우천사牛川祠에 제향되었다.

이약해李苦海 또한 이자의 아들로 1498년(연산 4) 태어났다.

자는 경용景容, 호는 수암首巖으로 1516년(중종 11)에 진사가 되
고, 1535년(중종 30) 별시 문과에 병과로 급제하였으며 병조 좌랑으
로서 1538년 탁영시擢英試에 을과乙科로 급제하여 종학 교수宗學敎
授가 되었다. 1544년(중종 39) 좌보덕左輔德을 지내고, 선위사宣慰
使로 명나라 사신을 영접하였으며 1545년(인종 1) 전한을 거쳐 직제
학에 올랐다.

이해 명종이 즉위하여 소윤 윤원형이 정권을 잡자 나주羅州 목사
로 좌천되고, 이해 을사사화乙巳士禍 때 대윤 윤임의 잔당으로 몰려
경원慶源에 안치되었다. 이듬해인 1546년(명종 1) 사사되었다. 후에
신원되었으며 익산益山의 화암서원華巖書院에 제향되었다.

이수정李守貞은 광양군 이세좌의 넷째 아들로 1477년(성종 8) 태
어나 1489년 무오사화를 당하여 이세좌가 김종직과 친했다는 이유
로 일가족이 평북과 함남 등지로 쫓겨다녔다. 풀려난 후 1501년(연
산 7) 문과에 급제했으나 수찬을 지내던 중 1504년 갑자사화로 28
세의 아까운 나이에 공을 포함해 5부자가 모두 참형을 당하였다. 뒤

에 이수정의 두 아들 이윤경, 이준경 형제가 나라에 큰 공을 세운 공으로 명종은 이수정에게 영의정을 증직하였다.

이윤경李潤慶의 자는 중길重吉, 호는 숭덕재崇德齋, 시호는 정헌正獻이다. 아버지 이수정李守貞과 어머니 평산平山 신씨申氏 사이에서 1498년(연산 4) 태어났으며 1504년 아버지가 갑자사화에 연루되자 전 가족이 멀리 유배를 떠나게 되었다. 중종반정 이후 서울에 올라와 1531년(중종 26) 진사가 되고, 1534년 식년 문과에 병과로 급제하여 예문관에 등용된 후 저작著作, 수찬修撰, 교리校理를 거쳐 사간이 되었다. 이어 의주義州 부윤을 거쳐 1545년(명종 즉위) 대사간이 되어 현량과의 복설을 청했으며, 대윤을 제거하는 데 가담하여 위사공신衛社功臣 3등에 책록되었다.

이듬해 성주星州 목사가 되었으나, 아들 중열中悅이 대윤 윤임의 일파로 몰려 사사되자 관작이 삭탈되었다가 1550년(명종 5) 용서되어 승지를 지냈으나 이해 구수담具壽聃 일파의 무고로 문외출송門外黜送되었다. 1553년 재등용되어 형조 참의에 보직되고, 이듬해 전주全州 부윤이 되었으며 1555년(명종 10) 을묘왜변乙卯倭變이 일어나자 관찰사의 명으로 영암靈巖의 수성장守城將이 되어 왜구의 침입을 방어한 공으로 가선대부嘉善大夫에 오르고 전라도 관찰사로 승진하였다.

그후 도승지都承旨, 병조 판서를 지냈으며 1562년(명종 17) 평안도 관찰사로 재임 중 병사하였다.

이준경李浚慶 또한 이수정의 아들로 1499년(연산 5) 태어났다. 자는 원길原吉, 호는 동고東皐, 남당南堂, 양와養窩, 홍련거사紅蓮居士이며 시호는 충정忠正이다. 1504년(연산 10) 갑자사화에 화를 입은 조부와 부친에 연좌하여 형 이윤경과 같이 괴산槐山에 유배되었다. 1506년 중종반정으로 풀려나온 뒤 외할아버지인 신승연申承演과 황효헌黃孝獻에게 수학하였으며 1522년(중종 17) 생원이 되고, 1531년(중종 26) 식년 문과에 을과로 급제하여 부수찬에 등용되었다가 1533년 사경司經으로서 기묘사화 때 죄인이 되었던 무리들에 대해 무죄라고 논했다가 김안로金安老 등의 미움을 사서 파직되었다. 1537년(중종 32) 김안로가 사사된 뒤 다시 기용되었다.

이후 여러 관직을 거쳤으며 1543년(중종 38) 문신정시文臣庭試에 장원으로 합격하여 한성부 우윤에 오르고 대사성을 지냈다.

이듬해 중종이 죽자 고부 부사告訃副使로 명나라에 다녀와 형조 참판이 되었고, 1545년(명종 즉위) 을사사화 때는 평안도 관찰사로 나가 있어서 화를 면했다. 1548년(명종 3) 병조 판서, 한성부 판윤을 거쳐 1550년(명종 5) 대사헌이 되었다.

앞서 병조 판서 때 이기가 뇌물을 받고 관직을 구하는 이의 이름을 적어 보내 등용을 청했으나 이를 거절하였고 이 일로 그 일당인 이무강李無彊의 탄핵을 받아 윤임 일파로 몰려 보은報恩에 유배되었다.

이듬해 이기가 파직되자 석방되어 지중추부사가 되었고, 1553년 함경도 지방에 여진족이 침입하자 함경도 순변사巡邊使가 되어 그들을 초유招諭하였다. 1555년(명종 10)에는 호남 지방에 왜구가 침입하자 전라도 도순찰사로 출정하여 이를 격퇴하고 돌아와 우찬성 겸 병조 판서가 되었고 1558년(명종 13) 우의정, 1560년 좌의정, 1565년(명종 20) 영의정에 올랐다.

1567년 명종이 죽자 교지를 받들어 선조를 영립하고 원상院相으로서 국사를 다스리며, 신진 사류와 기성 사림 사이의 알력을 조정하려다가 신진 사류의 정적이 되어 기대승奇大升 등의 공격을 받았다.

1571년(선조 4)에는 영의정을 사임하고 영중추부사가 되었다. 이듬해 죽을 때 붕당이 있을 것이라는 내용의 유소를 올려 이이李珥와 3사司의 규탄을 받았으나, 뒤에 동서 분당이 일어나 그의 예언이 적중하였다. 선조 묘정廟庭에 배향되었으며 청안淸安의 귀계서원龜溪書院 등에 제향되었다.

이이첨李爾瞻은 이극돈의 후손이자 이우선李友善의 아들로 1560년(명종 15) 태어났다. 자는 득여得輿, 호는 관송觀松, 쌍리雙里이다. 1582년(선조 15) 사마시에 합격하였으며 1593년(선조 26) 광릉 참봉 光陵參奉을 지냈고, 이듬해 별시 문과에 을과로 급제하였으며 전적 典籍에 올라 사가독서하였다.

1599년(선조 32) 이조 정랑이 되고, 1608년 문과 중시에 장원하였다. 이때 선조의 후사 문제로 대북大北과 소북小北이 대립하자 대북의 영수로서 광해군의 옹립을 주장하고 정인홍鄭仁弘과 모의하여 영창永昌 대군을 받드는 유영경柳永慶 등 소북을 논박하다가 왕의 노여움을 사서 갑산甲山에 유배당하게 되었다. 그러나 이해 선조가 갑자기 승하하고 광해군이 즉위하자 일약 예조 판서에 올랐다.

이에 대제학을 겸임하고 광창부원군廣昌府院君에 봉해졌으며, 정인홍과 함께 자기 심복을 끌어들여 대북의 세력을 강화하는 한편, 임해군臨海君 진珒과 유영경을 사사케 하는 등 조정에서 소북 일파를 숙청하고, 1612년(광해 4) 김직재金直哉의 무옥誣獄을 일으키고 이듬해 강도 죄로 잡힌 박응서朴應犀 등을 사주하여 영창 대군을 옹립하려 했다고 하여 영창 대군을 강화江華에 안치하게 하고 김제남金悌男 등을 사사케 했다. 이를 계축옥사癸丑獄事라 한다.

그러나 1623년(광해 15) 3월 13일 인조반정이 일어나 광해군이 폐위되자 이천으로 달아났다가 붙잡힌 뒤 이튿날 참형되었으며 그의 세 아들도 모두 죽임을 당하였다.

이덕형李德馨의 자는 명보明甫, 호는 한음漢蔭, 쌍송雙松, 포옹산인抱雍散人이며 시호는 문익文翼이다. 1561년(명종 16) 지중추부사 이민성李民聖의 아들로 태어나 1580년(선조 13) 별시 문과에 을과로 급제하여 승문원에 보직되고, 이어 정자正字를 거쳐 1583년(선조 16) 사가독서를 하였다.

이듬해 박사가 되고 수찬, 교리, 이조 좌랑, 대사간, 대사성을 역임하였으며 1592년(선조 25) 31세의 나이로 예조 참판에 올라 대제학을 겸임하였다. 이해 임진왜란이 일어나자 동지중추부사로 일본 사신 게이테쓰 겐소(경철현소景轍玄蘇), 야나가와 시게노부(유천조신柳川調信) 등과 화전和戰을 교섭하였으나 실패했다.

그 후 왕을 호종하며 정주定州에 이르러 청원사가 되어 명나라에 건너가 원병을 요청하고 지원군 파견에 성공하였다. 귀국 후 한성부 판윤에 올랐으며 명나라 원병이 들어오자 명장 이여송의 접반관接伴官으로서 전쟁 중 줄곧 그와 행동을 같이하였다.

1593년(선조 26) 병조 판서에 승진하고 이듬해 이조 판서로 전직하였으며 훈련도감 당상訓鍊都監堂上을 겸임하였다. 1595년 경기, 황해, 평안, 함경 등 4도의 체찰부사體察副使를 지냈으며, 1598년(선조 31) 38세로 우의정에 승진하고 이어 좌의정에 올라 훈련도감 도제조를 겸했다. 1601년(선조 34) 행판중추부사行判中樞府事로 경상, 전라, 충청, 강원도의 4도 도체찰사가 되어 전쟁 후의 민심 수습과 군대의 정비에 노력하는 한편 쓰시마섬(대마도對馬島)의 정벌을 건의했으나 허락받지 못했다.

이듬해 영의정에 승진하였고 1606년(선조 39) 한때 영중추부사의 한직에 밀려났다가 1608년에 광해군이 즉위하자 진주사陳奏使로 명나라에 다녀와서 다시 영의정에 복직하였다.

그러나 1613년(광해 5) 영창 대군의 처형과 폐모론廢母論을 반대하다가 삭직되었고, 양근楊根에 내려가 죽었다.

남인南人 출신으로 이산해李山海의 사위가 되어 남·북인의 중간 노선을 지키다가 뒤에 남인에 가담하였다. 어렸을 때 이항복李恒福과 절친한 사이로서 기발한 장난을 잘하여 야담野談으로 많은 일화가 전해지고 있으며 글씨에 뛰어났다. 인조 때 복관되었고, 포천抱川의 용연서원龍淵書院, 상주尙州의 근암서원近巖書院에 제향되었다.

아홉 정승이 묻힌
구정승九政丞골

    풍수지리에 밝았던 신효창申孝昌이 장인 김사형金士衡을 지금의
경기도 양평군 양서면 목왕리 산49번지에 모신 것이 구정승골 최초
의 정승 묘가 되는데 이곳은 푸른 학이 알을 품고 있는 모양의 청학
포란青鶴抱卵형 명당이라고 해서 지금도 풍수지리를 공부한 사람들
이 반드시 견학한다는 명당으로 꼽힌다.

    양평군 양서면과 남양주군 조안면은 과거에 양근군楊根郡에 속해
있었는데 북한강을 사이에 두고 옛날부터 서로 밀접한 관련이 있어
한음 이덕형은 거처를 용진사제(조안면 송촌리)에 두고 중은동(양서
면 목왕리)에 있는 어머니와 부인의 묘소 사이 십리 길을 자주 왕래
하였다고 한다. 구정승골은 강원도 치악산에서 시작해서 용문산,
유명산, 중미산을 거쳐 목왕리의 청계산 끝자락으로 이어져 이곳
형제봉에 정기가 머무는 곳이라고 한다.

    풍수를 좀 안다는 사람들이 구정승골을 돌아보고 평가해 놓은 사

례들을 보면 신효창의 묘가 이곳 제일의 명당이라는데 거의 의견이 일치하고 있으며 김사형과 이준경의 묘는 그보다는 못하나 역시 좋은 자리라고 평하고 있으나 한음 이덕형의 묘를 비롯한 나머지 묘들은 명당이라고 보기에는 부족한 부분이 많다고 지적하고 있다.

그렇지만 이준경이나 이덕형 모두 풍수에 깊은 지식을 갖고 있었고 현재의 묏자리를 그분들 스스로 정한 것으로 알려지고 있는데, 그 분들 시절의 풍수와 현대의 풍수가 시대나 사람에 따라 달라졌을 수도 있고 또 수백 년 동안 이곳의 지세가 변했을 가능성도 있기 때문에 명당이라는 개념이 그 시절과 같은 것이라고 단정하고 평가할 수는 없는 것으로 판단된다.

구정승골에는 고려 말부터 조선 후기 고종 때까지 증직[9]을 포함하여 여러 명의 정승이 유택을 정했는데 최초로 이곳에 자리를 잡은 분은 (구)안동 김씨 익원공파翼元公派 파조인 좌의정 김사형이고, 김사형의 사위 평산 신씨 제정공파齊靖公派 파조로서 좌의정에 증직된 신효창이 있으며 광주 이씨로는 영의정에 증직된 이수정李守貞과 그의 둘째 아들 이준경, 역시 영의정에 증직된 이민성과 그의 아들 이덕형 그리고 고종 때 이조판서를 지냈으며 이덕형의 9세 종손 이의익李宜翼(정일품 보국숭록대부)의 부친 되는 이종억李宗億 5분이 있다.

신효창의 후손인 신승연申承演의 외손 이준경, 그리고 이준경의

---

9) 195쪽 참고

인척인 이덕형 등으로 이어져 오면서 그분들의 부친까지 증직을 받아 결국 5명의 광주 이씨 정승을 포함하여 좌의정 민희閔熙, 우의정 민암閔黯 형제와 김질의 처숙부인 영의정 정창손鄭昌孫까지 모두 10분의 정승 묘가 이곳에 자리하고 있다.

이곳에 잠든 총 10명의 정승을 성씨 별로 살피면 광주 이씨 5명, 안동 김씨 1명, 평산 신씨 1명, 동래 정씨 1명, 여흥 민씨 2명으로 주로 광주 이씨이다.

그러나 구정승에 포함되는 정창손 묘는 1970년대에 서울 방이동에서, 민희 묘는 1984년에 서종면 노루고개에서 이장한 것이고 또 민암의 묘가 있는 부용리 화개산은 구정승골에 포함되지 않는다는 주장도 있으므로 구정승이란 아홉 정승을 뜻한다기보다는 신효창이 장인의 묘를 쓰면서 명당자리가 많이 있는 곳이라 하여 구정승골이라는 말이 생겼고 후에 그가 말한 명당자리에 정승을 지낸 분들이 묘를 계속 써 온 결과 오늘날의 구정승골이 된 것으로 보인다. 옛날부터 양서면 부용리와 목왕리 일대는 골짜기에 따라 팔정승골, 구정곡九政谷, 구정승골, 구정골, 구정벼랑, 구정베루 등의 이름으로 다양하게 불려 왔다. 또 근래 정창손까지 이곳으로 옮긴 뒤로 사람들은 십정승골이라 하기도 한다.

필자가 경기도 양평군 양서면 목왕리를 가려면 양수리兩水里를 거쳐야 하는데, 이곳 본래의 땅 이름은 양수두兩水頭로 '두물머리' 또는 '두물리' 라고 불렸다. 이 말은 두 물 즉 여주를 거쳐 흘러온 남한강과 강원도 서북부 설악산과 오대산을 거쳐 춘천을 지나온 북한강이 이곳에서 만나는 것을 뜻한다.

양수교를 지나 바로 왼쪽으로 꺾어 북한강을 따라가면 수입천水 入川이 있다. 이 내는 통방산의 삼각골三角谷에서 발원하여 북한강 과 합류하는데 본래 이름은 무들이내(수회천水回川)이다. '무들이' 로 불리다가 일제 때 땅 이름을 한자로 바꾸는 과정에서 잘못되어 수입천이 된 것이다.

옛날에는 이 수입천과 북한강이 만나는 곳에 수입나루가 있었기 때문에 배를 타고 쉽게 남양주군 금난리로 갈 수 있었다. 하지만 지 금은 자동차와 다리가 생겨 없어졌다.

지역민들에게 목왕리를 물으면 모르는 이가 있어도 구정승골하면 모르는 이가 없을 정도로 친숙한 이름이다. 근처로 다가서면 낯익은 표석과 계곡이 보이는데, 이곳 목왕리木王里는 도성에서 멀지 않은 곳에 속하지만, 깊고 깊은 두메산골로 땔감에 쓸 나무가 많았으므로 무왕굴 또는 목왕동이라 하였다. 이곳은 용문 산맥 청계산 목왕리 계 곡으로 조선조 때 정승(증직 포함) 아홉 어른의 유택이 있는 곳이다.

당시 수많은 지관들이 돌고 돌아 묘터를 잡았는데 앞에서도 밝혔 듯 처음부터 조성한 유택도 있었지만 몇몇 어른들은 이장하였다.

그런데 구정승골에는 한 가지 특이한 점이 보인다. 현재 명당이 라고 하는 이준경의 유택은 원래 마주보는 산등, 형님이신 병조판 서 이연경의 옆자리에 모셨다가 현 위치로 이장하였다 한다. 초장 지와의 거리는 불과 1킬로미터밖에 되지 않는 곳으로 보인다. 그리 고 민희, 민암 등은 같은 양평에서 이곳으로 이장했다 하는데 유택의 위치가 골을 중심으로 하여 바른 편으로 뻗어 내린 같은 산맥이라는 점이다.

산맥도 다 같은 용문산龍門山 맥이요, 토양도 같은 사질토沙質土(비석비토非石非土)이고 수목의 성장도 같았다. 그런데 유택 모두가 한쪽 산맥으로만 잡혀 있다. 이런 것이 풍수의 법수이고, 땅의 오묘함을 연마한 풍수지리 학자만이 알고 있는 비법이라 하는 것인지 모르겠다.

구정승골 찾아가는 길

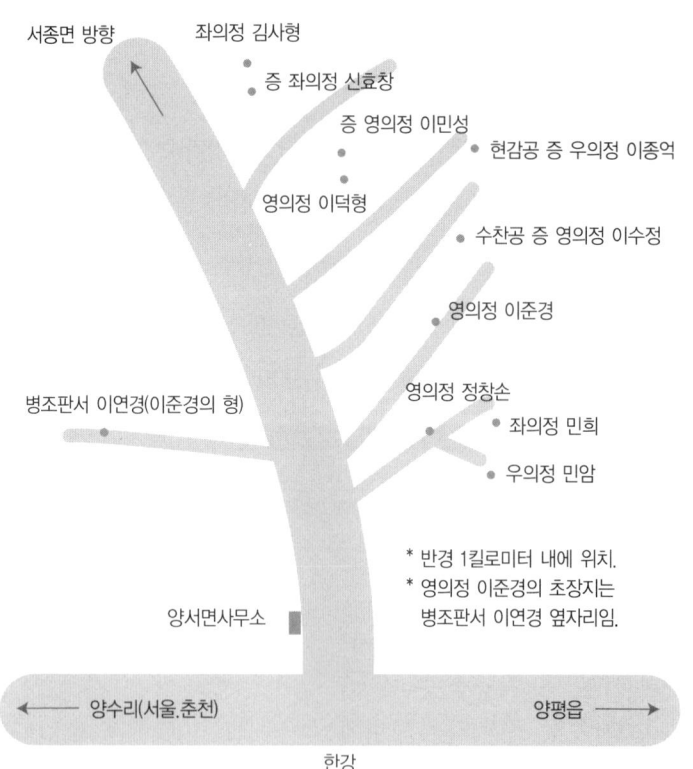

서종면 방향
좌의정 김사형
증 좌의정 신효창
증 영의정 이민성
현감공 증 우의정 이종억
영의정 이덕형
수찬공 증 영의정 이수정
영의정 이준경
병조판서 이연경(이준경의 형)
영의정 정창손
좌의정 민희
우의정 민암

* 반경 1킬로미터 내에 위치.
* 영의정 이준경의 초장지는 병조판서 이연경 옆자리임.

양서면사무소

← 양수리(서울.춘천)   양평읍 →

한강

구정승골에 묻힌 10정승의 내력

벼슬명	시호 및 호	본관	이름	왕조 (조선)	생몰년	비고
좌의정	익원공 翼元公	구 안동 安東	김사형 金士衡	태조조	1333년(고려 충혜 2) ~ 1407년(태종 7)	관직 재임시 단 한 번도 탄핵받지 않았음.
증 좌의정	제정공 齊靖公	평산 平山	신효창 申孝昌	세종조	1364년(고려 공민 13) ~ 1440년(세종 22)	손녀(신윤동의 딸)가 세종의 며느리. 영해군의 배위
증 영의정	정제공 貞齊公	광주 廣州	이수정 李守貞	명종조	1477년(성종 8) ~ 1504년(연산 10)	이세좌의 아들 이윤경과 이준경의 아버지
영의정	충정공 忠正公	광주 廣州	이준경 李浚慶	명종조	1499년(연산 5) ~ 1572년(선조 5)	이세좌의 손자 병조판서 이윤경의 동생
증 영의정	지중추부사공 知中樞府事公	광주 廣州	이민성 李民聖	광해군조	1539년(중종 34) ~ 1618년(광해 10)	영의정 한음 이덕형의 아버지
영의정	문익공 文翼公	광주 廣州	이덕형 李德馨	선조조~ 광해군조	1561년(명종 16) ~ 1613년(광해 5)	아버지 이민성보다 5년 빨리 별세
좌의정	문충공 文忠公	여흥 麗興	민희 閔熙	숙종조	1614년(광해 6) ~ 1687년(숙종 13)	우의정 민암의 형
우의정	차호 叉湖	여흥 麗興	민암 閔黯	숙종조	1636년(인조 14) ~ 1694년(숙종 20)	남구만의 탄핵으로 유배지에서 사사됨
증 우의정	현감공 縣監公	광주 廣州	이종억 李宗億	고종조	1776년(영조 52) ~ 1821년(순조 21)	판서공 이의익이 귀貴함에 따라 증직
영의정	충정공 忠貞公	동래 東萊	정창손 鄭昌孫	성종조	1402년(태종 2) ~ 1487년(성종 18)	송파구 방이동에 초장 이후 1970년 양평으로 이장. 사육신 복위 때 배신한 좌의정 김질의 처숙부.

구정승골의 주인공들

김사형이 남긴 역사의 흔적들

익원공 김사형은 1333년(고려 충혜 2)에 태어난 고려 말과 조선 초의 문신이다. 본관은 안동이고 자는 평보平甫, 호는 낙포洛圃이며 고조는 김방경金方慶, 할아버지는 김영후金永煦, 아버지는 부지밀 직사사 김천金蔵이다. 음보로 앵계관직鶯溪館直을 거쳐 공민왕 때 문과에 급제하여 조준趙浚 등과 함께 대간을 지냈고, 뒤에 개성윤開 城尹이 되어 보리 공신輔理功臣의 호를 받았다. 이성계가 위화도 회 군을 단행한 뒤 교주강릉도도관찰출척사交州江陵道都觀察黜陟使로 나갔고, 1390년(공양 2) 지밀직사사 겸 대사헌이 되고 이어 지문하 부사知門下府事로 승진하였다. 같은 해 윤이尹彝와 이초李初의 옥이 있은 뒤 그 당을 둘러싸고 찬성사 정몽주와 대결하고 서로 탄핵하 였다. 삼사좌사三司左使, 동판도평의사사同判都評議司事로 있다가

구정승골에 묻힌 김사형의 묘소

1392년 여러 장상將相들과 함께 이성계를 추대하여 개국공신 1등에 봉해지고 문하시랑찬성사門下侍郎贊成事와 판상서사사判尙瑞司事, 병조전서응양상장군兵曹典書鷹揚上將軍에 올랐다. 이어 같은 해 12월 문하우시중門下右侍中에 제수되고, 상락백上洛伯의 작위와 식읍 1천 호 및 식실봉食實封 3백 호를 받았다. 그 뒤 좌정승을 지냈고 1398년(태조 7) 제1차 왕자의 난 때 백관을 거느리고 대궐에 나가 적장嫡長을 후사로 세울 것을 요청하여 태종의 즉위를 도운 공으로 정사공신定社功臣 1등에 책봉되었다. 1399년(정종 1) 등극사登極使로 임명되어 명나라에 다녀온 후 판문하부사判門下俯事, 1401년(태종 1) 다시 좌정승에 복직되고 이듬해 영사평부사領司平府事를 지낸 다음, 상락부원군上洛府院君에 봉해진 뒤 관직에서 물러났다. 개국 공신 중에서는 배극렴裵克廉 다음으로 지위가 높았던 고려의 원로이며, 가문이 귀현하였고 마음이 청고하여 이성계가 아꼈다고 한다.

조준과 함께 8년간 재상의 지위에 있었으나 정사는 모두 조준이 전단專斷하였고, 말을 신중히 하고 스스로 삼가며 분수를 지켜 조준의 의견에 따랐으며 적이 없었다고 한다. 개국공신 1등에 책봉된 것은 공이 컸기 때문이 아니며 처음에는 이성계를 추대하는 데 참여하지 아니하였다고도 한다. 벼슬을 하면서 한번도 탄핵받은 일이 없었으며, 1407년(태종 7)에 세상을 떠났다. 시호는 익원翼元이다.

우리나라 최초의 세계 지도 완성

김사형은 혼일강리역대국도지도混一疆理歷代國都之圖를 만들어 후세에 전했는데 이 지도는 1402년(태종 2) 김사형, 이무, 이회 등이 제작한 동양에서 가장 오래된 세계 지도이며 유라시아와 아프리카까지 포함되어 있어 그 당시 알려진 모든 세계를 포괄하고 있다. 17세기에 마테오 리치의 '곤여만국전도'가 한국에 들어오기까지는 우리나라의 사실상 유일한 세계 지도였다. 원본의 크기는 폭 160센티미터, 길이 130센티미터로서 모필毛筆로 그려졌다. 현재 원본은 존재하지 않으며 그 사본이 일본의 류코쿠龍谷 대학 도서관에 보존되어 있으나 공개되지 않고 있다.

이 지도는 1399년(정종 1)에 김사형이 명나라에서 가져온 중국 지도에 한국과 일본을 그려 넣은 지도인 것으로 알려져 있다. 바다와 염수호는 초록색, 강과 담수호는 청색으로 표시하여 중세 후반기 아라비아에서 제작된 지구의의 채색 방법과 유사한데 이는 당시의 활발했던 동서 문물의 교류를 암시해 준다. 이 지도의 큰 결점은 중국 중심의 세계관으로 인하여 중국과 한국을 너무 크게 그려 넣음으로써 아시아 대륙은 물론 유럽 및 아프리카 대륙과 균형을 이루지 못한다는 점이나 한반도 윤곽은 실재의 모습과 매우 가깝다.

김사형에게 내려진 정사공신과 공훈자 명단

공신 이름	책록된 해와 공적	등급				비고
		1등	2등	3등	4등	
정사定社공신	1398년 (정종 즉위) 제1차 왕자의 난에 세운 공	이화李和 익안益安 대군 방의芳毅 회안懷安 대군 방간芳幹 정안靖安 대군 방원芳遠 이백경李伯卿 조준趙浚 김사형金士衡 이무李茂 조박趙璞 하륜河崙 이거이李居易 조영무趙英茂	영안후寧安候 양우良祐 심종沈悰 봉녕후奉寧侯 복근福根 이지란李之蘭 장사길張思吉 조온趙溫 김로金輅 박포朴苞 정탁鄭擢 이천우李天祐 장사정張思靖 장잠張湛 장철張哲 이숙번李叔蕃 신극례辛克禮 민무구閔無咎 민무질閔無疾			* 박포朴苞 제2차 왕자의 난(1401년)에 추탈 *민무구·민무질 추탈

명당이란 정말 있는 것인가

김사형의 사위 신효창이 장인을 위해 찾아 놓은 이 명당자리의 주인인 안동 김씨 익원공파 후손들을 보면 좌의정을 지낸 김질金礩, 형조판서 김작金碏, 공조판서를 지낸 김무金武 등이 있고, 영의정을 지낸 김수동金壽童과 김자점金自點이 있다. 같은 안동 김씨라도 조선 말기 세도정치 가문의 후손들과 구분하기 위해 익원공파 후손들은 스스로를 구 안동 김씨라고 칭하기도 한다.

김질은 단종 복위를 도모하기로 약속한 사람들의 핵심이었으나 그는 동지들을 배반하고 처숙부인 정창손에게 그간의 사정을 고변하여 결국 김문기, 성삼문成三問, 박팽년, 하위지, 이개, 유응부, 유성원 등이 모조리 세조에게 잡혀 극형에 처해지고 삼족을 멸한 '사육신' 사건이 발생하게 되었다. 그는 그 공로로 공신의 칭호와 함께 부귀영화를 누리고 좌의정의 반열에 오르게 되었다.

그의 묘소는 경기도 포천시 내촌면 유현1리에 있는데 그의 고변에 죽음을 당한 사육신들의 처지에 비하면 묏자리도 좋고 후손들 또한 번창하여 세상사의 무상함을 새삼 느끼게 한다.

김질의 6세손은 영의정을 지낸 김자점인데 인조반정의 공신이었으나 효종 때 청나라 정벌 계획을 청나라에 밀고하여 국가를 위기로 몰아넣고 일가족이 몰살당한 '김자점의 옥' 사건의 주인공이다.

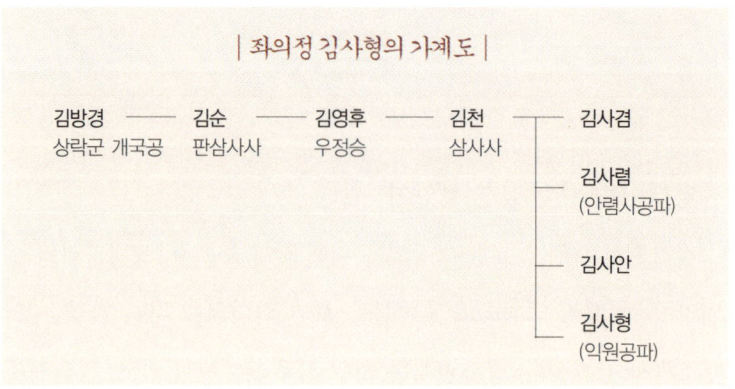

| 좌의정 김사형의 가계도 |

김방경	김순	김영후	김천	김사겸
상락군 개국공	판삼사사	우정승	삼사사	
				김사렴 (안렴사공파)
				김사안
				김사형 (익원공파)

김사형의 증손자 김질은 1422년(세종 4) 태어난 조선 성종 때의 문신이다. 자는 가안可安, 호는 쌍곡雙谷이며 할아버지는 김승金陞, 아버지는 동지중추부사 김종숙金宗淑이며, 어머니는 이양직李良直의 딸이다. 부인은 영의정 정창손鄭昌孫의 질녀이다.

1450년(세종 32) 문과에 급제하여 집현전 수찬에 뽑혔으며 이어 우정언을 거쳐 1455년(세조 1)에는 사예가 되었다. 이듬해 성삼문, 박팽년 등의 단종 복위 운동에 가담했다가 마음을 바꾸어, 이를 세조에게 알렸다. 이 공으로 판군기감사判軍器監事가 되고 좌익공신佐翼功臣 3등과 상락군上洛君에 봉해졌다. 그 뒤 좌승지, 공조판서, 우참찬을 거쳐 1468년(예종 즉위)에 우의정이 되었으며 곧 좌의정으로 승진했다. 성종 즉위 후에는 순성명량경제좌리공신純誠明亮經濟佐理功臣에 피봉되었으며 1478년(성종 9) 세상을 떠났다.

김사형의 증손자 김작 또한 1427년(세종 9) 태어난 조선 성종 때의 문신이다. 자는 위경衛卿, 호는 상곡相谷이며 김질의 동생이다.

1447년(세종 29) 생원시에 급제하고, 1454년(단종 2) 음보蔭補로 선공감繕工監 녹사錄事가 되었다. 이후 춘천春川 부사, 군기 감정軍器監正을 역임했다. 1477년(성종 8) 중시에 급제하여 병조참지兵曹參知 등을 거쳐 형조판서에 이르렀다.

형제간에 우애가 돈독하여 4형제가 한 집에 기거하였으며, 구경당俱慶堂이라 편액偏額하고 정성을 어기지 않았다. 부모의 병환이 위급함에 따라 손가락을 잘라 구환하였으며 부모님이 돌아가시자 묘소 옆에 여막을 짓고 3년을 지내니 왕이 그 효성을 듣고 예로써 우대하였다. 또한 그 효를 가상히 여겨 친히 특히 좋은 음식을 하사하였으며 1488년(성종 19) 김작이 죽은 뒤에 그 효성을 기려 효소孝昭라는 시호를 하사하였다.

권력을 남용한 악신 김자점은 1588년(선조 21) 태어난 조선 인조 때의 문신으로 자는 성지成之, 호는 낙서洛西이며 김질의 5세손이다. 우계牛溪 성혼成渾의 문하에서 수학을 하고 이귀李貴 등과 모의하여 인조반정에 공을 세워 1등공신에 훈록되었으며, 낙흥부원군洛興府院君에 봉군되고 영의정에 올랐다.

이후 김자점은 시골 선비로서 글 잘하는 사람에게 후한 뇌물을 주고 그의 아들 김익金釴의 글을 대신 짓게 하여 과거에 뽑히게 하고, 또 그의 손자 김세용金世龍을 인조의 후궁 조귀인趙貴人 소생인 효명孝明 옹주에게 장가들이기 위해 점쟁이를 유인 협박하여 거짓으로 그의 사주가 좋다고 칭찬하게 해서 임금을 속여 왕가와 혼인을 맺기에 이르렀다. 그 기세 앞에서 억누르면 꺾어지지 않는 것이 없으니 김자점은 자신이 잡은 세력으로 조정을 문란하게 만들어 결국 파면당하게 된다.

김자점의 며느리들, 손자며느리들 그리고 딸들이 모두 의복과 집을 효명 옹주를 본받아 사치를 극하였고 특수 계급인 양 굴었으며 사돈 간인 조귀인과 김자점은 안팎이 되어 저주 사건 등 흉한 음모를 저질러 조야朝野 간에 김자점에 대한 규탄이 날로 심해졌던 것이다.

효종이 즉위한 다음 김상헌金尙憲 등의 제현들만을 가까이 하자 이에 앙심을 품은 김자점은 효종이 청나라를 치려한다는 것을 밀고하였고 1651년(효종 2) 역모죄로 처형되었다.

본래 친청파였던 김자점은 영의정에서 파면된 후 기회를 노리고 있던 중 이 사실을 알게 되었고 이에 앙심을 품고 그의 도당을 시켜 청나라에 밀고하길, 김상헌과 김집이 청국을 배척하는 괴수로서 조정의 세력을 잡고 있다는 것과 전왕 인조와 원비 인열 왕후 한씨를 합장한 장릉長陵의 지문誌文에 청나라 황제의 연호를 쓰지 않았다는 것을 무고하여 조선을 치도록 간청하였던 것이다. 그 후 선왕 인조의 후궁 조귀인趙貴人이 그의 며느리인 숭선군崇善君의 아내 신씨申氏를 저주하는 사건이 일어나자 조귀인을 사사하고 김자점과 그의 손자이며 조귀인의 사위인 김세룡金世龍을 국문하여, 이들을 사형에 처하고 그들의 토지를 몰수한 다음 김자점 및 그 일파를 완전히 거세하였다.

김수동은 1457(세조 3)태어난 조선 중기의 문신으로 자는 미수眉曳, 호는 만보당晩保堂이다. 김사형의 후손으로서 할아버지는 동지중추부사 김종숙金宗淑이고, 첨지중추부사 김적金磧이며, 어머니는 동부승지 안질安質의 딸이다.

1474년(성종 5) 생원시에 합격하고, 1477년 식년 문과에 병과로 급제해 예문관藝文館 주서注書, 홍문관弘文館 정자正字, 사인舍人을 거쳐 장령掌令에 올랐으며 연산군이 즉위하자 홍문관으로 다시 자리를 옮겨 전한典翰, 직제학直提學, 부제학을 역임하였다. 1497년(연산 3)에는 동부승지, 이듬 해 좌승지를 거쳐 그해 여름에 외직으로 전라도 관찰사를 역임하고 예조 참판이 되었다. 다시 1498년(연산 4) 성절사로 명나라에 가서 『성학심법聖學心法』 4권을 구해 왔다. 그 뒤 경상도 관찰사, 이조참판, 경기 관찰사, 형조판서 겸 지춘추관사, 제학 등의 요직을 두루 거쳐 1504년(연산 10) 47세의 나이로 이조판서에 올랐다.

이해 일어난 갑자사화 때 폐비 윤씨의 회릉추숭懷陵追崇을 주장하고 시행하여 연산군의 신임을 받게 되었으며 정헌대부에 가자되었다. 1506년 어머니 상을 당해 사직하고 물러났으나, 왕명으로 단상短喪으로 마치고 3개월 만에 우의정에 부임하였다.

이때 중종반정에 참여해 좌의정에 오르고 정국공신 2등에 책록되었으며, 영가부원군永嘉府院君에 봉해졌다. 사림으로부터 연산군에게 충실했다고 비난받았으나, 1510년 영의정에 올라 그때 일어난 왜변의 진압을 총지휘하였다.

품성이 단정했으며, 청탁을 모두 거절하고 검약한 생활을 즐겼으며 예서隸書를 잘 써서 필명이 높았다. 연산군 때에는 많은 문신들의 화를 면하게 하였다. 1512(중종 7) 세상을 떠났으며 시호는 문경文敬이다.

그 외 김방경의 후손으로 중시조가 된 장령 김장金萇 의 인맥인 그의 손자 김자행金自行이 있고, 자행의 손자로 김종직의 신원소로 유명한 화가이자 서가이기도 한 대사헌 김희수金希壽가 있으며 조광조趙光祖의 구제로 유명하였고 평생을 간신 김안로와 싸웠던 직제학 김노金魯는 희수의 아들이다.

김일손金馹孫, 박은朴誾 등과 삼대 문장으로 꼽히는 전한 김홍도金弘道는 노의 아들이며, 홍도의 아들이 역시 호당맥湖堂脈을 이은 문장 교리 김첨金瞻과 호조판서 김수金晬(청백리)이며, 첨의 아들은 문명이 있었으나 31세의 나이로 임진왜란 중 죽은 김성립金誠立이다. 김성립은 허난설헌許蘭雪軒의 남편이기도 하다.

왕가와 인연을 맺은 풍수지리의 대가 신효창

제정공齊靖公 신효창은 고려 개국공신 신숭겸의 후손으로 그의 태어난 해는 정확하지 않다. 본관은 평산平山이며, 금오장군金吾將軍 신수申琇의 아들이며, 집현전 학사 신군평申君平의 손자이다. 일찍이 형조좌랑을 거쳐 1392년(고려 공양 4) 사헌부 지평持平이 되고, 다시 사헌 규정糾正이 되었다. 조선 개국공신 당시 음관으로서 사헌 시사侍史에 올랐으며, 상장군에 천거되었고 1403년(태종 3)에 동지중추원사同知中樞院事, 1404년 충청도 관찰사를 역임하였으며 1405년 동지총제同知摠制의 직을 받아 서울로 돌아왔고, 1418년(태종 18) 봄에는 좌군도총제左軍都摠制에 제수되었다.

그러나 그해 겨울에 탄핵을 받아 삭직되고 무주에서 7년간의 귀

양 생활을 하였다. 1425년(세종 7) 서울로 돌아온 후 손자 신윤동申
允童(한성 판윤 증 찬성贊成)의 딸이 세종과 후궁 신빈愼嬪 김씨金氏
와의 사이에서 태어난 영해군寧海君 당瑭과 결혼하게 되자 모든 관
작을 돌려받았다. 시호는 제정齊靖이고 평산 신씨 제정공파의 파조
이며, 수찬공의 처는 고손녀로서 풍수지리에 밝고 사후 좌의정에
증직되었다.

영해군은 세종의 8대군 10군 중 아홉째 군으로서, 아들로 영춘군
永春君과 길안도정吉安都正을 두었다. 길안도정은 시산군詩山君을
포함한 여섯 아들을 두었는데, 그중 다섯째 아들이 벽계도정碧溪都正
이종숙李終叔이다. 이종숙은 평소부터 개성의 명기 황진이를 잊지
못하여 한번 상면해 보고 싶었으나 길이 없던 중 손곡蓀谷 이달의
지혜를 빌어 한번 만나 보긴 하였으나 손곡이 시키는 대로 하지 않
아 실패한 이야기가 있다. 아마도 그때 황진이가 「청산리 벽계수야」
라는 명작을 남겼는데 벽계도정과의 인연이 전혀 없었다고는 볼 수
없는 일인 듯하다. 현재 이종숙의 유택은 이달이 잠든 부근의 강원
도 원주에 있다. 그의 유택은 아버지인 길안도정, 할아버지인 영해
군의 묘소가 있는 북한산 자락 도봉구 도봉동에서 모셔도 될 듯한
데 어찌 먼 원주 땅까지 가서 모셨는지, 혹시 이달을 따라간 것은 아
닐까 싶다.

신효창은 풍수지리에 깊은 지식이 있어 우리나라 산천의 근원을
다 알고 있었다고 한다. 그래서 좋은 묘지를 구해달라고 부탁하는
사람이 있으면 힘들여 산에 오르는 일 없이 누워서 어느 고을에서

왔느냐 묻고

"그 고을이라면 무슨 마을 뒤로 가면 어떻게 생긴 골짜기가 있고, 얼마만큼 높은 산봉우리가 몇 개 있는데 그 몇 번째 봉우리 어느 지점이 좋은 자리이니 거기에 묘를 쓰시오, 후손 중에 아마 정승까지는 몰라도 판서 정도는 날 것이요."

라고 말해 주고는 했는데 아무리 멀고 험악한 산골이라도 가서 보면 그가 지적한 말과 조금도 다르지 않았다고 한다.

신효창이 장인 김사형의 장지를 구하기 위해 봉안역奉安驛(현 팔당댐 부근) 뒷산에 올라 동쪽을 바라보다가

"내 오대산의 좌우 양쪽 산맥 줄기는 일찍이 알고 있었으나 그 중앙 산맥을 찾지 못해 애태웠는데, 지금 보니 여기에 있구나."

라고 말하며 좋아했다 한다.

그리고 바로 말을 달려 양근군의 서쪽에 있는 현재의 자리를 골라 묘지를 정했으며 재실을 지을 장소를 찾지 못하고 헤매다가 잠시 쉬는 사이에 고단하여 깜빡 잠이 들었는데, 꿈속에서 푸른 옷을 입은 동자가 나타나 일러 준 장소에 재실을 짓고 그 이름을 '중은中隱'이라 하였다. 중은은 오대산의 중앙 맥이 여기에 와서 멈춰 숨어 있다는 뜻으로, 그 이후 목왕리는 중은동으로 불리게 되었고 주위 산 이름을 청제青帝(또는 淸溪)라고 했는데 그것도 청의 동자가 나타나서 일러 준 것과 연관을 맺어 그렇게 이름을 지었다고 한다.

고려 말에서 조선 초기까지 귀족 계층의 묘소는 대체로 장방형을 하고 있었으나 조선 초기에 육각형으로 잠시 모양을 바꿨다가 이내

원형으로 다시 모양을 바꾸었는데 신효창의 묘는 육각형으로 테두리석을 두른 보기 드문 옛날식 육각 묘이다.

앞쪽의 신추당慎追堂은 신효창을 기리기 위해, 뒤쪽의 낙포재洛圃齋는 김사형을 기리기 위해 후손들이 최근에 조성한 재실이다. 낙포재라는 재실에서 가파르게 약 100미터 정도 올라가면 우람하게 보이는 고려식 묘소가 장인인 김사형의 묘소이고 약 30미터 아래에 사위 신효창의 유택이 모셔져 있다.

재예가 총명한 신효창에 얽힌 일화

일찍이 사헌 규정으로 있던 신효창이 사평 제공司平提控 박위생朴爲生과 함께 청주옥淸州獄에 가서 변안렬邊安烈의 심복인 부장部將 통산군通山君 이을진李乙珍을 국문하게 되었다.

신효창은 재예가 총명하고 어질고 점잖아서 여러 번 음사蔭仕로 불렸으나 나가지 않고 있다가 이성계의 반대파로 지목된 이색과 우현보 등 절신 등이 청주옥에 갇히게 되자 그제야 일선으로 나서게 된 것이다. 바야흐로 문초하는 관원들을 보내려고 할 때 정몽주鄭夢周, 신덕린申德隣, 이숭인李崇仁, 전조생田祖生, 김진양金震陽, 이양중李養中 등 고려 절신들이 말하기를

"흉한 혁명파 무리들의 치열한 기세로 보아서는 반드시 문초로 사건을 몰아 죽이고자 할 것이니 공평한 사람을 천거해서 음으로 구출함이 옳을 것이라. 오직 신효창은 아직 종적이 나타나지 않은 사람이니 저들도 반드시 의심하지 못할 것이다."

신효창의 묘는 육각형으로 테두리 석을 두른 보기 드문 옛날식 육각 묘이다.

하고 이어 신포시申包翅로 하여금 천거케 하고, 여러 사람이 함께 계청하니 간사한 무리들이 과연 의심하지 않고 따랐고 드디어 심문관이 되어 부관인 전시田時, 유순柳珦과 함께 청주로 내려갔다.

신효창이 밤에 몰래 옥에 들어가서 이색에게 채운 칼과 수갑을 벗기고자 하였으나 이색은 사사로이 찾아옴은 부당하다고 하여 부득이 작별의 인사를 하고 관아로 돌아왔다.

신효창은 밤이면 반드시 하늘에 빌며 말하기를

"하늘은 말이 없으나 기운과 운수에 관계되는 정情이 있으니 반드시 운행하고 움직이는 것이라. 이색으로 하여금 죄가 있다면 현현묵묵玄玄默默하여 망령되이 운동하지 마옵시고 이 신효창으로 하여금 털끝만큼이라도 이색 등에게 사사로움이 있다면 또한 망동妄動함이 없게 하소서. 만약 이색 등으로 하여금 허물이 없다고 말하고 신효

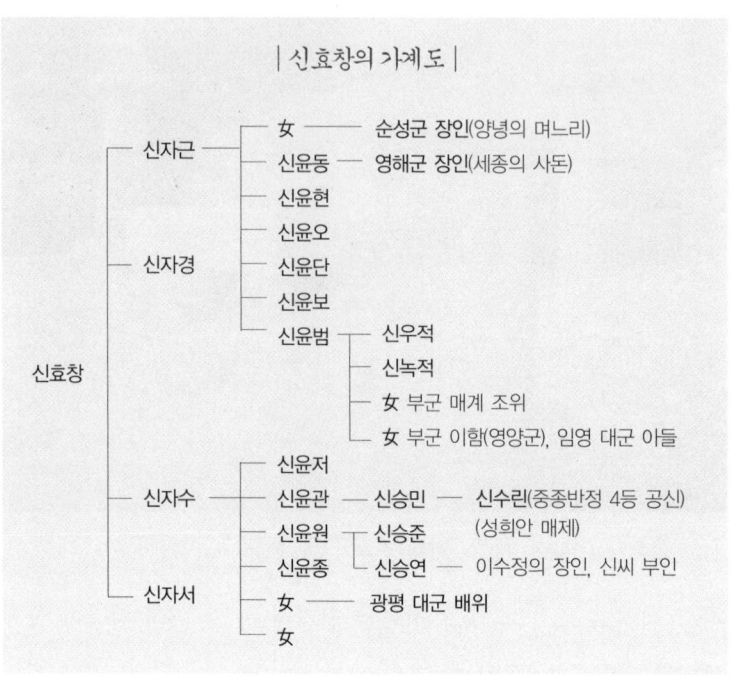

| 신효창의 가계도 |

창을 공심公心이라고 일러 좋은 사람을 구제한다면 위로 황천에서 감격하사 현묘한 천기로 높은 벌을 내리사 경계함을 사람들에게 보여 죄 없음을 드러내게 하시고 공심公心을 밝게 드러나게 하소서."

하고는 옥에 가서 심문하려 하는데 갑자기 천둥을 동반한 큰비가 내려 냇물이 넘치고 성 남북의 문이 허물어져 관사와 민가가 거의 다 떠내려가게 되었다.

이 일로 흉당들은 두려워 옥사를 모두 파하였고, 이 일에 대해 당시 사람들이 이르기를

"무망한 옥사를 꾸며 하늘이 노한 것이다."

라고 말하였다.

영릉 이장과 엇갈린 악연, 광주 이씨

이수정의 짧은 생애

이수정은 광양군 이세좌의 넷째 아들로 김굉필의 문하에서 조광조, 김안국과 함께 수학하였다. 1477년(성종 8) 태어나 1489년 무오사화를 당하여 이세좌가 김종직과 친했다는 이유로 일가족이 평북과 함남 등지로 쫓겨다녔다. 풀려난 후 1501년(연산 7) 문과에 급제했으나 수찬을 지내던 중 1504년 갑자사화로 28세의 아까운 나이에 공을 포함해 5부자가 모두 참형을 당하였다. 사형장에 버려져 있는 이수정의 시신은 장인인 판관 신승연申承演이 위험을 무릅쓰고 몰래 거두어 장사 지냈으며 젊어서 홀로 된 부인 평산 신씨는 두 아들 숭덕재 이윤경과 동고 이준경 형제에게 『효경孝經』과 『대학大學』 등 학문을 직접 가르쳐서 훌륭하게 키웠다.

이수정이 참형을 당할 때 두 아들은 각각 7세와 6세로 괴산으로 유모를 따라 귀양갔다가 2년 뒤인 1506년 중종반정으로 풀려났고, 뒤에 형제가 나라에 큰 공을 세우며 귀하게 되니 명종은 이수정에게 영의정을 증직하였다.

이준경의 삶과 학문

이준경은 이수정의 둘째 아들로 어려서는 외조부 신승연과 황효헌에게서 배우고, 자라서는 종형인 이연경에게서 서경덕徐敬德, 성수침成守琛, 조식曺植 등과 함께 조광조의 성리학을 배웠다.

이수정과 배위 평산 신씨의 묘소

6세 때인 1504년 갑자사화로 아버지 4형제가 참형을 당하고 친족 30여 명이 화를 입었으며 이준경도 15세가 되면 죽을 운명으로 형 윤경과 함께 괴산으로 유배되었다가 1506년 중종반정으로 풀려나 경상도 상서인 판관인 외조부 신승연에게로 가서 외조부와 모친 신씨로부터 수학하였다.

갑자사화로 어려서 아버지를 여읜 이준경에게 어머니 신씨는 『대학』과 『효경』을 가르치며 늘 타일러 공부에 힘쓰게 했다.

"과부의 자식과는 사귀지 말라 했으니, 반드시 남보다 열 배는 더 학문에 힘써 옛날의 집안 명성을 떨어뜨리지 말라."

또 이준경은 어렸을 때 조식曺植으로부터 글을 배웠는데, 그 후 이준경이 진짜 정승이 되자 조식은 그가 끝까지 지조 있게 정치하기를 바라면서 편지를 보냈다.

"바라건대 공은 소나무같이 위로 솟고, 칡덩굴같이 아래로 뻗지는 마시오."

그러나 평화도 잠시 이준경이 21세 때인 1519년에 다시 사화가 일어나 사촌형 연경, 재종형 약빙과 삼종숙 영부(左通禮公 손자) 등이 파직당하고 재종형 약수가 귀양을 가는 참상을 또 한번 보면서 통곡해야 했다. 사화 때마다 집안이 큰 화를 겪는 것을 보고 관직에 나가지 않기로 결심했으나 어머니의 간곡한 청으로 1531년(중종 26) 32세의 나이로 식년 문과에 을과로 급제하여 조정에 나아가기 시작했다. 한림을 거쳐 1533년 홍문관 부수찬이 되고 그해 말에 구수담具壽聃과 함께 경연에 나아가 중종에게 기묘사화에 화를 당한 사류들의 무죄함을 역설하여 석방케 했으나 오히려 권신 김안로金安老 일파의 미움을 사서 파직당하였다. 이 때문에 이후 5년간 은거하면서 학문에만 몰두하였다.

1537년(중종 32) 공이 38세 때 김안로 등 간신들이 사사되자 다시 등용되어 42세에 홍문관 직제학으로 당상관에 올랐다. 45세 때인 1544년(중종 39) 중종이 죽자 부고를 알리는 사신으로 명나라에 다녀와서 형조 참판으로 등용되었다.

이준경은 을사사화, 임진왜란, 사색당파를 예언하여 이에 대비할 것을 주장했으나 오히려 반대파들의 모함에 시달리게 되었으며 결국 그의 예언이 모두 적중하여 이후 걷잡을 수 없는 국난을 맞게 되었다. 특히 1545년(인종 1) 을사사화 때는 평안도 관찰사로 나가 있어서 화를 면하였다. 1548년(명종 3)에는 다시 중앙으로 올라왔으며 1550년 정적이었던 영의정 이기의 모함을 받아 충청도 보은에 유배되었다가 이듬해 석방되어 지중추부사가 되었다.

그는 1553년 함경도 순변사로 오랑캐를 다스리고 전라도 순찰사로 왜구를 격퇴시키는 등 변방에서 나라를 지키다가 60세인 1558년(명종 13)에는 우의정, 62세인 1560년에는 좌의정, 67세인 1565년(명종 20)에는 영의정에 올랐다.

영의정이 되면서 바로 윤원형 일당을 타도하고 명종을 도와 나라를 재건하는데 심혈을 기울였고 1567년 명종이 후사 없이 죽자 서자인 하성군河城君 균鈞(선조)으로 하여금 후사를 잇게 하여 사직을 튼튼히 하였다.

한편 그가 영의정으로 있을 때 내시 이봉정李鳳庭이 임금의 붓과 벼루를 만지며 임금의 글씨체를 그대로 흉내내자 이준경은

"네가 내시로서 어필을 모방하면 장차 어찌 하려는 것이냐? 그만두지 않으면 중한 벌이 있으리라."

하며 꾸짖었고 이에 이봉정은 두려워 그만두었으며 선조는 크게 기뻐했다 한다. 또한 이준경은 영의정으로 있으면서 조광조의 억울함을 풀어주고, 을사사화로 수십 년 동안 유배생활을 한 노수신盧守愼, 유희춘柳希春 등을 석방하여 등용하는 동시에 을사사화로 죄를 받은 모든 사람을 신원하였다. 또 조광조의 관직을 추증토록 하였으며 정몽주의 후손들을 돌보게 하고 남곤 등을 치죄함으로서 국정을 바로잡으니 백성들이 명재상이라고 이준경을 추앙하게 되었다.

넓은 도량으로 어려움을 이긴 이준경

「부제기문」에 이준경의 넓은 도량을 말해 주는 일화가 전해 온다. 명종이 남긴 교시를 받은 이준경은 빈청에 나와 병조로 하여금 부오部伍를 정돈케 하고, 예조로 하여금 영의迎儀를 정비케 했다. 당시 도승지는 이양원李陽元이었는데 도승지가 삼사의 장관을 불러 함께 참여하기를 청하니, 이준경이 화를 내며 이렇게 말했다.

"내가 영의정으로 임금이 남긴 명령을 받들어 거행하는데, 그대가 삼사를 불러서 장차 무엇을 하려고 하는가."

선조가 즉위한 뒤 이 일로 이양원을 처벌하자는 의견이 있었지만 이준경은 일축하며 논의를 저지했다. 마음이 불안해진 이양원은 스스로 벼슬을 강등시켜 안동 부사가 되기를 청했다. 그러나 선조 역시 죄를 묻지 않고 크게 등용했다.

이 일은 송나라 영종이 채양蔡襄에게 벌을 주지 않은 것은 위대한 일이라고 세상에 전하는데 비해, 선조는 오히려 크게 등용해 썼으니 덕이 천하에 으뜸이라 선조의 덕과 함께 이준경의 넓은 도량을 이렇게 칭찬했다.

"이양원이 만약 현명한 임금을 만나지 않았더라면 일족의 전멸을 면하기 어려웠을 것이다."

그러나 한편 이준경과 첨예하게 대립했던 율곡 이이는 『석담일기』에서 이준경의 인품을 논하며 한편으로 어진 정승으로 또 다른 한편으론 겸손하지 못한 사람으로 평했다.

"공은 4조정의 노신老臣으로 몸가짐이 바르고 청렴하며, 일을 다스리기를 꿋꿋하게 하여 권간을 물리치고 어진 임금을 세웠으니, 누가 어진 정승이라 하지 않으리오. 오직 잘난 체하여 선비들에게 겸손하지 못하여 선비들과 틈이 생기고 마침내는 나라를 망칠 말로 임금에게 그릇 아뢰어 드디어 어진 이름을 잃었으니 아! 아깝도다."

바른말을 잘했던 이준경은 그 말 때문에 무려 7차례나 음식을 차려서 벌을 대신했다 한다.

붕당을 예언한 이준경과 신진사류의 공격

이후 70세가 넘어 사직코자 하였으나 퇴계 이황이 극구 말려 몇 년 더 관직에 있었으며 73세에 영의정을 사임하고 영중추부사가 되었으며 기로소에 들어가 궤장을 하사받고, 죽음에 임박해서는 〈붕당이 있을 것이니 이를 타파해야 한다〉는 상소문을 올려 이이와 유성룡 등 신진 사류들의 공격을 받았다. 그러나 그 말은 적중하여 훗날 조정은 동서로 분열되어 국정이 혼란스러웠다. 붕당의 피해를 예언한 이준경에 대해 이이 등은 그를 헐뜯어 모함하면서도 이준경이 주장한 양병설을 도용하여 빈축을 사기도 하였다.

이듬해인 1572년(선조 5) 74세의 나이로 타계하니 퇴계와 함께 선조 묘당에 배향되고 충청도 청안淸安의 구계서원龜溪書院 등에 제향되었으며 청백리에 녹선되었다. 시호는 충정忠正이다.

이준경이 죽자 율곡은 또 『논어』를 인용하여 미워했던 심정을 솔직히 털어놓았다.

鳥之將死 其鳴也哀 人之將死 其言也善

조지장사 기명야애 인지장사 기언야선

새는 죽음에 이르면 그 울음이 슬프고
사람은 죽음에 이르면 말이 착해지는 법이다.

만대가 영화로운 땅 이준경 선생 음택 답사

이준경은 형님인 이윤경의 오른쪽에 묻혔다가 1580년(선조 13) 부인 풍산 김씨가 죽자 현재의 위치인 경기도 양평군 양서면 부용리 산35-1로 옮겨 부인과 합장하였으며 1987년 그의 묘역은 경기도 기념물 제96호로 지정되었다.

이준경의 묘소 진입로를 알리는 안내 표지판 앞에서 안산의 기본인 원칠근삼遠七近三을 다시 생각하며 도로에서 묘역을 감싸면서 진입하는 산자락을 관망해 본다. 나지막한 탐랑 현무봉玄武峰이 자세를 낮추며 묘역으로 행보하는 용맥龍脈과 함께 보인다. 묘소가 선명하게 눈에 들어오지는 않지만 그런 대로 묘소의 윤곽이 가늠된다. 또한 주산에서 들어오는 용맥이 뒤쪽에서 크게 기복起伏하여 현무봉을 일으키고, 좌측 현무봉의 용맥이 우측 혈장으로 뻗어가기 때문에 좌선룡左旋龍임을 주지시킨다.

묘소로 진입하는 오솔길을 오르다 보면 좌측 산자락 아래로 빛바랜 묘소 안내판이 나타난다. 작년에 이곳을 답사했을 때는 일부 탈색되어 전체 문장이 또렷하게 보이지는 않았지만 보이지 않는 글자와 줄거리를 건너뛰면서 그런 대로 읽을 수가 있었는데 올해는 그

마저도 불가능할 정도로 퇴색이 되어 있다.

   그곳을 따라 산길을 조금만 더 오르면 우측 맞은편 밭두둑에 상태가 양호한 신도비가 세워졌는데, 원래의 비는 임진왜란 때 파손되었고, 지금의 비는 1984년에 세운 세 번째 오석비烏石碑로 알려지고 있다.

   이준경의 신도비명은 소재 노수신이 찬하였으나 임진왜란으로 파손된 이후 여러 차례 새로이 건립되었으며 1984년에 새로 세운 현재의 신도비는 이수와 귀부를 갖추고 원래의 비문을 다시 음각하였다. 추측컨대 이준경이 수십 년의 유배 생활을 끝내게 해준 것에 감사하여 노수신이 썼을 것이다.

   이 비문에는 그러한 뜻을

四朝元老 具官 東皐先生 李公之墓
　사조원로 구관 동고선생 이공지묘

라 하여 4명의 임금을 섬긴 원로로 특서한 것이 특징적이다.

　구본을 확인할 수 없어 아쉬움이 남지만 현재의 것도 이수와 귀부를 갖추고 있는데 비신의 길이는 156, 폭 55, 두께 25센티미터이다. 산의 능선을 깎아 만든 이준경의 묘는 땅에 파묻힐 정도로 낮은 호석에 봉분을 얹어 비교적 아담하다. 망주석은 오래 됐으나 비석과 상석은 새로 세웠다.

　비문은 우측으로부터
　貞敬夫人 豊山金氏之墓 有明朝鮮 大匡輔國崇祿大夫
　議政府領議政 兼領經筵 弘文館 藝文館 春秋館觀
　象監事 贈諡忠正 李公之墓
　정경부인 풍산김씨지묘 유명조선 대광보국숭록대부
　의정부영의정 겸영경연 홍문관 예문관 춘추관관
　상감사 증시충정 이공지묘

라고 새겨져 있으며 뒷면에는
　公諱浚慶字原吉道德功烈昭見國史
　공휘준경자원길도덕공열소견국사

라고 크게 음각되어 있다.

　이준경의 저서로는 『동고유고東皐遺稿』, 『조선풍속朝鮮風俗』 등이 있다.

　묘역 계단으로 오르면 그다지 높거나 웅장하지 않은 이준경의 묘소가 있고 그 좌측 능선과 아래쪽에는 여러 기의 가족묘가 한데 어울려 광주 이씨의 문중을 가늠할 석물들을 묘소마다 배열해 놓고 있다. 그리고 좌측 묘소는 잔뜩 웃음을 머금고 상대방을 바라보는 문인석과 동자석 한 쌍씩을 배치했는데 다른 묘소에서는 상상도 할 수 없는 차별화가 시도되었다. 아마도 이곳을 찾는 후손들에게는 봉건적인 엄숙함보다 민주적인 친근감이 가슴에 와 닿는 공간으로 자리하게 될 것 같다.

좌측의 탐랑 현무봉을 출발한 입수룡入首龍이 계곡 사이로 높게 치솟은 튼실한 음룡陰龍으로 행룡行龍하여 양중음혈陽中陰穴의 혈장으로 입맥하는데, 큰 몸통을 지현굴곡之玄屈曲으로 흔들며 들어와 생기를 응축시켰고, 묘소 뒤에서 결인입수結咽入首하여 태음금성체太陰金星體의 볼록한 입수도두를 치켜세운다.

그런데 다른 묘소에서는 보기 힘든 특이하게 뻗어간 지맥 하나가 눈길을 끈다. 보통 주룡主龍을 호종하는 청룡과 백호는 주산이나 현무봉에서 출맥한 지룡枝龍이 되거나 또는 객산客山에서 들어온 산줄기가 외산용호外山龍虎로 정착하기도 하지만, 이곳은 좀 색다른 호종사護從砂 하나가 돋보인다. 그것은 주룡이 입수를 마치고, 진행한 입수 도두到頭에서 지룡이 뻗어 나와, 묘역 뒤쪽의 사성莎城을 일구고 혈장을 우측에서 감싸는 듯한 내백호內白虎를 일으켰는데 마치 와혈窩穴처럼 보이기도 한다.

또한 도두에서 혈처로 이어지는 생기 통로인 구毬도 보통 은맥隱脈으로 진행하기 때문에 육안으로 식별이 곤란한 것이 상례인데, 이곳은 도두에서 뭉툭한 지맥이 뻗어 나와 약 60도 가량을 좌측으로 휘어지다가 혈처로 입맥을 한다. 입수처入首處 뒤에 서서 유심히 살펴보면 입수에서 입수 도두로 진행하는 지맥이 도두를 중앙에 두고, S자로 꺾는 형체인데, 그것은 용맥이 마지막까지 힘을 실어 마무리하는 옹골찬 혈증穴證이다.

전후좌우에서 혈장을 감싸는 사격砂格들이 유연한 곡선미를 자랑하고 정답고 유순한 표정으로 묘역과 명당을 빙 두르는데, 대체로 편안하면서 단아하다. 묘역에 서서 사방을 조망하면 마치 중첩된 장막 안에 들어온 듯하고, 사방이 공허하다거나 터진 구석 없이 완벽한 장풍藏風을 이루니, 참으로 하늘이 조화를 부려 작국作局한 국세局勢와도 같다. 혈장과 가까운 거리에서 청룡이 부드럽게 들어와 옥구슬을 꿴 듯한 청룡 연주봉聯珠峰을 일으켰다. 예전부터 청룡의 연주 하나에 문과 급제자가 1명씩 배출된다고 하였고, 이름깨나 날리던 형기形氣 지사들이 무척 선호한 사격 중에 하나인데, 이곳은 무려 5개나 되는 연주가 이어지고 있어 자손들이 이를 악물고 학문에 전념했음직한 벼슬을 예고한 형상이다. 또한 연주봉 뒤쪽의 외청룡外靑龍의 능선이 부드럽게 출렁거리며 병풍을 두르는데, 특히 정승사政丞砂라 하는 고축사誥軸砂가 자리를 잡고 있어, 관망하는 이들의 시선을 한곳으로 집중시키기에 충분하다.

명당 구정승골의 일반적인 지형과 변화

답사를 마친 김사형과 신효창 묘역 그리고 이덕형 묘소에서도 똑같은 고축사를 조망했는데, 이곳 묘역에서도 예외 없이 외청룡의

한 지점을 점하고 있다. 사실 예전부터 벼슬깨나 했던 양반들이 이곳 구정골을 사후에 몸을 누일 땅으로 선호한 진짜 이유 중의 하나가 바로 한강 너머에서 예봉산이 연출하는 고축사 때문이다.

풍수에서 토성체土星體 일자문성一字文星의 양쪽 끝에 화성체火星體의 첨각尖角이 붙은 사격을 고축사라 하는데, 일명 전고展誥라고 하여 귀사貴砂에 속한다. 이러한 고축사가 정안正案에 있거나 임관방臨官方이면 재상이나 부마駙馬(공주의 남편)를 기약한다고 한다. 그러나 첨각의 균형이 맞지 않고 한쪽이 더 크거나 낮으면 시체사屍體砂라 하여 기피를 한다.

이곳 묘소의 좌향은 손좌건향巽坐乾向하여 멀리서 들어오는 외백호에서 연결되는 나지막한 안산과 대안對案을 한다. 물은 혈장 주변의 자연 지형이 좌측이 높아 내파內破는 좌선수左旋水가 확실하지만, 명당 국세를 외룡호外龍虎가 작국하기 때문에, 외당수外堂水인 우선수右旋水를 용수用水로 하여, 수구처水口處는 외청룡 끝자락에 있는 도로 옆 농가 건물인 신술방辛戌方을 파구처破口處로 삼는다.

팔십팔향법八十八向法 건향의 신술파는 좌선룡에 우선수가 합법으로, 절처봉생絕處逢生하는 자생향自生向이다. '절처봉생'이란 포태법胞胎法으로 신술파辛戌破는 화국火局의 정고正庫가 되어 건향乾向은 절향絕向이지만, 향상포태법向上胞胎法의 건해乾亥는 목국木局이 되어 곤신坤申에서 순선順旋하게 되면 건해에 생生이 닿아 포태법의 절처絕處가 생을 만났다 하여 절처봉생이라 한다. 자생향은 어려운 지경에 살길을 찾아 스스로 일어선다는 향으로 자손이 크게 번창하고 발복이 오래 지속되며 부귀를 겸전兼全한다는 향법이다. 또한 이곳 혈장은 좌선룡에 우선수가 되어 음陰인 용龍과 양陽인 땅이 음양 교합을 이루었다.

그러나 터란 완벽함보다는 부족함이 많듯이 이곳 묘역도 약점이 보인다. 우선 안산案山의 형상이 혈을 향해 완벽히 조응한다기보다는 어딘지 모르게 어정쩡한 모습을 하고는 제 갈 길을 찾아 간다는 느낌을 준다. 또한 몇 가닥의 뭉뚝한 능선이 내려오면서 혈장을 밀어 부치는 형세는 아랫사람들의 덕이 부족하거나, 여인네들의 극성을 예고하기도 한다. 그리고 이전 이곳을 답사할 때만 해도 혈장 아래 우측 하수사下水砂가 길게 뻗어 상수相水와 원진수元辰水를 역관逆關시키면서, 좌선룡에 우선右旋 혈장의 음양 교배를 이루었는데, 최근에 묘역을 손질하면서 순전脣氈과 묘역 우측을 확장하여 하수사의 흔적들이 모두 지워졌다.

이렇게 묘역을 무분별하게 손을 대면 득보다는 여러 문제가 따르게 마련이다. 묘소란 조상의 영혼이 쉬는 안식처이다. 자손들의 순수한 마음과 지극 정성으로 효를 다할 때 비로소 조상의 발음發蔭이 특정 후손에게 도래하게 된다. 그러나 요즈음 현실은 어떤가? 지방 문화재라는 틀에 맞추다 보니 너무 외관에 치우치는 가식적인 조상 돌보기가 전국적으로 확산되고 있다. 또한 풍수적인 대안이나 자문 없이 국민의 세금을 물 쓰듯하는 병폐도 하루빨리 청산해야 할 과제다.

우리 조상들은 땅을 신성한 존재로 인식하고 땅을 살아있는 생명체로 취급하였으며, 땅 속의 기를 받아들여 내 몸과 조화를 이루고자 하였다. 그래서 기가 많이 모인 터를 찾아 취락을 형성하게 되고 그곳에서 발복을 추구하였다. 또한 죽은 시골屍骨에는 영혼이 있다고 믿었으며, 그 유골이 생기가 충만한 땅속에 묻히면 그 기가 후손에게 전달된다는 친자감응親子感應, 동기감응同氣感應의 철학이 형성되었다.

우리는 그 연유를 찾고 입증하고 싶은 마음에 오늘도 산야를 찾아 더듬고, 또 더듬는 것이다.

한음을 키워낸 아버지 이민성

이민성은 1539년(중종 34) 태어난 한음 이덕형의 부친이다. 이덕형이 귀하게 되어 안협 현감과 통진 현감, 지중추부사 등을 지냈으나 그런 아들을 키워낸 것은 아버지 이민성이었다.

이덕형이 어렸을 때 외가인 경상도 상주에서 지냈는데 어떤 관상가가 이민성에게 말하기를

"아이가 매우 귀하게 될 상이니 서둘러 서울로 데려가 공부를 시키라."

권하였다. 이 말을 듣고 집에 와서 『소학小學』을 가르쳐 보니 과연 어린아이답지 않게 이해가 빠르고 열심히 배웠다.

이에 바로 서울로 데려와 윤우신尹友新의 문하에 넣어 4, 5세 위의 아이들과 함께 배우게 하였는데 다른 아이들보다 이해도 월등히

이덕형의 아버지 이민성의 묘소와 묘비.
어머니 정경 부인 문화 유씨는 포천 출신으로 영의정 유전柳㙉과 남매 지간이다.

빠르고 문장 실력 또한 뛰어나 주위를 놀라게 하였다.

이덕형은 말년에 영의정으로 있으면서 대북파들이 인목 대비의 아버지 김제남을 사사하고 어린 영창 대군을 죽이려는 횡포를 부리자 정무를 거부하고 용진(현 경기 남양주 송촌리)으로 낙향하여 이민성을 모시고 지냈다.

아들이 송촌리에 내려와 있자 이민성은 아들 이덕형에게

"영의정의 자리에 있는 사람이 죽기를 각오하고 임금의 잘못을 바로잡을 생각을 하지 않고 집에 들어 앉아 부모 봉양이나 하고 있어서야 되겠느냐."

며 크게 꾸짖었다.

부친에게 해가 미칠까 두려워 말을 아끼고 있던 이덕형은 부친의 단호한 태도에 용기를 얻어 임금의 잘못을 신랄하게 비판하는 상소를 써서 올렸고 이 상소로 인해 바로 삭탈관작당하고 며칠 후 별세하게 되었다.

아들을 먼저 보내고 병을 얻은 이민성은 이덕형이 운명한 지 5년 뒤인 1618년 같은 곳인 용진사제에서 아들 뒤를 따랐다.

한국의 명재상 한음 이덕형

이덕형은 1561년(명종 17) 2월 12일 서울의 성명방誠明坊(현 중구 남학동, 도동2가와 동자동 경계)에서 이민성과 문화文化 유씨柳氏 사이의 외아들로 태어났다.

그는 20세에 대과에 들어 조선왕조 역사상 최연소인 31세의 나이로 문형文衡(홍문관 대제학)에 추천되었을 뿐만 아니라, 38세인 1598년(선조 31)에는 우의정, 1602년(선조 35) 42세에는 영의정 등 중요한 모든 관직에 최연소로 오른 기록을 갖고 있다.

1613년(광해 5) 음력 10월 9일 향년 53세로 생을 마감할 때까지 대제학과 영의정을 세 차례씩 지냈고 이웃 중국과 일본에도 이름이 널리 알려져 임진왜란 때는 왜적이나 명나라의 장수들이 협상이 필요하면 항상 이덕형만을 대화 상대로 지명하였다는 기록이 있을 만큼 당대 최고의 학문과 덕망으로 선조와 광해군 양대에 걸쳐 내외적으로 명성을 떨쳤다.

왜군 적장 앞에 나아가 얼굴빛 하나 변하지 않고 준엄하게 꾸짖어 두려움에 질려 있던 우리 군사들은 물론 서슬이 퍼렇던 왜군들까지 탄복하여 칭송을 했다는 이덕형은 한때 일부 지방에서 왕이 될 거라는 소문이 돌 정도로 조정과 백성들의 신망을 한 몸에 받았으나, 말년에는 간신들의 모함으로 삭탈관직을 당하여 은거지에서 나라 걱정에 침식을 잊다가 세상을 떠났다. 이때 백성은 모두 눈물을 흘렸고 이를 본 죽마고우 백사白沙 이항복李恒福은

"성인은 살아서는 그 뜻을 빼앗지 못하고 죽어서도 그 이름을 빼앗지 못 하는구나."

하며 슬퍼하였다고 한다.

한음은 조선 중기 최고의 명재상으로 광주 이씨 문중 역사에서 가장 빛나는 업적을 남기신 분이다.

이덕형이 말년을 보낸 용진사제

송촌리는 남한강과 북한강이 만나는 곳에서 2킬로미터쯤 북한강변을 따라 올라가면 있는데 옛날에는 이 일대에 긴 제방이 있어 이곳을 사제莎堤라 하였다. 이곳에는 이덕형이 말년을 보내다가 타계한 유적지가 지금도 남아있다. 당시에 대아당大雅堂으로 불리던 그의 집터와 키가 작았던 이덕형이 말을 타고 내릴 때 딛고 올라섰다는 하마석下馬石이 남아있고 그가 심었다는 은행나무 2그루도 볼 수 있다.

이덕형이 이곳에 머물 때면 그와 절친했던 백사 이항복, 노계蘆溪 박인로朴仁老, 사명 대사四溟大師 유정惟政 등이 가끔 들러서 함께 지내기도 하였는데 그는 타계할 때까지 8년 동안을 이곳에서 살았다.

1613년 그가 타계하자 후손들이 현재의 자리에 그의 부인과 합장으로 장사지냈고 타계한 지 150년이 지난 영조 때 이르러 나라에서는 양서면 목왕리, 부용리 그리고 조안면 송촌리 일대를 그의 사패지지로 지정하여 후손들로 하여금 영구히 제사를 지내도록 하였다.

묘소 입구에는 1653년(효종 4) 그의 손자가 세운 신도비가 있어 당시를 회상케 해 주고 있다.

한편 아들을 먼저 보내고 병을 얻은 이민성은 안협 통진 현감과 지중추부사 등을 지내다가 5년 후에 이덕형이 운명했던 용진사제에서 아들 뒤를 따랐다.

이덕형은 둔촌 이집의 9세손이며 좌의정공 이극균의 5세 종손이다. 정조 때 이가환, 정약용과 함께 성호학파의 거두였던 복암伏菴 이기양李基讓은 이덕형의 7세손이며 앞서 밝혔듯 고종 때의 이조판서 이의익李宜翼은 이덕형의 9세 종손이다.

이덕형의 가계는 연산군에 의해 비참한 최후를 맞았던 이극균 이후 오늘날까지 22세 6백 년 가까이 순수한 장자 세습으로 이어져 오고 있는 보기 드문 가문이다.

이종억의 아들 이의익의 삶

백성들의 경계하는 소리는 귀한 것이라

이덕형의 9세 종손 이의익은 어릴 때부터 골격이 크고 백옥 같은 용모와 얼음 같이 맑은 성품을 지녔으며 항상 학업에 열중하였다고 한다. 어려서 어머니가 돌아가고 아버지까지 1821년(순조 21) 돌아가자 집안이 어려워 조상 모시는 일을 지성으로 하지 못한 것을 평생 한으로 삼았다. 아버지 이종억에 관해서는 참판 이유경李儒慶의 따님 함평 이씨를 아내로 맞아 1794년(정조 18)에 회현방 창동의 처가댁에서 이의익을 낳았다는 것과, 아들 이의익의 공으로 신창 현감을 지내고 후에 우의정을 증직 받았다는 족보 기록 이외에는 알려진 것이 없다.

1823년(순조 23) 처음으로 강릉康陵(명종의 능) 참봉 벼슬에 나아갔고 1829년(순조 29)에는 용궁(현 경북 예천) 현감으로 있을 때는 한음 이덕형의 영정을 관청에 모셔놓았었는데 이를 본 영남 사림들의 요청으로 상주 근암서원과 순흥 소수서원으로 영정을 옮겨 모신 일도 있었다.

관찰사 이의익의 영세불망비

1832년(순조 32) 임피(현 군산) 현감으로 있을 때 큰 흉년이 들자 이의익은 나라의 창고를 풀어 굶주린 백성을 구제하면서도 부자들에게 피해를 주지 않았으므로 지방 부자들이 감동하여 스스로 식량을 거두어 바쳤고 그는 읍내 곳곳에 방을 붙여 곡식을 낸 사람과 받아간 사람 이름을 정직하게 백성들에게 알려 청백리로서 이름이 높았으며 강원 감사 한익상과 함께 청백리로 천거되었다.

여주 목사 시절에는 세종의 영릉과 효종의 영릉寧陵 제사를 위해 여주에 제사 전담 관서인 봉상시를 신설하여 두 능의 제사를 지내도록 했으며 어사 이제달이 그 치적을 왕에게 보고하여 왕의 특명으로 임기가 연장되었다.

이의익은 1848년(헌종 14) 증광 별시 문과에 병과 2등으로 급제하였다. 이로써 이의익은 여주 목사로 재직했으며 금강산을 방문하여 「금강산 일기」를 쓰기도 하였으며 회양 부사, 동래 부사, 강화 유수 등을 지냈다. 1851년(철종 2) 이조참판으로 가선대부에 봉해졌고 이를 시작으로 이조 예조 형조 공조판서를 역임하였으며 세 차례 한성 부윤과 경기 관찰사를 지냈다.

1861년에는 매년 동지 달에 중국으로 가는 동지사로 중국에 다녀와서 연행록을 써서 남기기도 했으며 1862년(철종 13) 10월에는 삼절년공행三節年貢行 정사正使로 청나라에 다녀왔다. 1863년 70세에 기로소에 들어가 숭록대부 의정부 좌참찬에 임명되었고 1865년(고종 2) 경복궁 중건이 시작되자 짧은 시간에 큰 재물과 인력을 거둬들이는데 부작용을 우려하여 왕에게 민폐를 끼치지 말도록 건의하는 상소를 여러 번 올렸으며 건물이 완공되자 예조판서로서 석화당石畫堂에 글을 남겼다. 1866년에는 보국숭록대부로 가자되고 경기 감사로서 남양南陽에 군기창을 신설하고 파주에도 군사를 배치하였고 1868년에는 『한음문고漢陰文稿』와 연보를 간행하여 전국에 배포하였으며 1871년(고종 8)에는 태조 대왕 옥책문玉册文의 서사관書寫

官에 임명되었다. 이후 1879년(고종 16) 보국숭록대부로서 기로소耆老所에 들어 판중추부사의 자리에 있다가 1883년(고종 20) 향년 90세가 되자 임금이 이를 치하하면서 손자에게 벼슬을 내렸다. 이해 8월 말에 용진(현 남양주군 송촌리)에서 별세하였다. 묘소는 경기도 양평군 서종면 목왕리에 있다.

1873년 「광주 이씨 계유보癸酉譜」 서문을 썼으며 「연행초록」, 「유창신도비劉敞神道碑(강릉 유씨)」, 「낙애행적洛厓行蹟」 서문 등을 썼다.

우리나라 최초로 사진에 자신을 남긴 이의익

한편 이의익은 한국인 최초로 사진을 찍은 인물로 알려져 있다. 1863년(고종 즉위) 중국 사절단으로 베이징에 간 이의익, 박명홍, 오상준 등은 그곳 러시아인 사진관에서 처음으로 초상 사진을 찍었고 이의익은 촬영 후 그 이름을 '사진'이라 칭하였다고 한다. 그리고 이것이 사진이라는 말의 어원이 되었으며 영국의 한 소장가가 이 사진을 지금도 소장하고 있다.

민희와 민암의 고비와 활약

민희閔熙는 1614년(광해 6) 참판 민응협閔應協의 아들로 태어났다. 본관은 여흥驪興, 자는 호여皥如, 호는 설루雪樓, 석호石湖이며 민암閔黯이 그의 동생이다.

좌의정 민희의 묘(좌)와 우의정 민암의 묘비(우)

　1650년(효종 1) 증광 문과에 을과로 급제한 뒤 지평과 장령을 거쳐 1657년(효종 8) 보덕輔德으로 승진하여 집의執義를 거쳐 1661년 (현종 2) 경상도 관찰사가 되었다. 당시 경상도는 2만7천여 명에 달하는 굶주린 사람들과 창병에 신음하는 3천6백여 명의 환자가 있었다고 한다.

　민희는 이들에게 급히 여곡을 풀어서 구제하였으므로 도민의 칭송이 자자하였다. 이듬해 승지가 되었고, 1663년(효종 9) 양주 목사가 되었으나 석실서원石室書院의 사액치제賜額致祭 때 전례에 잘못이 있다 하여 파직되었다. 그 뒤 곧 좌부승지로 복직되어 형조참의를 지내고, 1666년 황해도 관찰사가 되었다. 1668년(현종 9) 호조참판으로서 진하 겸 사은사進賀兼謝恩使의 서장관으로 청나라에 다녀왔고, 이듬해 한성부 판윤, 관상감 제조와 공조·이조·형조의 판서를 차례로 역임하였다. 1670년 청사淸使를 보내는 반송사伴送使가 되었으며, 1671년 강화부유수를 지내고 1675년(숙종 1) 국장도

감당상國葬都監堂上이 되었다. 이어 우참찬, 대사헌, 판의금부사, 예조판서를 역임한 뒤 1677년 우찬성, 이듬해 우의정을 거쳐 1680년(숙종 6) 좌의정에 이르렀다. 원래 남인이었던 그는 숙종의 즉위 이후 남인의 득세로 정계에서 크게 활약하였는데 특히, 송시열을 영수로 하는 서인에 대한 의견차로 그는 허적許積을 중심으로 하는 탁남濁南이 되어 더욱 조정에 중용되었다. 그러나 1680년의 경신환국庚申換局 당시 남인이 실각할 때 관작을 삭탈당하고 위리안치되었다가 1686년(숙종 12) 전리田里에 방귀放歸되었다. 1687년(숙종 13) 세상을 떠났으며 1689년 기사환국 때 신원되었다. 시호는 문충文忠이다. 민암의 자는 장유長孺, 호는 차호叉湖이며 1636년(인조 14) 태어났다. 1668년(현종 6) 별시 문과에 을과로 급제한 뒤 지평, 승지, 함경도 관찰사를 역임하였으며 1678년 동지사 겸 변무부사冬至使兼辨誣副使[10] 복평군福平君 연棰과 함께 명나라에 갔다가 이듬해에 귀국하였다. 1679년(숙종 5) 고산찰방高山察訪 조지겸趙持謙이 당시의 함경도 관찰사인 이원록李元祿이 분수에 넘치게 역마를 탄다 하여 탄핵하자 민암은 자신이 함경도 관찰사로 있을 때 그곳의 실정과 경험을 자세히 들어서 이원록은 아무런 잘못이 없다는 것을 극구 변명하여 도리어 탄핵한 조지겸을 문초받게 한 사실은 유명하다.

　그 뒤 이조참판을 거쳐 1680년 대사헌으로 있다가 경신환국으로 남인이 실각하자 파직되었다. 1682년(숙종 8) 서인 김중하金重夏로

---

10)　변무부사는 당시 명나라에서 인조반정에 대한 기록이 아주 잘못되었기 때문에 이것을 바로잡기 위해서 파견된 사신이다.

부터 모반한다는 무고를 받았으나 조사 뒤 무사하였다. 1689(숙종 15)년의 기사환국으로 다시 대사헌에 기용되어 이조판서 심재沈梓와 함께 서인 김수항金壽恒, 송시열을 탄핵하고 그들의 처형에 대한 강경론을 주장하였다. 그는 이어 대제학, 병조판서를 역임하고 1691년 우의정에 승진하였으며 사은사로 청나라에 다녀왔다. 1694년(숙종 20) 김춘택金春澤 등이 숙종의 폐비인 민씨를 복위하는 음모가 있다는 고변이 있자 남인의 영수이던 그는 훈련대장 이의징李義徵과 함께 일대 옥사를 일으키려고 하였으나, 숙종은 갑자기 남인을 쫓아내고 서인을 등용하는 갑술옥사를 일으켰다. 그는 이 옥사때 대정大靜으로 위리안치되었다가 영의정 남구만南九萬의 탄핵으로 곧 이의징과 더불어 사사되었다.

구정승골에 묻힌 민희 형제의 일가

민창도閔昌道는 1654년(효종 5) 태어났으며 사망한 해는 정확히 전하지 않는다. 자는 사회士會, 호는 화은化隱이다. 1678년(숙종 4) 증광문과에 을과로 급제하고 이듬해 문과 중시에 병과로 급제하였으며 정언, 헌납, 부교리 등을 지내고 1689년(숙종 15) 사가독서하였다.

이듬해 헌납과 사서를 겸하고 이어 이조 좌랑, 승지, 경상도 관찰사, 부제학을 역임하였으며 1693년(숙종 19)에는 대사성이 되었다가, 1722년(경종 2) 신임사화辛壬士禍로 장수長水에 유배되었다.

곽산郭山의 개원사開元寺 불량비佛糧碑, 영변寧邊의 보현사普賢寺 월저대사비문月渚大師碑文을 찬하였다.

민흥도閔興道의 자는 계상季祥, 호는 심은心隱으로 민암의 양자이다. 1655년(효종 6) 태어나 1675년(숙종 1) 사마시에 합격하여 진사가 되고, 1690년(숙종 16) 정시 문과에서 병과로 급제하였다. 이듬해 한림翰林으로 등용되어 그 뒤 교리, 이조 정랑 등 여러 관직을 역임하다가 민암이 붕당정치에 휩쓸려 화를 당하자 이에 연좌되어 김산金山으로 유배되었으며 1710년(숙종 36) 그곳에서 죽었다.

민점閔點은 민희의 동생으로서 자는 성여聖與, 호는 쌍오雙梧이다. 1614년(광해 6) 태어나 1651년(효종 2) 별시 문과에 병과로, 1656년(효종 7) 문과 중시에 병과로 급제한 뒤 세자시강원 설서說書, 사간원 정언, 홍문관 수찬 등을 거쳐 1666년(현종 7) 경상도 관찰사가 되었고, 동지사로 청나라에 다녀와서 전라도 관찰사를 지냈다. 1670년(현종 11) 안태사安胎使로 태봉胎峰에 편입된 전토田土를 관둔전官屯田으로 보상하게 하였으며 1671년 평안도 관찰사를 거쳐 1674년(현종 15)에 진위 겸 진향사陳慰兼進香使로 다시 청나라에 다녀왔다. 숙종 때는 형조판서, 홍문관 제학, 이조판서 등을 지냈으나, 1677년(숙종 3)의 증광시 때 아들 주도의 과거 부정 사건으로 사직하였다. 그 뒤 다시 복직하여 공조판서를 거쳐 좌찬성에 이르렀으며 1680년(숙종 6) 세상을 떠났다.

민종도閔宗道는 민점의 아들이며, 어머니는 판중추부사 김시양金時讓의 딸이다. 1633년(인조 11) 태어나 1662년(현종 3) 증광 문과에 병과로 급제하였다. 이듬해 예문관 대교가 되고 1664년 봉교를 거쳐 1665년(현종 6) 지평, 정언 등을 역임하였다. 이듬해 다시 중시 문과에 병과로 급제하였다. 할아버지 민응협은 이조참판, 큰아버지 민희는 좌의정, 아버지는 좌찬성, 동생 민홍도閔弘道는 이조정랑을 각각 지낸 명문으로서 이러한 전통에 힘입어 그도 헌납, 필선, 부승지 수찬, 부교리 등을 역임하고, 1668년(현종 9) 세자시강원 문학이 되었으며, 1674년 병조 참의가 되었다. 자는 여증汝曾이며 사망한 해는 확실하지 않다.

민언량閔彦良은 병조판서 민종도의 아들이며 어머니는 이만李曼의 딸로서 자는 뇌중賚仲이다. 1657년(효종 8) 태어나 1675년(숙종 1) 사마시에 합격하고 1689년 증광 문과에 을과로 급제하였으며 1690년(숙종 16) 검열, 1692년 정언, 지평 등을 거쳐 순조롭게 홍문관과 한림翰林에서 활동하였고, 또 이조정랑을 역임하였다. 그러나 남인인 그는 1694년(숙종 20) 갑술옥사로 아버지 민종도 등을 비롯한 다른 남인들과 함께 찬배되었다. 그 뒤 1699년(숙종 25)에 풀려나 희빈禧嬪 장씨張氏의 오빠 장희재張希載와 친교하면서 남인의 재기를 노리고 있었으나 1701년(숙종 27) 민비가 죽고 희빈 장씨를 비롯한 국모 모해 사건이 드러남에 따라 이 사건의 당사자는 물론이고 장희재와 친교하였던 다른 남인들도 옥사를 당하였는데, 이해 그도 아버지와 함께 처형되었다.

민장도閔章道의 자는 여명汝明으로 남인의 거두였던 우의정 민암의 아들이며, 어머니는 참판 김시진金始振의 딸이다. 1655년(효종 6) 태어나 1679년(숙종 5) 사마시에 합격하여 진사가 되고, 1691년 알성문과에 을과로 급제하였다. 1693년(숙종 19) 세자시강원 문학, 1694년 사헌부 지평, 경기 도사가 되었다. 이때 1689년의 기사환국으로 실세한 서인들은 폐비 민씨의 복위를 통하여 재기할 음모를 꾸미고 있었고 이를 간파한 민암은 1694년(숙종 20) 4월 아들 장도를 시켜 그들의 조직과 계획을 탐지하게 하여 주동자 김춘택金春澤, 한중혁韓重爀 등 수십 명을 체포하여 국문이 시작되었다. 그러나 장희빈에 대해 염증을 느끼고 있던 숙종은 갑자기 국문을 중지시키고, 도리어 민암을 비롯한 남인들을 화를 꾸민 죄로 처단하였다. 이리하여 남인들이 조정에서 축출되고 서인들이 재집권하게 되었는데 이것이 갑술환국이다. 이때 민장도는 아버지 민암과 함께 국문 도중 매를 맞고 죽게 된다.

정창손의 혼령이 쉬는 곳

　　정창손은 1402년(태종 2)에 태어나서 1487년(성종 18)까지 86년 간이나 살면서 입시한 후 절반의 세월 동안은 붓과 먹물을 쥐고 손에 묻히며 살아가다가 다음 절반의 세월은 정치 마당에서 수양 대군에게 충성하며 권력을 휘두른 사람이었다. 그가 그렇게 좋아하던

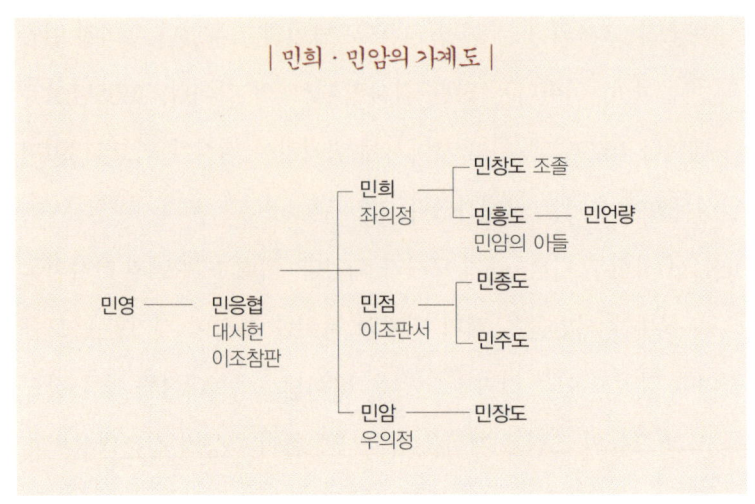

| 민희·민암의 가계도 |

민영 ─── 민응협
대사헌
이조참판

민희
좌의정
├── 민창도 조졸
└── 민흥도 ─── 민언량
    민암의 아들

민점
이조판서
├── 민종도
└── 민주도

민암
우의정
─── 민장도

권력이나 벼슬도 신神의 부름에는 어쩔 수 없이 한 벌의 수의와 6척의 목관만을 안고 다음 세상으로 떠났다. 그는 당시 경기도 광주 땅(현 서울시 송파구 방이동)을 임금으로부터 사패지로 받아 유택을 마련하였으며 그곳에서 484년 동안 잠들어 있다가 1970년 경기도 양평군 양서면 부용리로 옮겨 왔다.

그의 묘역은 동래東萊 정씨鄭氏 후손들이 1970년에 조성한 아주 큰 묘역이다. 본래는 서울특별시 송파구 방이동에 있었는데 서울의 도시 개발이 진행됨에 따라 할 수 없이 자리를 내주고 이곳으로 옮겨온 것이다.

묘역의 입구인 아래쪽에는 묘소를 잃은 선대의 조상들을 모시기 위해 설치한 단壇들이 횡으로 늘어섰다. 모두 네 군데로, 단 마다에는 해당하는 분들의 이름 뒤에 '망제지위望祭之位'라고 쓰여 있다. 그리고 단 위쪽으로 5~6기의 봉분들이 자리를 잡았는데, 가장 윗쪽

정창손의 묘소로 성남에서 이장하였다.

은 정창손이 차지했다.

묘소 입구에는 정창손의 유택을 비롯하여 그 후손들의 무덤과 단비壇碑가 있다고 알리는 안내판과 신도비가 황토색 산비탈을 마구 잘라 마련한 좁은 공간에 우뚝 서 있다.

정창손은 사후에 부관참시 되어 2번을 죽었다가, 죽은 지 28년 후인 1514년(중종 9)에 신원 되어 청백리에 오른 인물이다. 예나 지금이나 청렴한 벼슬관을 가리켜 청백리라 하고 사후 고인의 일생 과업에 맞는 호를 내리게 되는데 가령 이 나라의 학문의 태두 퇴계 이황의 시호는 문순文純이며 율곡 이이는 문성文成이다. 정창손은 충정忠貞이라 받았으니 그에 걸맞은 시호로 보인다. 비문에는 그의 벼슬과 충성심, 어진 성품에 대한 내용 등을 나열해 놓았다.

이 비문은 원래 정창손이 세상을 떠난 다음 해인 1488년(성종 19) 석학 서거정이 지었으나 지금은 없어지고 사후 137년이 되는 1623년(인조 1)에 외손 오리 대감 이원익이 재건하고 한준겸이 추찬하고 심열이 글을 써 복원되었다고 한다.

정창손의 묘소는 신도비 위쪽 남향 기슭에 넓게 조성된 맨 위쪽 중앙에 나이 먹은 문인석 4기와 옛 묘비 2기 그리고 새로 세운 망주석과 석양石羊 2마리가 시신 없는 묘소와 묘비를 지키고 서 있다. 묘비에는

> 大匡輔國崇祿大夫 議政府領 議政蓬原府院君 兼 領經筵贈諡
>
> 忠貞之墓配郡夫人 貞敬夫人 淸州鄭氏 祔右
>
> 대광보국승록대부 의정부령 의정봉원부원군 겸 영경연증시
>
> 충정지묘 배 군부인 정경부인 청주정씨 부우

라 씌어있다.

무소불위의 정창손에게도 수난기는 있었다

정창손의 자는 효중孝仲으로 1423년(세종 5) 사마시를 거쳐 1426년 식년 문과에 급제한 뒤 승문원 부정자가 되고, 1441년 사섬서령司贍署令으로 전임되었다.

1444년(세종 26) 응교 때 한글 제정을 반대하여 파직, 투옥되었다가 이듬해 풀려나와 응교에 복직하였고 1446년 집의로 있을 당시 왕실의 불교 숭상을 반대하여 재차 파직되었다. 다음해 문과 중시에 급제하여 직제학이 되고 1449년(세종 31) 춘추관 편수관과 수사관을 겸직하고 『고려사高麗史』, 『세종실록』, 『치평요람治平要覽』 편찬에 참여하였다.

1451년(문종 1) 동부승지, 대제학, 병조판서 등을 지내고, 1453년

(단종 1) 이조판서가 되었다. 1455년(세조 1) 우찬성 때 좌익공신 2 등에 책록되고, 봉원군蓬原君에 책봉되었다. 이듬해 단종 복위 음모를 고변한 공으로 부원군에 진봉되어 우의정에 오르고 1456년(세조 2) 자신의 질서였던 김질을 통해 얻은 정보를 고변하여 성삼문成三問을 위시한 사육신死六臣을 형장의 이슬로 사라지게 하였으며, 1457년 영의정이 되었다.

1462년(세조 8) 왕위를 세자에게 양위하도록 상소하여 삭직되나, 용서받고 부원군에 복작되었으며 1468년(예종 즉위) 유자광柳子光의 모함으로 투옥된 남이南怡와 강순康純을 역모로 몰아 죽이고, 이 일로 공로를 인정받아 익대공신 3등에 책록되었다.

1469년에는 원상院相, 1471년(성종 2)에는 좌리공신 2등에 책록되었으며 궤장을 하사받았다. 1475년 영의정에 재임된 뒤 1485년 (성종 16) 사직하였다가 2년 후에 별세하였다. 1504년(연산 10) 갑자사화 때 부관참시 되었다가, 중종 때 신원되었고 성종의 묘정에 배향되었다.

연산의 생모 폐비 함안咸安 윤씨尹氏의 복위 문제로 연산군이 고의로 일으킨 사화를 일으켜 많은 이들을 죽음으로 몬 사건이 갑자사화인데 이때 윤필상, 이극균 등은 사형되었고 이미 죽고 없는 한치형, 한명회, 정창손, 어세겸, 심회, 이파, 정여창, 남효온 등은 죽은 시신을 파내어 가루로 만든 후 바람에 날리는 부관참시 형에 처해진 것이다. 그러나 정창손의 문화재 지정 안내판에는 그 사건에 대해 단 한 줄도 거론되거나 표기된 바가 없다. 역사를 기록으로 남기는

데는 정확한 사료에 의하여 평가하고 표본 삼아 후일에는 거듭된 잘못을 막아보자는데 그 목적이 있다고 하겠다.

정창손은 1402년(태종 2)에 출생하였으니 성종까지 일곱 임금의 시대를 살면서 관료로서 세종, 문종, 단종, 세조, 예종, 성종 여섯 임금의 신하가 되었던 사람이다.

정창손 묘소 문화재 지정 안내판을 살펴보면

〈공께서는 조선조의 5대조에서 다섯 분의 임금을 섬기면서 3번의 영상領相에 올라 삼위수상三位首相 삼훈공신三勳功臣 한 역사 속의 큰 인물이다.〉

라고 적고 있다.

분명히 여섯 임금을 모신 것으로 되어 있는데 어찌하여 다섯 임금이라고 적고 있는지 궁금하다. 이 자료를 제공한 후손들의 뜻인지 문화재 지정 안내문을 작성할 때 잘못된 것인지는 분명하지 않으나 만약에 후손들의 뜻에 의한 것이라면, 정창손이 단종의 신하로서 등을 돌리고 수양 대군에게 공을 세웠으니 차마 단종까지 모셨다고 할 명분이 없었던 것은 아니었는지 생각이 된다. 그렇게 화려한 벼슬관의 내용을 나열 소명하여 놓은 내용 가운데는 역사가 말하는 명예롭지 못한 부분도 있기 때문이다.

사육신과 남이 등을 죽도록 하여 정창손은 우리 역사에서 부정적인 인물로 비춰지기도 하지만, 한편 문장과 서예에 뛰어난 재주를 가지고 있었다고 한다.

익대 · 좌리 공신에 오른 정창손

공신 이름	책록된 해와 공적	등급				비고
		1등	2등	3등	4등	
익대 공신	1468년 (예종 즉위) 강순 · 남이의 옥사를 다스린 공	유자광 신숙주 한명회 신운 한계순	밀성군 침 덕원군 서 영순군 부 귀성군 준 심회 박원형 이복 이극증 정현조 박지번	정인지 정창손 조석문 한백륜 노사신 박중선 홍응 강곤 조득림 신승선 권감 · 어세겸 정효상 권찬 조익정 안중경 서경생 김효강 이존명 유한 한계희 윤흠		한계희 윤흠 강희맹 이존명 : 3등에 추록
좌리 공신	1471년 (성종 2) 성종의 즉위에 세운 공	신숙주 한명회 최 향 홍윤성 조석문 정현조 윤자운 김국광 권감	월산 대군 정 밀성군 침 정인지 정창손 심회 김질 한백륜 윤사흔 한계미 한계희 송문림 구치관	성봉조 노사신 강희맹 임원준 박중선 이극배 홍흥 서거정 양성지 김겸광 강곤 신승선 이극증 한계순 정효상 윤계겸 한치형 이승원	김수온 이석형 윤필상 허종 황효원 유수 어유소 함우치 이훈 김길동 선형 우공 김교 오백창 박거겸 이철견 한치인 구문신 · 이숙기 정난종 정승조 이승소 한치의 한보 김수녕 한치례 한의 이극돈 이수남 이현 신정 김순명 유지 심한 심준 이영근	

조선에서 상신相臣을 가장 많이 배출한 동래 정씨

동래 정씨로 제일 먼저 상신(영·좌·우의정)의 자리에 오른 사람이 바로 정찬손이다. 그는 형조판서를 지낸 정흠지鄭欽之의 6형제 중 네 번째 아들이다. 1456년 사육신을 고변한 일로 우의정으로 승진한 후 좌의정을 거쳐 1460년(세조 6) 영의정이 되었다.

그의 나이 70세가 되어 치사코자 하였으나 여전히 영의정으로 입조하였는데 어느 때는 늙어서 기운이 모자라 넘어지면서도 입조하여 많은 사람들로부터 빈축을 산 일도 있었다 한다. 사람의 속성은 한번 권좌에 앉게 되면 그 맛을 쉽게 잊지 못하는 것인지 모르겠다.

정창손의 인생 출발은 순조로웠고 또한 문재文才로서 한때 임금으로부터는 사랑을, 동료들로부터는 믿음을, 아랫사람들에게는 존경을 받았으나 수양 대군이 세조로 자리를 바꾸는 일에 참여하면서부터 본격적으로 정치 일선에 서기 시작했다.

그가 받은 공신록은 타인에 비해 좀 특이한 면이 보인다. 가령컨대 북방의 오랑캐를 물리친 공이라던가, 왜적을 몰아내는 등 국가의 존망에 해당되는 일에 대해 세운 공이 아니라 모두가 수양 대군 한 사람의 시종이 되어 단종을 폐위시키는 일에 앞장서면서 얻은 공록이며 대를 이어 1468년(예종 즉위)인 충신인 남이 장군을 제거한 공훈 그리고 예종의 세자, 인성 대군, 제안 대군을 무시하고 또한 성종의 형님인 월산月山 대군마저 밀어 내고 간신 한명회의 사위가 되는 성종을 왕위에 앉히는데 공을 세웠다.

그리고 보면 그가 받은 세 가지 공훈은 모두 본인의 보신과 출세를 위해 왕권 쟁탈의 중심에 서서 활약한 예에 해당되기에 보기에 그리 좋은 공은 아니라고 필자는 생각한다. 왕의 비위를 맞추고 본인에게 후환이 있을 것이라 생각하면 바로 세조에게 고하여 성사시킨 예들도 있다.

특히 슬픈 역사의 한 토막은 다음과 같이 적고 있다. 단종의 국구國舅(장인) 송현수宋玹壽는 국혼이 이루어지기 전에 어떤 일이 있다 해도 단종을 지켜 주고 또한 만약 어떤 일이 있다 해도 여산 송씨 집안에 피해를 주지 않겠기로 수양 대군과 서로 언약을 하였다. 수양 대군은 세조가 되어 그 언약을 지키려고 많은 고민을 하였으나 세조의 동생 금성 대군을 죽인 이후 어느 날 정창손이 입시하여 송현수를 없애야 한다고 끈질기게 건의하므로 하는 수 없이 언약을 지키지 못한 고약한 임금으로 남게 되었다. 이러한 정창손의 행동과 언사를 두고 충신이라 해야 하는지 간신이라 해야 하는지 그 결정은 후세인들의 몫이라 아니할 수 없다.

그러나 동래 정씨 가문을 가리켜 무편무당無偏無黨하다고 한다. 언제나 한쪽으로 기울지 않고 중용지도中庸之道를 지켜 이웃과 화합하고 적을 삼지 않는 온화하고 유순한 기품을 지닌 문성門性이라는 것이다. 그리고 조선조 5백 년 역사상 상신 17명, 대제학 2명, 호당 6명, 공신 4명, 판서(현 장관급) 20여 명과 문과 급제자 198명을 배출하여 상신한 수로는 왕손 전주 이씨 22명에 버금가는 명문가라 할 수 있다. 이렇게까지 동래 정씨 가문이 번성할 수 있도록 한 사람, 그 문을 처음 열게 한 사람이 바로 정창손이다.

동래 정씨 상신 내역

순위	구분	이름	왕조	비교
1	영의정	정창손	성종	정흠지의 아들, 정갑손의 동생, 김질의 처숙부
2	우의정	정 괄	연산	정창손의 아들
3	영의정	정광필	중종	정난종의 아들
4	우의정	정대년	선조	정전의 아들
5	좌의정	정유길	선조	정복겸의 아들
6	우의정	정지연	선조	퇴계 이황의 추천. 정광필의 종손, 정유인의 아들
7	우의정	정언신	선조	정진의 아들
8	좌의정	정창연	인조	정유길의 아들
9	영의정	정태화	현종	정광성의 아들
10	좌의정	정치화	현종	정광성의 아들
11	좌의정	정지화	숙종	정광경의 아들
12	우의정	정 재숭	숙종	정태화의 아들
13	좌의정	정석오	영조	정치화의 증손, 효종 부마, 정재륜의 손자
14	좌의정	정홍순	정조	정태화의 후손, 정석삼의 아들
15	영의정	정존겸	정조	정문상의 아들, 정치화의 5세손
16	영의정	정원용	헌종	정동만의 아들
17	우의정	정범조	고종	정원의 아들

영의정 5명, 좌의정 6명, 우의정 6명

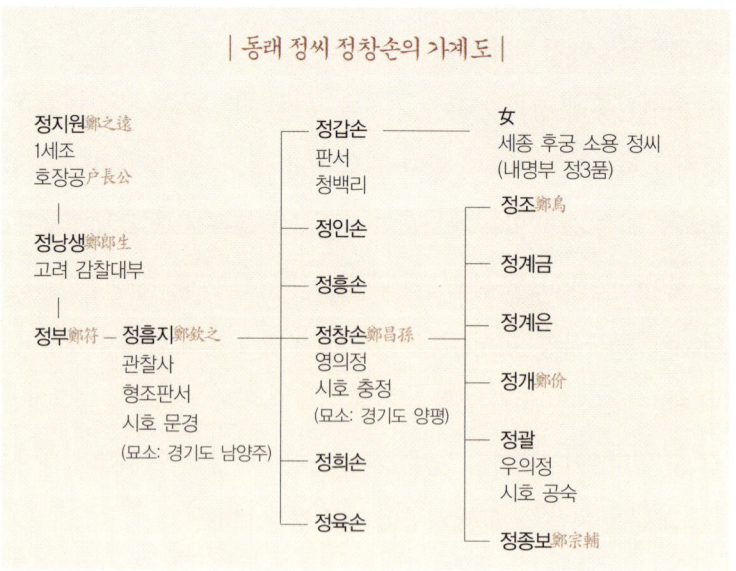

| 동래 정씨 정창손의 가계도 |

정지원鄭之遠
1세조
호장공戶長公

정낭생鄭郎生
고려 감찰대부

정부鄭符 ─ 정흠지鄭欽之
관찰사
형조판서
시호 문경
(묘소: 경기도 남양주)

정갑손
판서
청백리

정인손

정흥손

정창손鄭昌孫
영의정
시호 충정
(묘소: 경기도 양평)

정희손

정육손

女
세종 후궁 소용 정씨
(내명부 정3품)

정조鄭烏

정계금

정계은

정개鄭价

정괄
우의정
시호 공숙

정종보鄭宗輔

증직이란
무슨 뜻인가

국가에 공로가 있는 사람 등에게 죽은 뒤에 품계와 관직을 추증하여 영예를 누리게 하던 일을 증직贈職이라 하며 우리나라에서는 삼국시대부터 행해졌다. 한 예로 고구려 동천왕 재위시 위나라 장수 관구검이 내침하였을 때에 큰 공을 세우고 순국한 유유紐由에게 구사자九使者를 추증하였으며, 신라 눌지왕 때에는 박제상朴堤上이 일본에 볼모로 잡혀 있던 왕제王弟 미사흔未斯欣을 구출해 보내고 대신 죽으니 왕이 대아찬을 추증한 일 등을 들 수 있다.

그러나 이것이 제도로서 확립된 것은 고려에 들어와서부터였다. 아들 또는 남편이 높은 관직에 올랐을 때에 그 부모와 아내를 봉작함을 추은봉증推恩封贈이라 하는데, 이 제도는 988년(고려 성종 7)에 문무상참관文武常參官 이상의 부조父祖를 봉작케 함에서 비롯하였다. 그리고 1391년(공양 3)에 도평의사사都評議使司의 상언上言으로 2품 이상은 3대, 3품은 2대, 4~6품은 부모까지를 증직하는 제도를 세움으로써 사대부 부조 추증의 제도가 확립되었다.

조선에서는 고려의 제도를 이어받고 이를 점점 더 광범위하게 적용하여 증직의 대상이 점차 넓어졌다. 즉 고려 이래의 추은봉증 이외에 명유名儒, 절신節臣, 과거에 합격하여 벼슬하지 못하고 죽은 사람이나 효행이 뛰어난 사람 등에게도 상당한 품계와 관직을 추증하였는데 이밖에도 증직한 경우가 많았다. 『대전회통大典會通』에 의하여 증직받는 사람과 그 관직이 분명한 경우를 들면 다음 표와 같다.

증직 받는 사람	증직 되는 관직
종친 및 2품 이상 문무관의 3대	1대를 오를 때마다 1품계씩 감계減階
종친 및 2품 이상 문무관의 아내	남편의 관직
대군 아내의 아버지	정1품
왕자군 아내의 아버지	종1품
자신이 공신功臣인 사람	정2품
1등 공신의 아버지	순충적덕병의보조공신純忠積德秉義補祚功臣
2등 공신의 아버지	순충적덕보조공신純忠積德補祚功臣
3등 공신의 아버지	순충보조공신純忠補祚功臣
임금 사친私親의 아버지	영의정
임금 사친의 조부	좌찬성
임금 사친의 증조부	판서
대원군 사친의 아버지	우의정
왕세자 사친의 아버지	좌찬성
왕비의 아버지	영의정
왕세자 빈의 아버지	좌의정
대군 아내의 아버지	우의정
왕자군王子君 아내의 아버지	좌찬성
왕세손王世孫 빈의 아버지	우의정
상보국숭록대부上輔國崇祿大夫	영의정

13명의 왕비를 배출한 명지 여주

여주라고 하면 떠오르는 몇 가지 특징이 있다. 우선 넓고 비옥한 들판과 그 땅을 적셔주는 남한강을 들 수 있는데 비옥한 들판은 각종 산물을 토해내어 고대에서부터 사람이 살아갈 수 있는 여건을 모두 갖춘 고장이기도 하다. 그래서 그곳에서 살아가는 사람들은 신으로부터 선택된 것이라 봐도 무리는 아닌 듯하다.

산물과 기후가 좋다보니 자연적으로 사람의 인심이 넉넉해지고 그에 따라 인성도 또한 부드럽게 느껴진다. 그래서 그곳을 가리켜 인풍人風의 고장이라고도 한다.

그리고 무엇보다 관향貫鄕 성씨와 동족이 전국에서 가장 많은 고을이기도 하다. 여주군은 조선조에서 국혼國婚을 가장 많이 한 고을인데 또 하나의 특징을 들자면 관향(본향)을 여흥 고을로 정하고 있다는 점이다.

물론 타지방을 살펴보았을 때 경주, 안동, 전주 등이 있긴 하지만 여주에는 못 미친다.

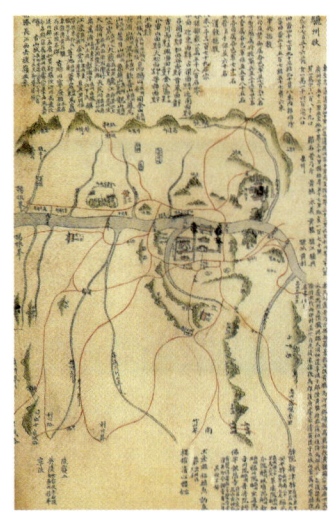

여주목 옛 지도

그렇게 본다면 앞에 밝혔듯 우선 살기 좋은 토양, 수량, 평야, 기후, 임야 그 바탕 위에서 풍요와 행복을 얻은 다음 예절과 학문에 힘써 중앙 진출의 디딤돌이 되었다 해야겠다. 이 모든 것을 얻은 뒤에는 타인에게 베푸는 덕성德性이 바탕이 되어 순후한 인심이 으뜸이라고 하는 명성을 얻었으리라.

여주의 인풍人風, 경중미인鏡中美人

동서고금을 막론하고 인간은 어떠한 사회나 국가에 소속되어 자기의 직분을 다하게 된다. 인간들은 개인적으로 크거나 작거나, 좋은 의미로나 나쁜 의미로나 자기가 참여하는 사회에 영향을 끼치게 되어 있다. 반대로 개인들은 자신이 참여하는 국가나 사회의 영향을 받을 수도 있다. 그렇기 때문에 한 민족이나 국가의 역사와 문화는 이러한 개인들의 생활, 활동, 의지, 노력의 총화이다. 마찬가지로 여주 지역에 생존했던 선인들의 생활, 활동, 업적, 노력의 결과가 여주의 문화와 역사를 이룩했다고 할 수 있는 것이다.

여주 지역에도 이 고장을 빛내고 풍요롭게 만드는 데 헌신적으로 노력한 선인들이 있었기에 오늘날의 여주인들이 편안하게 미래를

설계하면서 살아갈 수 있는 것이라고 보여진다.

　이 글에서는 여주의 문화와 역사의 담당자였던 선인들의 삶과 행적을 통해서 여주의 인풍을 알아보고자 한다. 역사 인물 가운데는 정의롭고 존경 받는 사람이 있는가 하면 그렇지 못한 경우도 있다. 따라서 정의롭고 훌륭한 사람, 역사 발전에 이바지한 사람, 타의 모범이 될 만한 사람들을 서술 대상으로 논하였다.

　특히 여주의 인물들은 전통적으로 글공부를 많이 해서 문과에 급제하고 관리에 등용된 분들이 많으니 문풍文風이란 용어를 붙일 수 있다. 다음은 자신이나 집안의 영고성쇠를 돌보지 않고 대의를 위하여 살다간 분들이 많으니 의풍義風이란 말을 붙일 수 있을 것이며 마지막으로 어떤 성격의 인물보다도 효자가 많이 배출되었으니 효풍孝風이란 말을 추가할 수 있다. 그래서 여주의 인풍은 문풍, 의풍, 효풍이란 말로 집약할 수 있다. 한편 여주의 인물들은 그 조상들이 대부분 당시의 정치 상황에서 밀려난 청류淸類에 속하는 사람들이 벼슬을 버리고 낙향해 왔기 때문에 충忠, 효孝, 예禮, 의義를 기본으로 하는 사대부들이 많았다. 그러다 보니 그들의 후손들이 가문의 중흥을 도모하게 되었고, 중흥을 꾀하자니 자연스럽게 공부를 열심히 해서 문풍이 일게 되었다. 또한 그들 사대부들은 충효예의라는 유교적 가치관에 충실하였기 때문에 여주 인물에 충신, 효자, 의인이 많이 나오는 것은 당연한 일이다.

　그렇더라도 우리나라는 조선시대 8도라는 행정구역이 있었고, 이들 각도의 사람들은 그 성격과 기질이 다르다고 하여 다음과 같은 사자평四字評이 있었음을 참고로 남겨본다.

경기도京畿道 – 경중미인鏡中美人
: 거울에 비친 미인이라는 말로 실속 없음을 뜻하기도 함.

충청도忠淸道 – 청풍명월淸風明月
: 맑은 바람과 밝은 달이라는 말로 결백하고 온건함을 뜻함.

황해도黃海道 – 석전경우石田耕牛
자갈밭을 가는 소라는 말로 부지런하고 인내심이 강함을 뜻함.

강원도江原道 – 암하노불岩下老佛
: 바위 밑의 오래된 불상이라는 말로 선함을 뜻함.

전라도全羅道 – 풍전세류風前細柳
: 바람 앞에 나부끼는 버들이라는 말로 부드럽고 영리함을 뜻함.

경상도慶尙道 – 태산교악泰山喬嶽
: 높고 큰 산이라는 말로 웅장함을 뜻함.

평안도平安道 – 맹호출림猛虎出林
: 사나운 호랑이가 숲에 나타난다는 말로 용맹하고 성급함을 뜻함.

함경도咸鏡道 – 이전투구泥田鬪狗
: 진창에서 개가 싸운다는 말로 명분 없는 일로 몰골사납게 싸움을 뜻함.

이러한 평가는 조선조 정조 때 규장각 학자인 윤행임尹行恁의 소론인데 각 도의 인풍을 평한 것 중, 경기도 사람의 기질을 '경중미인'이라고 하였다. 경중미인이란 '거울에 비친 아름다운 여인'이란 뜻이다. 사람이 거울을 볼 때만큼 담담하고 솔직할 때가 없다. 모습을 바로잡고 차림을 매만져서 좀 더 단정하고 더욱 보기 좋게 꾸미자는 것이 그 참뜻이요, 속이거나 협잡을 하기 위해 거울을 보는 사람은 없을 것이다.

이는 경기도에 속한 여주인들에게도 그대로 적용되는 좋은 인상이라고 생각한다. 거울 속의 여인처럼 아름답고 바르고 단정한 것이 여주인의 특성임을 다른 각도로 증명해 본 것이다.

여주의 향풍鄕風이란

여주는 예로부터 어향御鄕, 묵향墨香, 문향文鄕의 고장으로 알려졌다.

여주는 삼한 시대에 마한의 영역에 포함되었고 신라, 백제, 고구려가 정립한 삼국시대에는 백제의 영역에 소속되었다. 삼국시대는 그 어느 시대보다도 영토 분쟁이 극심했는데, 특히 5~6세기에는 한강 유역을 놓고 한반도에서의 주도권 쟁탈전이 벌어졌다. 그만큼 이 지역은 예로부터 서로 뺏고 빼앗기는 군사적 요충지에 해당되었던 것이다. 여주 지방은 온조왕 때부터 백제의 영토에 속했는데, 고구려가 남하하여 한강 지역을 차지하게 됨에 따라 고구려의 영토로 편입되었고, 그 후 진흥왕 때는 신라가 한강을 점령하면서 신라의 영토로 편입되었다.

여주군은 신라 때에 한주漢州 기천군沂川郡 영현領縣으로 황효현黃驍縣이라 했는데, 고구려의 골내근현骨乃斤縣을 경덕왕 때 개칭한 것이라고 한다. 왕건이 후삼국을 통일한 고려 시대는 원주의 속현으로 이곳 여주를 황려현黃驪縣이라 했으며 그 후 1257년(고종 44)에는 영의永義, 충렬왕 때는 여흥군驪興郡, 우왕 때는 황려부黃驪府로 되었다가 공양왕 원년인 1345년에는 여흥군으로 강등되었다. 이처럼 여흥군으로 강등된 여주는 조선 시대 1401년(태종 1)에 다시 부府로 승격되고 1413년(태종 13)에는 도호부都護府로 명명되었다. 이때 여주 도호부는 충청도에 배속되었다가 경기도로 이관되는 과정을 거친다. 1469년(예종 1) 광주에 있던 세종대왕의 능을 여주의 북성산으로 옮기게 되자 천령현川寧縣을 없애 이곳에 병합시키고 지금의 명칭인 여주驪州로 개칭된다.

풍수학상 여주의 특징을 말하기에 앞서 지리적 배경을 확인하는 것이 우선일 것이다. 여주는 경기도의 남동 지역에 자리 잡고 있으면서 강원도와 충청북도 등 두 도와 도계를 이룬다. 한강의 지류인 남한강이 여주를 북동 지역과 남서 지역으로 크게 가르면서 관통하는데 동쪽으로는 원주, 북쪽으로는 양평, 남쪽으로는 충주, 서쪽으로는 이천과 광주를 경계로 한다. 여주는 동으로 우리나라의 등줄기인 태백산맥이 완만한 경사를 지으며, 한강을 끝으로 그 모습이 서서히 멈춰지면서 평야와 맞닿는다. 또한 남쪽으로 차령산맥이 멀리 충청도에서 치어 올라와 강원도의 치악산을 거쳐 오대산에 이르러 태백산맥과 연결되면서 여주군의 남쪽을 병풍처럼 막아주는데 가까이는 동북쪽에 용문산과 칠보산이 보이고, 말감산 너머 아득한 구름 아래 치악산이 둘러 있다. 원적산과 양자봉이 서북쪽으로 아름다운 자태를 자랑하고 오감산과 강금산이 남쪽의 절경을 이루며 여기에 유유히 흐르는 여강 남한강과 드넓은 여주 이천 평야가 펼쳐져서 '여주이천쌀'이라는 고급 품종의 경기미를 생산해 낸다. 자연 환경이 수려하고 비옥한 농토에서 품질 좋은 쌀을 생산해 내니, 사람 살기에 가장 좋은 조건을 지닌 곳이란 평을 들어왔다.

땅은 사람을 낳고 사람은 땅을 만든다

여주는 문화유산이 많은 역사의 고장이기도 하다. 특히 세종과 소헌 왕후를 합장한 영릉英陵이 있는 곳이다. 앞서 밝혔듯 세종의 능은 광주에서 1469년에 현 능지로 이장한 것이다. 이 지대가 풍수 지리상 좋다 하여 옮긴 것이지만, 세종의 능을 천장하였기 때문에 조선왕조가 1백 년이 더 연장되었다는 '영릉가백년英陵加百年' 설이 있다. 북성산의 울창한 수림 속에는 세종의 능 외에 산등성 하나를 사이에 두고 효종과 인선 왕후의 쌍릉雙陵인 영릉寧陵이 있다. 영릉 역시 양주의 동구릉 서쪽에 있었던 것을 1673년(현종 14)에 이곳으로 천장한 것이다. 효종은 병자호란 후 심양에 인질로 잡혀간 적이 있었고, 인조의 뒤를 이어 즉위한 다음에는 북벌 계획을 세워 군비를 정비하였으며 송시열, 송준길 등을 등용하여 군정에 힘썼으나 도중에 청의 힐문으로 일시 중지되었다. 그 후에도 북벌 준비를 계속하였지만 뜻을 이루지 못하였다고 한다. 그렇더라도 당시 북벌 주역들의 묘소나 사당이 여주에 모여 있는 점은 흥미로운 일이다. 영릉 외에도 영릉을 중심으로 북벌의 핵심 인물이었던 우암 송시열의 사당 대로사가 여주읍 내에 있고, 당시 영의정을 지낸 기천 홍명하의 묘소가 있으며, 당시 훈련대장이었던 이완의 묘소가 여주읍에 위치해 있는 점이 여주와 북벌과의 관련성을 시사해 준다.

여주의 문화유산으로 빼놓을 수 없는 것이 그 유명한 신륵사神勒寺이다. 신륵사는 아름다운 경관과 많은 유물, 유적들을 간직하고 있지만 이 절의 내력은 소상치 않다. 신라 진평왕 때 원효 대사가 창건했다는 설이 있지만 이를 뒷받침할 유물이나 유적은 없고, 1376년(고려 폐왕 우 2)에 나옹 선사가 입적하면서 유명한 절이 되었다. 일반적으로 대다수의 사찰들이 산속에 자리 잡고 있는 데 비해 신륵사만은 강가에 위치해 있는 것이 특징이다. 산과 강이 한데 어우러진 절경 속에 자리해 있으니, 예로부터 시인 묵객들이 즐겨 찾았다.

이제까지 논의하고 설명한 내용들을 정리하면 다음과 같다. 첫째, 여주 지역은 옛날에는 남한강의 수로를 이용한 강항으로서 상업과 수운의 중심지였으며 둘째, 문화유산이 많은 역사의 고장으로서 문화유적, 유물, 문화재의 보고라 할 수 있다. 셋째, 역대 임금의 왕비를 11명이나 배출한 지역이며 넷째, 쌀과 도예의 고장으로서도 유명하다. 다섯째, 여주에는 정관계나 종교계의 거물급 인물들이 묻혀 있는 곳이다.

그만큼 여주 지역에 풍수지리학적으로 명당이 많다는 이야기가 된다 하겠다. 이곳에서는 왕비 13명, 후궁 2명, 세자빈 2명, 세제빈(약혼녀) 1명, 군부인 2명, 부마 5명, 군주 1명으로 모두 합하면 26명의 국혼國婚이 이루어졌다. 여주는 고려조에서부터 조선조 말까지 수많은 인재를 배출한 곳이다.

위와 같이 여주는 여러 명의 국모(왕후, 황후, 후비)를 배출시킨 신으로부터 선택 받은 고장이라 할 수 있겠다. 한곳의 예를 보면 세조임금의 왕후로서 윤번의 딸인 정희貞熹 왕후가 파주 출생이라 하여 파평군坡平郡을 파주목坡州牧으로 승격시킨 일도 있다.

이제 여주가 배출한 왕후들을 살펴 볼 것이다. 그 사람의 됨됨이란 터의 영향도 크게 받지만 그 인물이 나고 자란 가문의 영향 또한 크게 마련이다.

그리고 여주는 역대 임금의 왕비를 많이 배출한 지방이다. 왕비를 모두 13분 배출했는데, 시대 순으로 정리하면 다음과 같다. 순경順敬 왕후 김씨金氏는 고려 원종의 비이며, 태조의 후비로서 원상元庠의 딸인 성비誠妃 원씨元氏가 있었고 원경元敬 왕후 민씨閔氏는 조선 태종의 비로 1392년(태조 1) 정령靖寧 옹주에 봉해지고, 1400년(정종 2) 방원이 세자에 책봉되자 태종의 즉위와 함께 정비靖妃에 진봉되었다. 인조의 왕비 인열仁烈 왕후 한씨韓氏는 영의정 한준겸의 딸이며 인현仁顯 왕후 민씨閔氏는 조선 숙종肅宗의 계비이고, 1689년(숙종 15) 기사환국己巳換局이 일어났을 때 폐위 서인이 되었다가 갑술옥사甲戌獄事로 복위되었다. 정순貞純 왕후 김씨金氏는 1745년(영조 21) 여주읍에서 출생하였다. 1759년 15세에 영조의 계비로 책봉되어 왕비로 17년, 대비로 23년 있었다. 순원順元 왕후 김씨金氏는 조선 순조純祖의 비로 김조순金祖淳의 딸이다. 1802년(순조 2)에 왕비에 책봉되고, 1827년 명경明敬이라는 존호를 받았다.

1834년 헌종이 즉위한 다음에는 대왕대비가 되어 수렴청정을 하였다. 효현孝顯 왕후 김씨金氏는 영흥부원군 김조근金祖根의 딸로서 1837년 9세에 헌종의 비로 책봉되고, 왕비로 9년을 지냈다. 추상존호는 단성端聖, 경혜敬惠, 정순靖純, 효현孝顯이다. 철인哲仁 왕후 김씨金氏는 충순공 김문근金汶根의 딸이다. 1851년(철종 2) 15세에 철종 왕비로 책봉되었으며 추상존호는 명순明純이다. 명성 황후明成皇后 민씨閔氏는 영의정 민치록閔致祿의 외동딸로서 1867년(고종 4) 16세의 나이로 고종의 비가 되었다. 1895년(고종 32) 10월 8일 일본인 낭인들에 의하여 시해되었으며 1897년(고종 34) 대한제국이 되면서 명성 황후로 추봉되었다.

조선조 마지막 임금 순종의 비는 민태호의 딸로 순명효純明孝 황후 민씨閔氏가 있다.

여주가 배출한 왕후들

부모의 그릇이 모자랐도다 – 순경 태후 김씨

순경 태후 김씨는 권신 최이崔怡(초명 우瑀)의 외손녀이자 장익공莊翼公 김약선金若先의 딸로서 고려 원종元宗의 비가 된 인물이다. 그녀의 태어난 해는 확실하지 않으며 본관은 경주慶州이다. 1235년(고종 22) 원종이 태자로 책봉됨에 따라 궁에 들어와 경목 현비敬穆賢妃로 봉해졌으며 1236년(고종 23) 충렬왕忠烈王을 낳은 뒤 곧 죽

경기도 강화군에 있는 순경 태후의 가릉

었다. 1262년(원종 3) 정순靜順 왕후로 추봉되고, 1274년 충렬왕이
즉위하자 순경順敬 태후로 추존되었다. 1305년(충렬 31) 태후의 고
향인 황려현은 태후가 탄생한 고장이라 하여 여흥군驪興郡으로 승
격되었으며 1310년(충선 2) 원나라 무종武宗이 제서制書를 내려 고
려 왕비로 추봉하였다. 순경 태후의 능호는 가릉嘉陵으로 강화도에
있다.

1225년(고종 12) 궁궐을 수리할 때 고종은 순경 태후 김씨의 아버
지인 김약선의 집을 임시 거처로 사용할 만큼 그를 총애하였으며
1235년(고종 22) 6월 24일 딸이 태자비가 되자 차츰 벼슬이 올라 추
밀부사가 되었다.

딸이 왕의 비가 되고 최이는 당대 최고의 권력을 휘두르는 등 남
부러울 것 없는 집안으로 보일 만하나 이들 집안에도 평탄치 못한
일들이 없었던 것은 아니었다. 최이의 딸이자 김약선의 아내인 최

씨는 태자비의 어머니로서 궁궐에 드나들 때 가마와 의복을 왕비처럼 하여 세인의 비난을 받기도 하였다.

한편 권력의 힘이란 그런 것인지 최이는 원종 즉위 전 고종 대의 최고 권력자로서 차츰 횡포와 사치가 심해져 백성들로부터 원망을 샀으며 자신의 부중에는 자신을 즐겁게 해 줄 여자들을 여럿 두고 있었다. 그러던 중 최이가 자신의 후계자로 점찍어 둔 사위 김약선이 장인의 부중에 있는 낭자들을 망월루望月樓 모란방(목단방牧丹房)에 모아놓고 음란한 짓을 벌이게 되었다. 이에 질투심이 폭발한 그의 아내는 친정아버지인 최이에게 달려가 집을 버리고 비구니가 되겠다 말하기에 이르렀고 노한 최이는 김약선과 관계한 여자들을 섬에 유배시켜 버렸다. 이런 일이 있는 얼마 뒤 김약선은 자신의 아내가 종과 간통하고 있다는 사실을 알아내었는데 이를 눈치 챈 그의 아내가 먼저 최이에게 남편을 무고하여 죽게 만들었다. 뒤늦게

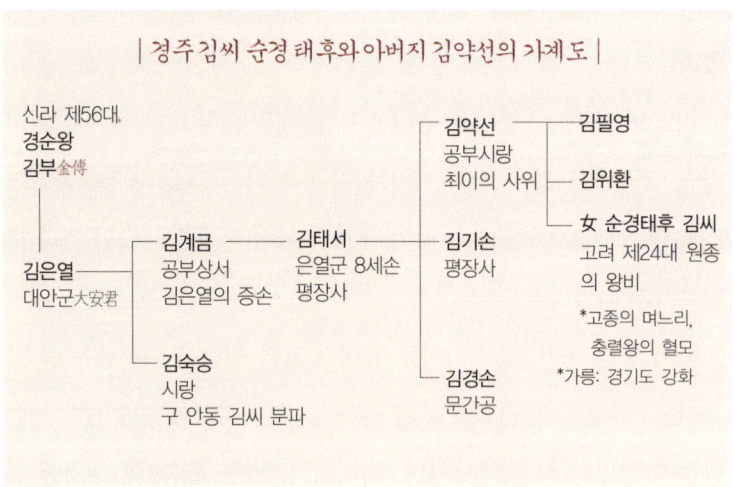

| 경주 김씨 순경 태후와 아버지 김약선의 가계도 |

신라 제56대.
경순왕
김부金傅

김은열
대안군大安君

김계금
공부상서
김은열의 증손

김숙승
시랑
구 안동 김씨 분파

김태서
은열군 8세손
평장사

김기손
평장사

김경손
문간공

김약선
공부시랑
최이의 사위

김필영

김위환

女 순경태후 김씨
고려 제24대 원종
의 왕비

*고종의 며느리,
충렬왕의 혈모
*가릉: 경기도 강화

사건의 본말을 알게 된 최이는 크게 후회하며 딸과 간통한 종을 죽이고 딸을 멀리하여 종신토록 보지 않았다고 한다.

인정 받지 못한 왕후 – 성비 원씨

성비 원씨는 조선 태조의 후궁이다. 본관은 원주로 판중추원사 희정공僖靖公 원상元庠의 딸이며 지돈녕부사 원충元衷의 누나이기도 하다. 1398년(태조 7) 정경 궁주 유씨와 함께 태조의 후궁으로 정식 간택되어 입궁하였고 이때 그녀의 아버지 원상은 공조참의에 임명되었다. 성비 원씨는 태조가 거처를 옮길 때마다 남자 옷을 입고 보필하기도 하였다.

원씨는 1406년(태종 6) 태종에 의해 빈嬪에서 비妃로 책봉되어 성비誠妃가 되었는데 이때 태조가 매우 기뻐했다고 한다. 성비 원씨는 1449년(세종 31) 사망할 때까지 태조의 부인으로서 세종과 소헌 왕후 등의 우대를 받으며 살았으나 성비 원씨가 비에 책봉된 것은 어

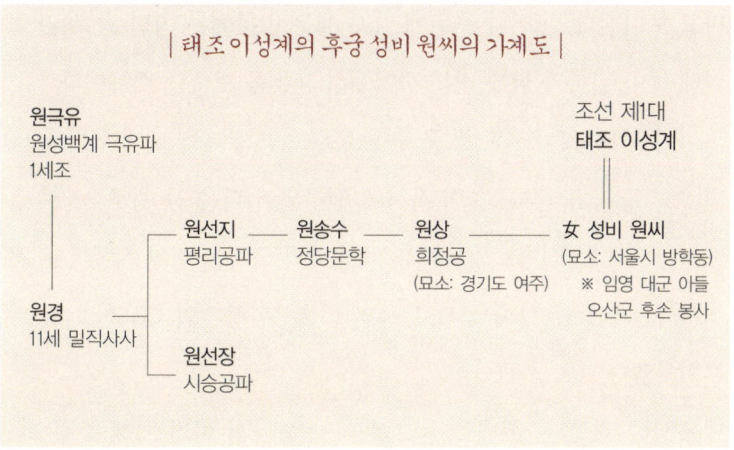

| 태조이성계의 후궁 성비 원씨의 가계도 |

원극유
원성백계 극유파
1세조

조선 제1대
태조 이성계

원선지
평리공파
— 원송수
정당문학
— 원상
희정공
(묘소: 경기도 여주)

女 성비 원씨
(묘소: 서울시 방학동)
※ 임영 대군 아들
오산군 후손 봉사

원경
11세 밀직사사

원선장
시승공파

서울 도봉구 방학동에 있는 성비 원씨 묘역

디까지나 고려의 습관을 따른 것으로, 태조는 그녀를 정식 왕후로 인정하지 않았다. 그러한 이유로 성비 원씨는 왕비가 아닌 후궁으로서의 제사를 받아야 했다.

다만 『태종실록』 1406년(태종 6) 5월 2일 편에는 성빈 원씨를 성비誠妃로 책봉하였다는 문헌이 보이기 때문에 왕비로 인정해야 한다고 보여진다. 그러나 근년에 다시 세운 비문에는 성빈誠嬪이라 표기해 놓아 실록과 현재 비문 사이에서 혼동을 보이는 대목이다.

아버지 원상은 고려 말 군기시 소윤軍器寺少尹을 지내다가, 1389년(고려 창왕 1) 김저金佇의 옥사에 연루되어 다음 해 광주光州로 유배되었으며 1391년(고려 공양 3) 국대비의 생일을 맞아 하륜河崙, 우인렬禹仁烈 등과 함께 특사로 풀려 나온 뒤 장단의 대덕산大德山에 은거하였다.

조선이 개국된 뒤 태조가 그의 덕망을 아껴 여러 차례 불렀으나 응하지 않다가, 1413년(태종 13) 정월에 검교참찬의정부사檢校參贊議政府事를 제수받았으며, 다음해 검교한성부사檢校漢城府事를 거쳐 1435년(세종 17) 판중추원사가 된 뒤 이듬해 한창수韓昌壽, 오승吳陞과 함께 궤장을 하사받았다. 시호는 희정僖靖이다.

태종을 지킨 여인 – 원경 왕후 민씨

원경 왕후 민씨는 조선 태종太宗의 비로 본관은 여흥驪興이며, 여흥부원군驪興府院君 민제閔霽의 딸이다. 능지陵誌에 보면 1365년(고려 공민 14) 7월에 개성 철동鐵洞에서 태어났다고 기록하였으나 여흥에서 태어났다는 설도 있다. 태어나면서부터 정숙하고 아름다우며 총명과 지혜가 예사롭지 않았다고 하며 1382년(고려 폐왕 우 8) 이방원李芳遠에게 출가하여 1392년 태조가 즉위하자 정령靖寧 옹주에 봉해졌다. 1400년(정종 2) 이방원이 왕세자에 책봉되자 세자빈이 되어 정빈貞嬪에 봉해지고 이해 11월 이방원이 즉위하여 왕위에 오르자 왕비가 되어 정비靜妃의 칭호를 얻었다. 왕자의 난 때 남편을 도운 공이 컸는데 1398년(태조 7) 정도전鄭道傳 등이 주살될 때 미리 변이 일어날 것을 예측하고, 때마침 태조의 몸이 불편하여 여러 왕자와 숙직하고 있던 이방원을 불러내어 주의를 환기시켰으며 또 이 일이 있기 10여 일 전에 여러 왕자가 거느리고 있던 시위패侍衛牌를 혁파하고 영중營中의 무기를 모두 불태우라는 명을 피해 몰래 무기를 숨겨두었다가 이방원의 군사에게 내어주며 선수를 쓰게 하였다.

2차 왕자의 난 때는 남편의 안위가 걱정되어 직접 말을 몰고 전장에 나가려고 했으나 주위의 만류로 그친 적도 있었다. 그러나 태종보다 2살 위였던 원경 왕후는 왕비가 된 뒤에 많은 고초를 겪어야만 했다. 태종이 왕이 된 뒤 축첩이 심하여 자주 다툼이 일어났는데 두 사람의 다툼은 단순한 사랑싸움을 넘어 외척의 권력 형성과 양녕讓寧의 세자 책봉 문제로까지 비화되었기 때문이다. 태종 즉위 초부터 어린 세자를 이용해 집권의 기회를 노렸다는 의심을 받아온 왕비의 동생들인 민무구閔無咎와 민무질閔無疾, 그리고 뒤에 민무휼閔無恤, 민무회閔無悔 등 4형제가 죽임을 당하고 왕비도 폐비의 위기에까지 이르렀으나 세자와 왕자들에게 악영향을 끼칠 것을 염려하여 실행되지는 않았다.

1418년 세종이 즉위하여 후덕왕대비厚德王大妃가 되었고 2년 뒤인 1420년(세종 2) 7월 56세의 나이로 세상을 떠났다. 소생은 양녕讓寧, 효령孝寧, 충녕忠寧(세종), 성녕誠寧의 4대군과 정순貞順, 경정慶貞, 경안慶安, 정선貞善 4공주가 있다. 능은 서울 서초구 내곡동에 있는 헌릉獻陵이다.

아버지인 민제는 여흥 출신으로 1339(고려 충숙 복위 8) 태어나 1357년(고려 공민 6) 문과에 급제하고 여러 관직을 역임하였으며 우왕 때 지춘주사知春州事로 나가서는 은혜로운 정사를 베풀었다. 이후에도 여러 벼슬을 지내다 1392년(태조 1) 조선이 개국되자 정당문학이 되고, 1400년 좌정승에까지 올랐다. 이듬해 순충동덕보조찬화공신純忠同德輔祚贊化功臣의 호를 받았으며, 여흥백에서 여흥부원군驪興府院君으로 개봉되었다.

딸인 민씨가 정비에 봉해지자 든든해졌는지 인사 문제로 탄핵을 받았으며 1407년(태종 7) 원경 왕후 민씨의 남동생 민무구, 민무질 등에 대한 탄핵 상소가 잇따라 있었으나 태종의 비호로 무사하였다. 이어 무구·무질 형제가 붕당을 지어 세자를 끼고 집권을 도모

경기도 양주에 있는 민무질 신도비

한다는 탄핵이 있었으나 민제의 공으로 무사히 넘겼다. 이듬해에는 검교 찬성사 조호趙瑚와 전 총제인 김첨金瞻, 허응許應 등과 붕당을 지어 난을 도모하고 있다는 탄핵을 받았으나 민제의 성품이 평소 온후하고 청렴하여 사치를 즐기지 않았던 관계로 태종으로부터 신임이 두터웠기 때문에 생명을 온전히 보존할 수 있었다. 민제는 태종의 잠저시에는 항상 '선달先達'이라 일컬었고, 태종은 민제를 '사부師傅'라 부를 정도로 가까웠다. 민제가 몇 사건에 연루되어 탄핵을 받거나 자식들이 죄를 지었음에도 큰 화를 입지 않은 것은 태종으로부터의 두터운 신임과 왕의 장인이라는 위치 때문이기도 하였을 것이다.

민무구와 민무질은 신극례辛克禮와 함께 종친 간의 이간을 꾀했다가 이화李和 등의 탄핵으로 연안延安에 유배된 후 사사되었다.

민무회는 1415년(태종 15) 공안恭安 부윤이 되었는데 황주黃州 목

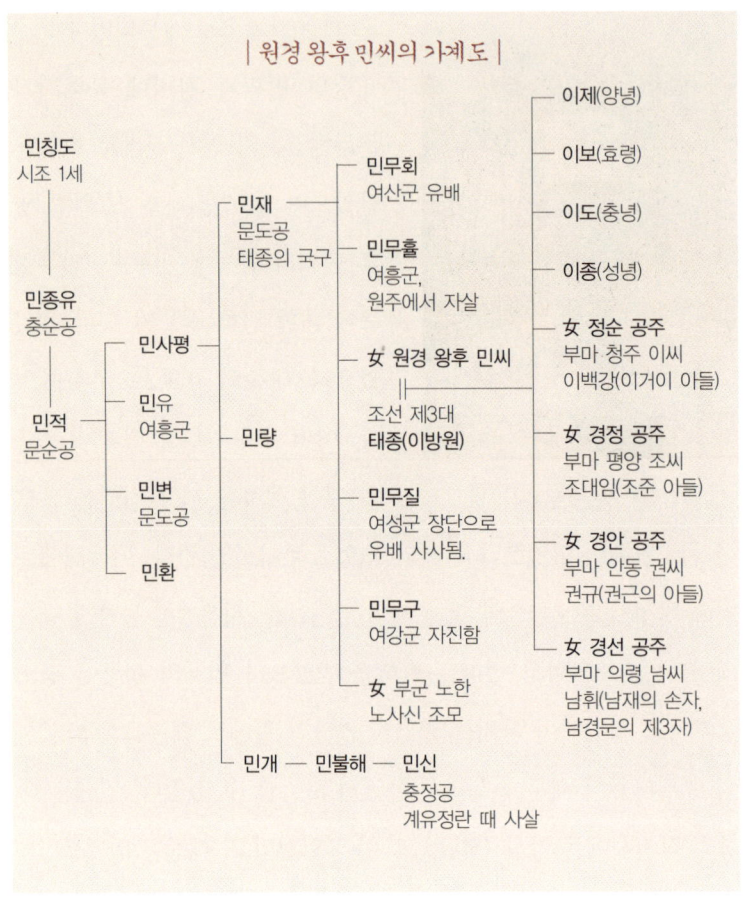

| 원경 왕후 민씨의 가계도 |

민칭도
시조 1세

민종유
충순공

민적
문순공

민사평

민유
여흥군

민변
문도공

민환

민재
문도공
태종의 국구

민량

민무회
여산군 유배

민무휼
여흥군,
원주에서 자살

女 원경 왕후 민씨
‖
조선 제3대
태종(이방원)

민무질
여성군 장단으로
유배 사사됨.

민무구
여강군 자진함

女 부군 노한
노사신 조모

이제(양녕)

이보(효령)

이도(충녕)

이종(성녕)

女 정순 공주
부마 청주 이씨
이백강(이거이 아들)

女 경정 공주
부마 평양 조씨
조대임(조준 아들)

女 경안 공주
부마 안동 권씨
권규(권근의 아들)

女 경선 공주
부마 의령 남씨
남휘(남재의 손자,
남경문의 제3자)

민개 — 민불해 — 민신
충정공
계유정란 때 사살

사 염치용廉致庸이 노비 문제에 대하여 불충한 말을 했음데도 이를
보고하지 않은 죄로 파면되어 유배되었다.

왕비로 책봉되나 부부의 연은 짧았다 – 안순 왕후

안순安順 왕후의 본관은 청주淸州로 조선 제8대 왕 예종의 계비
이다. 1460년(세조 6)에 한명회韓明澮의 딸이 세자빈에 책봉되어 가

례를 행하였으나, 이듬해 병사하자 1462년 세자빈에 간택되어 1468년 예종이 즉위하자 왕비에 책봉되었다. 그러나 이듬해 예종이 병사하므로 1471년(성종 2) 인혜仁惠 대비에 봉하여지고 1497년(연산 3)에는 명의明懿 대비에 책봉되었다. 소생으로 제안齊安 대군과 현숙顯肅 공주가 있었으며 특히 제안 대군의 효성이 지극하였다고 한다. 안순 왕후의 태어난 해는 알려지지 않았으며 1498년(연산 4) 현 경기도 고양시 신도면 서오릉西五陵 묘역에 예종과 합장하였으며 능은 창릉昌陵이다.

할아버지는 관찰사 한창韓昌, 할머니는 판나주목사 이욱李勖의 딸이며, 아버지는 1427년(세종 9) 태어난 청주부원군 한백륜韓伯倫

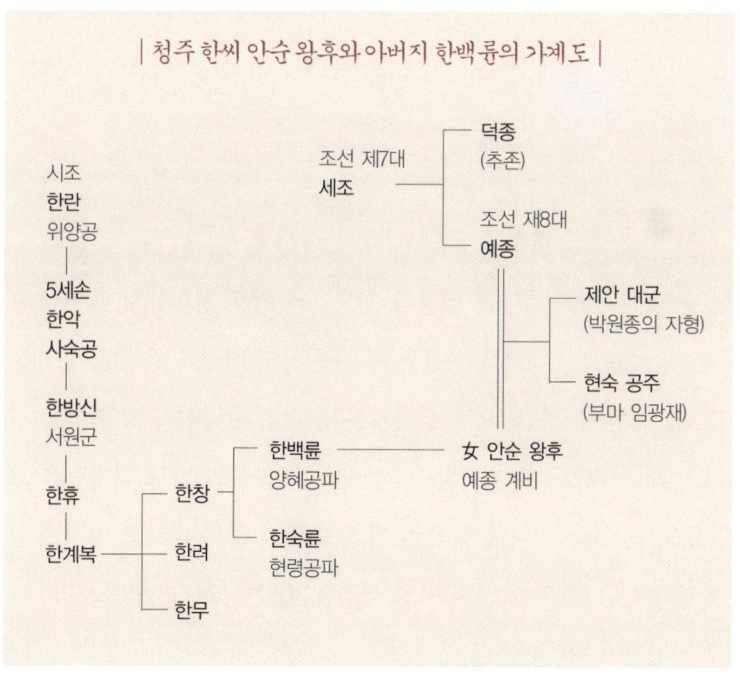

| 청주 한씨 안순 왕후와 아버지 한백륜의 가계도 |

으로 그의 자는 자후子厚, 호는 의암毅菴이다. 한백륜은 음보로 사온직장이 되고 1463년(세조 9) 장녀가 세자궁의 소훈昭訓으로 선발됨으로 1466년 의빈부도사儀賓府都事에 발탁되고, 1468년(예종 즉위) 공조정랑에 승진하였다.

같은 해 10월 소훈이 왕후로 책봉됨에 따라 보국숭록대부로 청천군淸川君에 봉해지고, 남이南怡의 옥사를 다스린 공으로 익대공신翊戴功臣 3등에 책록되었다.

1469년에는 오위도총부도총관을 역임하고, 품계가 대광보국숭록대부大匡輔國崇祿大夫에 올랐다. 1470년(성종 1) 우의정으로 승진하고 이듬해 성종의 즉위를 도운 공으로 좌리공신佐理功臣 2등에 책록되었으며 이어 청천부원군淸川府院君에 진봉되었다. 1474년(성종 5) 세상을 떠난 한백륜은 성품이 관후하고 검소하였으며, 경학經學에 밝았다. 시호는 양혜襄惠이다.

어린 나이로 세상을 뜨다 – 순회 세자빈

순회順懷 세자 부睹는 명종과 인순仁順 왕후 사이에서 태어났다. 1557년(명종 12) 세자로 책봉된 후 윤원형의 배려로 전 참봉 황대임黃大任의 딸이 세자빈으로 결정되었다. 그러나 황씨가 병약하여 1년이 넘게 가례를 미루자 1559년 호군 윤옥尹玉의 딸로 세자빈을 교체하였다. 그러나 가례를 올린 뒤 얼마되지 않아 후사도 잇지 못한 채 1563년 13살의 어린 나이로 세상을 떠났다. 1603년(선조 36) 비로소 신주가 만들어졌다.

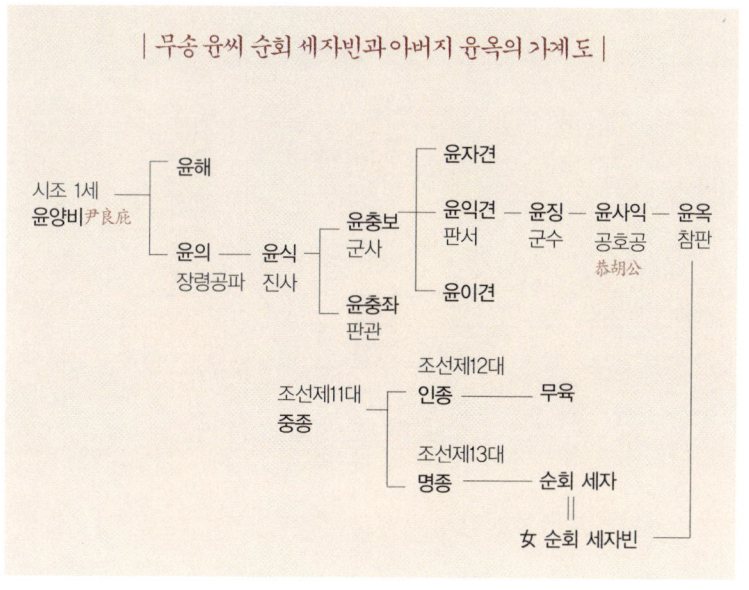

| 무송 윤씨 순회 세자빈과 아버지 윤옥의 가계도 |

정계 중심에서 활약한 한준겸의 딸 – 인열 왕후 한씨

인열 왕후 한씨는 청주淸州 한씨韓氏로 영돈녕부사 한준겸韓浚謙의 딸이다. 1594(선조 27) 원주 읍내 우소에서 태어났다. 이곳은 원래 여주 땅에 있다가 한때 원주로 편입되었으며 현재는 경기도 여주군 강천면에 해당되는 곳이다. 1610년(광해 2) 능양군綾陽君(인조)과 결혼하여 청성현부인淸城縣夫人으로 봉해지고, 1623년(인조 1) 인조반정으로 왕비가 되었다. 1651년(효종 2) 휘호를 명덕정순明德貞順으로 추상하였으며, 슬하에 4형제를 두었는데 소현昭顯 세자, 봉림 대군(효종孝宗) 인평麟坪 대군, 용성龍城 대군이다. 1635(인조 13) 하세하였으며 능은 장릉長陵으로 처음 파주 운천리에 장사지냈으나 1731년(영조 7) 교하로 이장하였다. 시호는 인열仁烈이다.

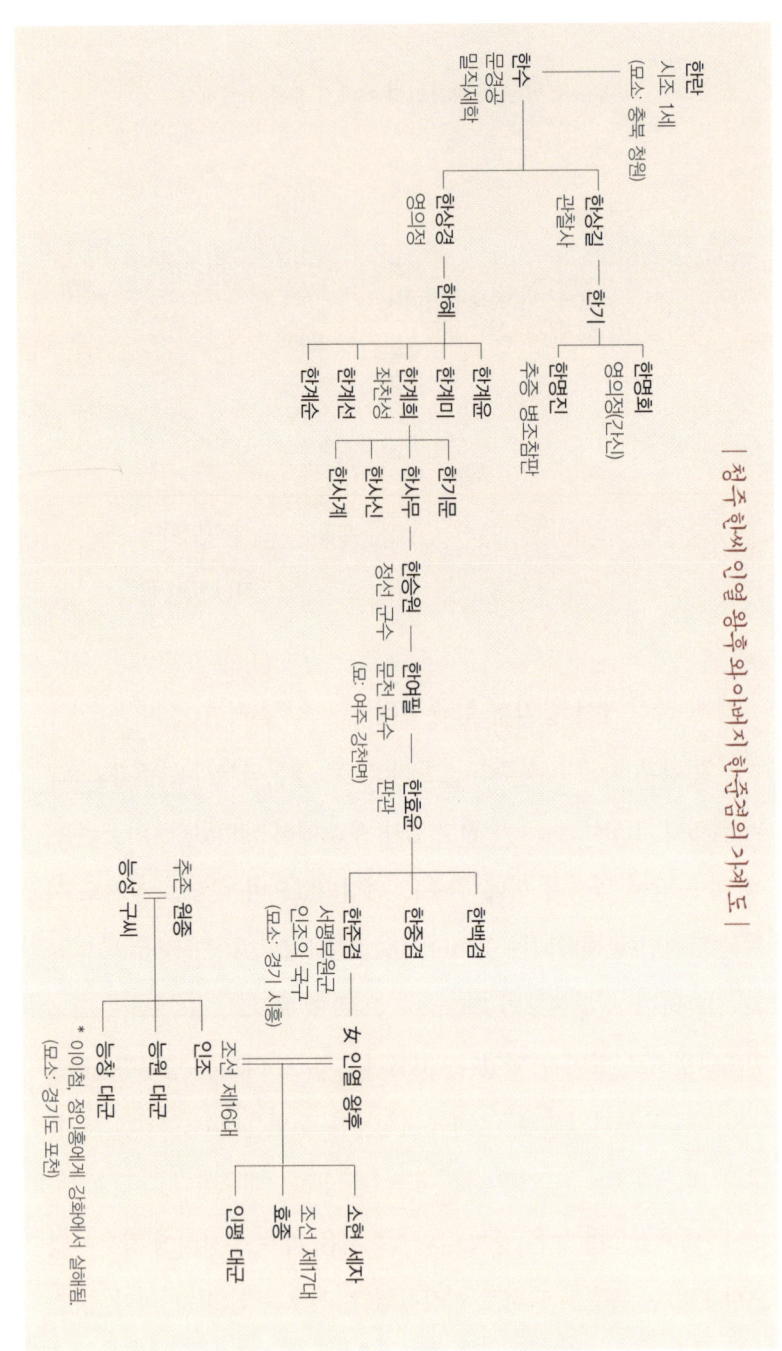

| 청주 한씨 인열 왕후 외 아버지 한준겸의 가계도 |

인열 왕후의 조부인 한효윤韓孝胤은 부인 평산平山 신씨申氏와의 사이에서 3남 6녀를 두었는데 큰 아들이 학자로 이름난 구암久菴 백겸百謙이고 셋째 아들이 인조의 국구인 서평부원군 한준겸이다. 일찍부터 장인인 예빈시정禮賓寺正 신건申健에게 나아가 배웠으며, 나이 20세 미만에 소과에 합격하고 이어 성균관에 들어간 후 1570년(선조 3) 문과에 급제하였다. 1574년에 부정자가 되고 한원翰苑에 천보되어 검열과 봉교를 지냈다. 1576년 명에 성절사의 질정관으로 가서 종계변무를 위해 노력하였으며 귀국 후에 경성도호부 판관에 임명되었다. 이후 종부시 주부에 제수되었으나 곧 그만두었다.

아버지인 한준겸 본인은 한양에서 출생하였으나 뿌리는 여주이다. 1579년(선조 12) 생원시, 진사시에 합격하여 1585년 태릉 참봉에 제수되고, 이듬해 별시 문과에 병과로 급제하여 예문관 검열이 되어 홍문록에 올랐으며 문장으로 이름을 날렸다. 주서·봉교·전적을 거쳐, 1589년(선조 22) 겨울 정여립鄭汝立의 모반 사건이 발각되자, 정여립의 사위 이진길李震吉을 천거한 일로 연좌되어 옥에 갇혔다가 수개월 만에 풀려나 원주로 이사하였다. 임진왜란이 발발한 해인 1592년 다시 서용되어 원주목사를 지낼 때는 유망민流亡民을 초집하고 진휼하는 데 힘썼으며 1597년

경기도 시흥에 있는 한준겸 묘역

(선조 30) 좌부승지에 올라 명나라 도독 마귀麻貴를 도와 마초와 병량의 보급에 이바지하였으며 임진왜란이 끝난 이후에도 여러 요직을 두루 역임하였다. 특히, 함경도 관찰사로 있을 때는 『소학』, 『가례嘉禮』 등의 책을 간행 보급하여 학문을 진흥시켰다. 선조로부터 영창 대군의 보필을 부탁받은 유교칠신遺敎七臣의 한 사람으로 1613년(광해 5) 계축옥사에 연루되어 방귀전리放歸田里되고, 1617년 충주에 중도부처되었으며, 1621년(광해 13)에는 여주로 양이되었다. 이해 오랑캐 침입의 위험이 있자 이에 대비할 적임자로 뽑혀 유배지에서 지중추부사에 임명되었고 5도의 도원수가 되어 국경 수비에 힘썼다. 1623년(인조 1) 그의 딸이 인열 왕후로 책봉되자 영돈녕부사로 서평부원군西平府院君에 봉하여졌다. 1624년 이괄李适의 난이 일어나자 왕을 공주까지 호종하였으며 이후 돌아와 겸지춘추관사兼知春秋館事로 『광해군일기』 편찬에 참여하였다. 1627년(인조 5) 정묘호란丁卯胡亂 때는 왕자를 전주까지 시종하였다. 같은 해 세상을 떠났으며 함흥의 문회서원文會書院에 제향되었다. 예학禮學과 국가의 고사故事에 밝았으며 저서로 『유천유고柳川遺稿』가 있다. 시호는 문익文翼이다.

전해지는 한준겸의 시 한 수를 소개한다.

父子交承處 부자교승처
山河隔濶情 산하격활정
治齊循舊政 치제순구정
分疎愧新榮 분소괴신영

天地恩難報 천지은란보
風波夢易驚 풍파몽역경
相鄕有遺愛 상향유유애
更自滯歸程 갱자체귀정

부자가 서로 이어 받는 곳
떨어진 산하에 정은 활달한데
숨은 옛 정치를 가지런히 다스리고자 하나
나누어져 소원함에 새로운 영광조차 부끄럽네.
천지간에 은혜 갚을 길 막막하고
바람과 파도에 의해 꿈속에서도 쉬이 놀라는데
서로 고을에 남긴 애정이 있어
다시금 돌아갈 길을 머뭇거린다네.

정치는 나의 뜻이 아니라 – 인현 왕후 민씨

인현 왕후 민씨는 숙종肅宗의 계비
로 본관은 여흥驪興이다. 아버지는 여
양부원군驪陽府院君 민유중閔維重이
며 어머니는 문정공文正公 송준길宋浚
吉의 딸이다. 민씨의 어머니는 해와
달이 양쪽 어깨에서 나오는 태몽을 꾸
고 1667년(현종 8) 4월 한양 반송방盤
松坊에서 민씨를 출생한다. 민씨는 어
려서부터 노는 것이 예사 아이들과 아

인현 왕후의 아버지 민유중의 묘비.
경기도 여주

현 덕성여자고등학교 정문 자리에 있던 감고당터.
인현 왕후 민씨의 친정집이었다.

주 달랐는데 남과 더불어 겨루거나 다투지 않았으며, 남의 과실을
들어 말하지 않았다. 누가 남의 시비를 논하는 일이 있어도 문득 웃
으며 대답을 하지 않았으며 성품이 지극히 효성스러워 6세에 어머
니의 상을 당했을 때도 애통하고 슬퍼하는 것이 어른과 같았다고
한다. 숙종도

"일찍이 한번도 왕후가 과오를 저지르는 것을 보지 못하였고 또
한 한번도 말을 거칠게 하거나 낯빛이 급변하는 것을 본 적이 없
다."

고 술회하였다.

1681년(숙종 7) 가례를 올리고 숙종의 계비가 되었는데, 예의가
바르고 덕성이 높아 국모로서 만백성의 추앙을 받았으나 왕자를 낳
지 못하여 한때 왕의 총애를 잃기도 하였다. 숙원淑媛 장희빈張禧嬪
이 왕자 윤昀(경종)을 낳자 1689년(숙종 15) 숙종은 윤을 원자로 봉
하고 세자로 책봉하려 하였으나 송시열 등 노론들이 소를 올려 극

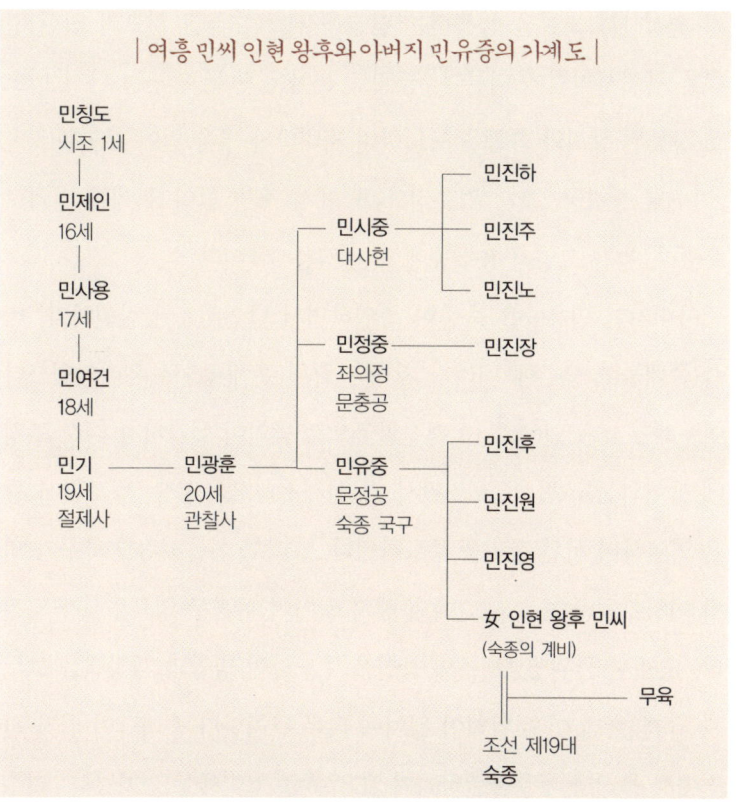

| 여흥 민씨 인현 왕후와 아버지 민유중의 가계도 |

민칭도
시조 1세

민제인
16세

민사용
17세

민여건
18세

민기 ─── 민광훈
19세   20세
절제사   관찰사

민시중
대사헌
─── 민진하
─── 민진주
─── 민진노

민정중
좌의정
문충공
─── 민진장

민유중
문정공
숙종 국구
─── 민진후
─── 민진원
─── 민진영
─── 女 인현 왕후 민씨
       (숙종의 계비)
       ║─── 무육
조선 제19대
숙종

렬히 반대하자 숙종은 노론을 면직하거나 사사시키고 남인을 등용하는 이른바 기사환국己巳換局을 단행하였다. 이로 인해 인현 왕후는 폐서인이 되어 궁을 나와 안국동 본댁 감고당感古堂에서 지내게 되었다. 그 뒤 숙종은 무수리 최씨에게서 아들 금昑(영조)을 얻게 되었고 이는 왕비가 된 장희빈에 대한 무관심으로 이어졌으며 이때를 노려 서인의 소론이 폐비 복위 운동을 전개하였다. 남인 측에서는 폐비 복위 운동을 주동한 소론을 강력하게 탄핵하여 많은 사람을 하옥시켰으나 숙종은 오히려 남인의 처사가 지나쳤다며 남인을 대

거 숙청하고 노론을 등용하는 갑술옥사甲戌獄事를 일으켜 인현 왕
후를 복위시키기에 이른다. 궁궐로 돌아온 인현 왕후는 다시 빈으
로 강등된 장씨와 화합을 도모하며 지내다가 병을 얻어 1701년(숙종
27) 8월 창경궁昌慶宮 경춘전景春殿에서 소생 없이 35세를 일기로
죽었다. 능은 고양시 용두동에 있는 명릉明陵이다.

아버지인 민유중은 숙종이 즉위하면서 남인南人이 집권하자, 벼
슬을 내놓고 충주에 내려가 지내다 끝내 흥해興海로 유배되었으나
이듬해인 1680년(숙종 6) 경신환국으로 남인이 실각하자 다시 조정
에 들어와 공조판서, 호조판서 겸 선혜청宣惠廳 당상, 병조판서 등
을 역임하며 서인 정권을 주도하였다. 그리고 이듬해 3월 국구가 되
자 여양부원군驪陽府院君에 봉해지고 이어 돈령부 영사領事가 되었
다. 1682년 금위영禁衛營의 창설을 주도하여 병권과 재정권을 모두
관장하였는데 이후 외척이 정치에 너무 관여한다는 비난이 일자 관
직에서 물러나 두문불출하다가 1687(숙종 13) 세상을 떠났다. 여주
섬락리에 안장되었으며 효종의 묘정과 장흥 연곡서원淵谷書院, 벽
동 구봉서원九峯書院에 배향되었다. 경서에 밝았으며『민문정유집
閔文貞遺集』10권 10책이 전한다. 시호는 문정文貞이다.

민진후閔鎭厚는 인현 왕후의 오빠이다. 송시열의 문인으로 1681
년(숙종 7) 생원이 되고, 1686년(숙종 12) 별시 문과에 병과로 급제
하여 승문원 정자正字가 되었다. 그러나 곧이어 기사환국이 일어나
아버지를 비롯한 일가친척들과 함께 관작을 삭탈당하고 귀양살이
를 하였다. 1694년 갑술옥사로 인현 왕후가 복위됨에 따라 세자시

강원 설서說書로 다시 기용되었으며 죽을 때까지 여러 관직을 거치며 자신의 직분을 다하였다.

그의 인품은 선비의 기운을 돋우고 사문斯文을 지키는 데 힘쓰며 외척의 호귀한 습속이 전혀 없었다고 한다. 글씨에 능하여 「여양부원군민유중신도비驪陽府院君閔維重神道碑」의 비문을 썼으며 저서로 『지재집趾齋』이 전한다. 경종의 묘정廟庭에 배향되었으며 시호는 충문忠文이다.

민진원閔鎭遠은 인현 왕후의 오빠이자 민진후의 동생이다. 송시열의 문인으로 1691년(숙종 17) 증광 문과에 을과로 급제하였으나, 1689년의 기사환국 이후 인현 왕후가 유폐되고 노론 일파가 크게 탄압을 받고 있던 때였기 때문에 등용되지 못하였다. 그러다가 1694년 갑술옥사로 장희빈이 강봉되고 인현 왕후가 복위되어 노론이 집권하자 이듬해 예문관 검열로 기용되었다. 1715년(숙종 41) 대사성이 되었는데 『가례원류家禮源流』의 간행을 둘러싸고 노론과 소론 간에 당론이 치열해지자 노론 정호鄭澔를 두둔하다가 파직되어 문외출송門外黜送당하였다. 그러나 이듬해 노론이 득세하자 다시 등용되었으며 1721년(경종 1) 공조판서로 있으면서 실록청 총재관을 겸하여 『숙종실록』 편찬에 참여하였으며, 또한 왕세제王世弟(영조)의 대리청정을 건의하여 실현하게 하는 등 정계의 중심적 구실을 하였다. 이듬해 신임사화로 노론이 실각하매 성주星州로 유배되었으나 1724년 영조의 즉위와 더불어 노론이 집권하게 되자 풀려나 우의정에 오르고, 이어서 실록청 총재관으로 『경종실록』 편찬을 주관하였다.

1729년에는 중추부판사가 되어 『가족제복론加足帝腹論』을 찬진하였다. 그 뒤 붕당정치를 종식시키려는 영조의 노력에도 불구하고 민진원은 끝까지 소론과 타협하지 않고 소론을 배격하는 노론의 선봉장으로 활약하였다.

변화와 보수의 양면성 – 정순 왕후 김씨

정순 왕후 김씨는 영조英祖의 계비로 본관은 경주慶州이며, 아버지는 오흥부원군鰲興府院君 김한구金漢耉이고 어머니는 원명직元命稷의 딸이다. 1745년(영조 21) 11월 여주읍 사저에서 태어난 김씨는 1759년(영조 35) 15세의 나이로 왕비에 책봉되어 66세의 영조와 가례를 올렸다. 18년 동안 왕비 자리에 있으면서

"왕비의 성교聲敎는 방달房闥(규방의 문지방)을 벗어나 나가서는 아니 되고 조정의 정사에 참여하는 것은 의로운 일이 아니다."

라며 관인寬仁과 공검恭儉으로 늙은 임금을 보좌했다.

사도세자思悼世子의 죽음에 동조했다 하여 정조正祖와 사이가 좋지 않았다고는 하나 홍인한洪麟漢, 정후겸鄭厚謙 등이 정조의 대리청정을 놓고 갈등 관계에 있을 때 정조 곁에서 잠시도 떠나지 않고 보호했던 까닭에 정조는 늘 눈물을 흘리며 그 고마움을 잊지 않았다고 한다.

정조 사후 순조가 어린 나이로 즉위하자 대왕대비로 수렴청정을 했으며 이 기간 동안에 벽파僻派인 공서파攻西派와 결탁하여 정치적

으로 그에 반대하는 시파時派의 신서파信西派를 압박하여 천주교에 대한 일대 금압령禁壓令을 내리기도 했다. 이러한 과정에서 이가환李家煥 등 천주교 신앙의 선구자들이 옥사당하고 정약종丁若鍾 등 간부들이 처형되었으며 정약전丁若銓과 정약용丁若鏞 형제는 전라도 지방으로 귀양을 떠나야 했다. 그리고 종친 은언군恩彦君과 그 부인 및 며느리 등도 천주교를 믿었다는 이유로 사사되었다. 그러나 정순 왕후의 이런 과단성 있는 정치 수행은 흐트러진 질서를 다시 찾고 국가의 안정을 회복하는데 기여한 면도 있었다. 4년간 수렴청정을 하던 정순 왕후는 순조가 15세가 되던 1804년(순조 4) 수렴을 거두고 편전에서 물러났다가 이듬해 1월 12일 창덕궁 경복전景福殿에서 소생 없이 죽었다. 능은 구리시 동구동에 있는 원릉元陵이다.

아버지 김한구는 딸이 영조의 계비 정순 왕후가 되자 돈령부 도정都正이 되고, 아울러 오홍부원군鰲興府院君에 봉해졌다. 그해 금위대장을 거쳐 1763년(영조 39)에는 어영대장이 되었는데, 1764년

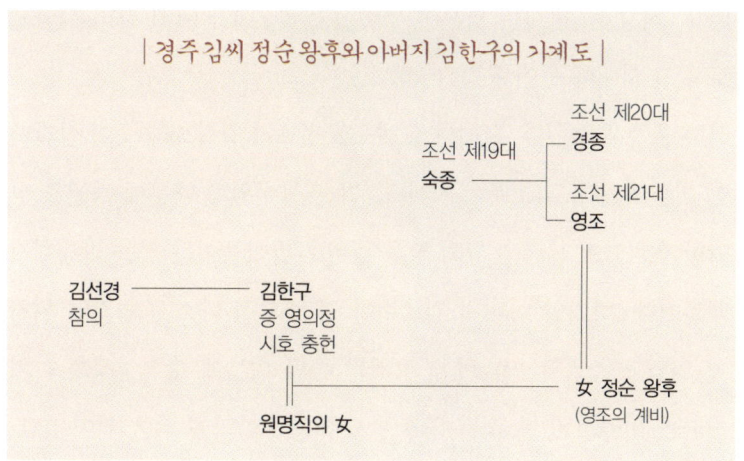

| 경주 김씨 정순 왕후와 아버지 김한구의 가계도 |

조선 제19대
숙종 ─── 조선 제20대 경종
          조선 제21대 영조

김선경 ─── 김한구
참의   증 영의정
          시호 충헌

          원명직의 女

女 정순 왕후
(영조의 계비)

아들 구주龜柱가 척신으로서 당론에 관여했다 하여 함께 파직되었다가 1766년에 장악원 제조로 복직해 이듬해 다시 어영대장이 되었다. 그가 국구가 됨으로써 아버지 김선경金選慶의 선경을 배향하고 있는 서산 성암서원聖巖書院이 훼철된 지 19년 만인 1760년(영조 36)에 복구되었다. 영의정에 추증되었으며 시호는 충헌忠憲이다.

간택은 하늘이 내린 뜻 – 순원 왕후 김씨

순원 왕후 김씨는 순조의 비로 본관은 안동安東이며, 영안부원군永安府院君 김조순의 딸로서 1789년(정조 13) 5월 한양 양생방養生坊에서 태어났다.

정조가 살아있을 때 세자빈의 간선을 받았는데 정조는

"원(사도세자의 묘인 현륭원)을 배알하던 날 밤, 길함을 고하는 몽조夢兆가 있더니 지금 보니 그 복기福氣가 얼굴에 가득하고 행동거지가 하늘로부터 타고나 이른 듯하니 이는 모두 황천皇天이 내리신 바요, 척강陟降하시는 영혼이 명하신 바라. 내가 어찌 감히 사람으로서 그 사이에 들어 용훼容喙하리오."

하며 흡족해 하였다. 그러나 그해 7월 정조가 갑작스레 죽어 삼간택이 미루어졌다. 김조순이 시파時派계 인물이었기 때문에 정권을 장악한 벽파僻派 세력은 그의 딸을 왕비로 받아들이는 것을 반대했기 때문이다. 하지만 아버지 김조순이 정조 시절 다소 중립적인 위치에 있었고 스스로 벽파에게 고개를 숙인 덕분에 수렴청정을 하며 벽파를 이끌고 있던 정순 왕후(당시 대왕대비)의 승낙을 얻어 1802

순원 왕후의 아버지 김조순의 묘소.
순조의 국구로 순조의 어필이다.

년(순조 2) 10월 비로소 왕비로 책봉되었다.

1805년(순조 5) 순조가 친정을 시작하자 왕비 책봉에 반대했던 김관주金觀柱 등 정적들이 제거되고 김이익金履翼, 김이도金履度, 김달순金達淳, 김명순金明淳 등 안동 김씨들이 대거 조정에 들어오게 되었다. 결과적으로 이런 안동 김씨의 세도정치는 국가의 기강을 무너뜨리고 신분 질서를 와해시켜 사회의 혼란을 자초하였고 마침내 홍경래洪景來의 난과 같은 대규모 민란을 야기하였다.

순조는 이를 타개하기 위해 조만영趙萬永의 딸을 세자빈으로 맞아들여 안동 김씨를 견제하려 하였으나 풍양豊壤 조씨에 의한 또 다른 세도정치를 낳고 말았다. 1834년 순조가 죽자 헌종을 앞세운 풍양 조씨 정권이 등장하였고 순원 왕후는 숨을 죽이며 재기의 기회를 노리게 된다. 1849년(헌종 15) 헌종이 후사 없이 죽자 순원 왕후는 재빨리 이원범李元範(철종)에게 왕위를 계승케 하여 안동 김씨에게 권력을 넘겨주었다.

순원 왕후의 소생으로 효명 세자孝明世子(익종)와 일찍 죽은 아들 하나, 명온明溫, 복온福溫, 덕온德溫 등 3공주가 있다. 1857년(철종

경기도 여주에 있는 김창집 묘비.
순원 왕후의 선조

8) 8월 창덕궁에서 하세하였으며 능은 서울 서초구 내곡동에 있는 인릉仁陵이다.

순원 왕후의 아버지 김조순은 1788년(정조 12) 규장각의 대교待敎로 있을 당시 시파時派와 벽파僻派의 싸움에 중립을 지키며 붕당정치를 단호히 없앨 것을 주장하였으며 순조 즉위 후 부제학, 행호군行護軍, 병조판서, 이조판서, 선혜청宣惠廳 제조 등 여러 요직이 제수되었으나 항상 조심하는 태도로 사양하였다. 1802년에 양관 대제학 등을 거쳐 딸이 순조의 비로 봉해지자 영돈녕부사領敦寧府使로 영안부원군永安府院君에 봉해지고 이어 훈련대장, 호위대장 등을 역임하였다.

또한 선혜청 제조로서 친위병의 수효가 적다고 하여 철폐된 장용영壯勇營의 군사로 충당하도록 주청하여 시행했다. 1814년(순조 14) 금위대장, 1826년 양관 대제학이 되고, 1827년(순조 27) 왕의 관서지방 목욕 행을 호종하였다가 서하西下 지방의 은밀한 민간 실정을 보고하여서, 경외京外각 아문의 절미折米, 형정刑政, 인사人事, 대동미 등 어려운 실정을 정리하게 하였다. 그 뒤로는 실권 있는 직책은 맡지 않고, 제조직과 영돈녕부사로 있다가 세상을 떠났다.

권력이 커지면 사람이 변하기 쉬운 법인데 김조순은 어릴 때부터 기량과 식견이 뛰어났으며 성격 또한 곧고 밝아서 정조의 사랑을 받고 왕세자의 보도輔導를 맡았으며 국구가 된 뒤로는 왕을 보필하여 군덕君德을 함양시키는 일에 진력하였다. 또한 문장이 뛰어나 초계문신抄啓文臣이 되었고 비명, 지문, 시책문, 옥책문 등 많은 저술을 남겼고 죽화竹畫도 잘 그렸다. 저서로 『풍고집楓皐集』이 있다. 요직이 제수될 때마다 사양한 것으로 보아 자신이 권세를 누리기 위해 노력한 인물이 아니었음을 알 수 있다.

한편 그가 시당파와 벽당파에 몰리지 않으려는 노력과 세도의 풍을 형성하지 않으려는 노력이 있었음에도 불구하고, 그를 둘러싼

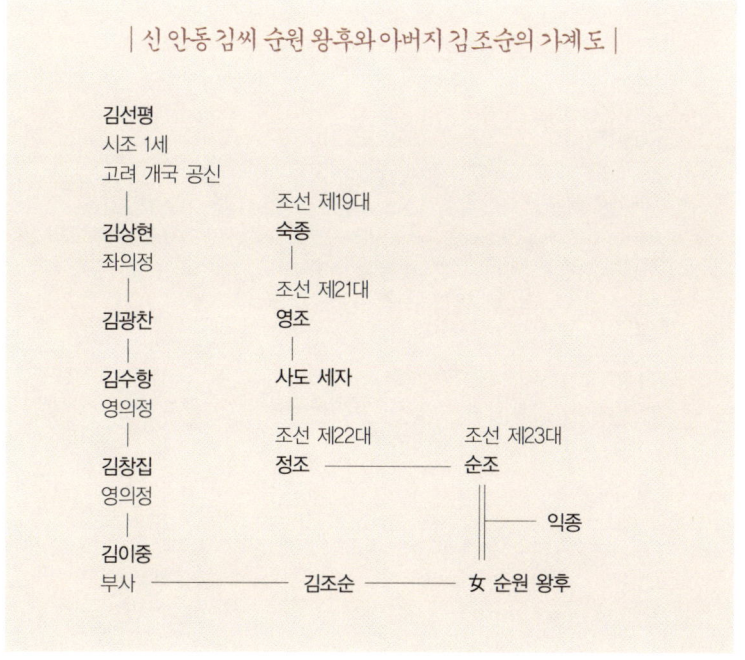

| 신 안동 김씨 순원 왕후와 아버지 김조순의 가계도 |

김선평
시조 1세
고려 개국 공신
|
김상현   조선 제19대
좌의정   숙종
| |
김광찬   조선 제21대
     영조
|
김수항   사도 세자
영의정 |
| 조선 제22대   조선 제23대
김창집   정조 ——— 순조
영의정 |— 익종
|
김이중 ——— 김조순 ——— 女 순원 왕후
부사

척족 세력들이 후세 안동 김씨 세도정치의 기반을 조성하는 결과를 초래했다. 정조의 묘정에 배향되었으며 양주의 석실서원石室書院, 여주의 현암서원玄巖書院에 제향되었다. 김조순의 시호는 충문忠文이다.

광명은 찬란하나 빛을 발하지 못하다 – 효현 왕후 김씨

효현 왕후 김씨는 헌종의 비로 본관은 안동安東이며, 아버지는 영흥부원군永興府院君 김조근金祖根이고 어머니는 이의선李義先의 딸이다. 1828년(순조 28) 3월 한양 안국방安國坊에서 그녀가 태어나던 날 상서로운 기운 한 줄기가 동쪽으로부터 곧게 뻗어와 산실에 걸

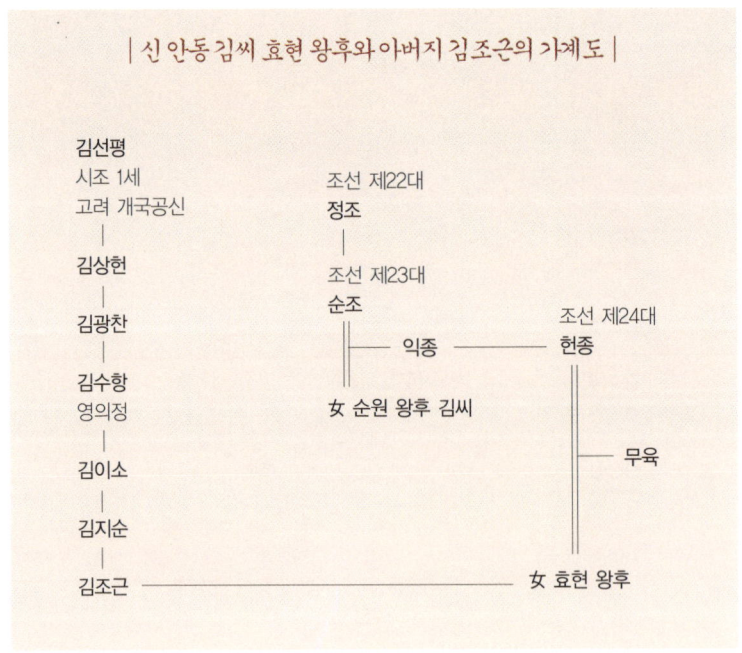

| 신 안동 김씨 효현 왕후와 아버지 김조근의 가계도 |

김선평
시조 1세
고려 개국공신
|
김상헌
|
김광찬
|
김수항
영의정
|
김이소
|
김지순
|
김조근 ──────────────────────────

조선 제22대
정조
|
조선 제23대
순조
├── 익종 ── 조선 제24대 헌종
女 순원 왕후 김씨

├── 무육

────────── 女 효현 왕후

쳤는데 그 광명이 찬란하였고 아래로 뻗친 것이 부엌의 첫 국밥을 끓이는 솥에까지 이르러 또한 형연히 빛나니 보는 사람들이 모두 기이하게 여겼다고 한다. 1837년(헌종 3) 왕비에 책봉되었으나 1843년(헌종 9) 8월 16세를 일기로 안타깝게도 요절하였다. 소생은 없으며 능은 구리시 인창동에 있는 경릉景陵이다.

김조근은 딸이 헌종 비에 책봉되자 영흥부원군永興府院君에 봉해지고 영돈녕부사에 올랐다. 이어 호위대장, 어영대장, 주사대장舟師大將 등 무반의 중요직을 역임했다.

김조근은 또한 순조 때 김조순을 중심으로 한 안동 김씨 세력을 견제하고자 새로이 대두한 풍양 조씨의 세도 세력에 대항하여 다시 세력을 형성한 안동 김씨의 중심인물이었다. 영의정에 추증되었으며, 시호는 효간孝簡이다.

정치와 가문은 별개이다 – 철인 왕후 김씨

철인 왕후 김씨는 철종哲宗의 비로서 아버지는 영은부원군永恩府院君 김문근金汶根, 어머니는 이용수李龍秀의 딸이다. 본관은 안동安東이며 1837년(헌종 3) 한양 순화방順化坊에서 출생하였다.

김씨가 초간택初揀擇에 오르기 며칠 전부터 날마다 상서로운 무지개가 집 앞에서 보이더니 물을 담은 대야가 광채 속에 잠겨 보는 사람들이 모두 이상하게 여겼다고 한다. 1851년(철종 2) 왕비에 책봉되었고 1858년 원자를 낳았으나 곧 죽었다. 철인 왕후는 비록 안동 김씨 일문에서 나온 왕비였지만 친정을 두둔하지 않았고 정치에

철종의 국구 김문근의 묘소와 묘비. 경기도 여주

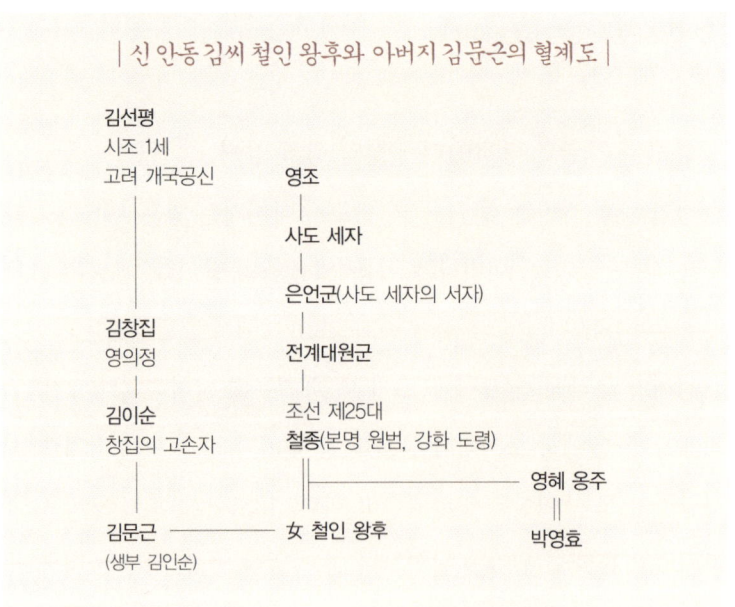

| 신 안동 김씨 철인 왕후와 아버지 김문근의 혈계도 |

김선평
시조 1세
고려 개국공신   **영조**
                   |
                   사도 세자
                   |
                   은언군(사도 세자의 서자)
김창집 |
영의정   **전계대원군**

김이순   조선 제25대
창집의 고손자   **철종**(본명 원범, 강화 도령)
                                       영혜 옹주
김문근 ——————— **女 철인 왕후**   =
(생부 김인순)   **박영효**

간여하지도 않았다. 철인 왕후는 말수가 적고 쉽게 내면을 드러내지 않는 성격이었다고 한다. 1878년(고종 15) 5월 창경궁 양화당養和堂에서 죽었다. 능은 고양시 원당동에 있는 예릉睿陵이다.

철종의 친부 전계대원군의 묘비. 경기도 포천

아버지 김문근은 김인순金麟淳의 아들로 김이순金頤淳에게 입양되었다. 이조판서 김수근金洙根의 동생이기도 하다. 1841년(헌종 7) 음직으로 가감역假監役이 된 뒤 현감을 지내다가 1851년(철종 2) 딸이 왕비로 책봉되어 영은부원군永恩府院君에 책봉되고 영돈녕부사가 되었으며 제2차 안동 김씨 세도정치의 중심인물이 되었다.

1862년(철종 13)에는 돈녕부도정敦寧府都正 이하전李夏銓의 역모를 빨리 처분하도록 청하여 왕족을 모해하고 안동 김씨의 세도정치를 강화하도록 노력하였다. 이듬해 죽자 철종은 부기副器 일부를 수송하도록 하고, 성복成服에는 승지를 보내어 제사지내고 3년간 녹봉을 그대로 지급하며, 예장 등속은 전례를 따르도록 하였다. 영의정에 추증되었으며 시호는 충순忠純이다

조선은 변화해야 한다 - 명성 황후 민씨

명성 황후 민씨는 고종高宗의 비로 본관은 여흥驪興이며, 아버지
는 여성부원군驪城府院君 민치록閔致祿이고 어머니는 좌찬성 이규년
李圭年의 딸 한산韓山 이씨李氏로 민치록의 재취였다. 명성 황후는 1
남 3녀 가운데 다른 형제들이 모두 요절하여 무남독녀로 자랐다.

1851년(철종 2) 여주에서 태어난 명성 황후는 대대로 훌륭한 가문
의 혈통을 이어 받았다. 황후의 가문인 여흥 민씨 삼방파는 민시중
閔蓍重, 민정중閔鼎重, 민유중閔維重 3형제 이후로 약 3백 년 동안
문과 급제자 70인, 부원군 3인 등 정3품 이상 당상관만 127인을 배
출한 조선의 명문가다. 이런 집안 환경의 영향으로 황후는 비록 부
모를 일찍 여의었지만 양오빠 민승호閔昇鎬의 가르침 아래 손색없
는 명가의 규수로 성장할 수 있었다.

명성 황후는 무척 영리했다고 한다. 한번 본 책이나 한번 만난 사

고종의 국구, 명성 황후의 아버지 민치록의 묘소. 경기도 여주

람을 잊지 않고 정확히 기억하여 주위 사람들을 놀라게 하곤 하였다. 이런 딸에게 민치록은 일찍부터 글을 가르쳐 주었는데 명성 황후가 어릴 때 공부하던 방이 있던 곳에 지금은 명성황후탄강구리비明成皇后誕降舊里碑가 서 있다.

명성 황후 탄강구리비. 경기도 여주

여주를 떠나 한양에서 생활하게 된 명성 황후는 1866년(고종 3) 3월, 친척이었던 흥선 대원군 아내의 추천을 받아 16세에 왕비로 책봉되었다. 명성 황후는 타고난 총명을 바탕으로 대궐 안의 수많은 서적들을 읽으면서 탁월한 식견을 갖추게 되었고 마침내 시아버지인 대원군의 10년 섭정이 끝나자 본격적인 조선왕조의 근대화 작업에 착수하였다. 1881년(고종 18) 신사유람단紳士遊覽團을 일본에 파견하고 청나라에 영선사領選使를 보내어 서구 유럽의 선진 문물과 기술을 배워오게 하는 한편 외국의 유능한 인재들을 불러 국정의 자문을 부탁하기도 했다.

그러나 이런 개혁적인 조치들은 곧 내부의 반발에 부딪쳤다. 신식 군제에 대한 구식 군인들의 소외감이 임오군란壬午軍亂으로 나타났던 것이다. 흥분한 군인들이 궁궐을 침범했을 때 명성 황후는 극적으로 탈출하여 여주에서 잠시 머물다 장호원長湖院으로 옮겨가

50일 만에 환궁을 한 적도 있었다. 또 반대로 명성 황후의 점진적 개혁에 대한 급진 개혁파들의 불만은 갑신정변甲申政變으로 터져 나왔다. 급진파들은 일본의 의회 민주주의를 도입하기를 원했고 명성 황후는 남편인 고종을 중심으로 한 왕권 중심 국가를 소망했기에 이것이 갈등의 원인이 되었던 것이다.

이처럼 나라 안의 정세가 불안해지자 외세가 침투하기 시작했는데 1885년(고종 22) 영국이 거문도를 무단 점령했고 1887년(고종 24)에는 조선의 외교권을 제한하기 위해 청나라가 영약3단另約三端의 조치를 취했으며 일본은 조선의 곡물을 대량 반출함으로써 국내의 식량난을 가중시켜 조선은 할 수 없이 방곡령防穀令을 내리기도 하였다.

이런 가운데서도 개화에 대한 명성 황후의 열정은 식을 줄 몰랐다. 1882년(고종 19) 영국과 미국에 문호를 개방하였고, 1884년(고종 21) 프랑스와의 수교 이후 개신교의 포교가 허락되었으며, 1887년(고종 24) 최초의 여성 교육기관에 왕실의 상징인 '이화梨花'라는 이름을 하사하였다. 이가 바로 이화여자대학교의 전신인 이화학당梨花學堂이다. 그런가 하면 같은 해에는 경복궁에 전기가 가설되고, 1888년(고종 25) 미국인 여의사가 황후의 전속 의사로 취임하였으며, 1890년(고종 27)에는 커피와 홍차를 궁중에서 마시기 시작하였다. 하지만 1894년(고종 31) 동학혁명東學革命을 계기로 조선에 들어온 청과 일본의 군대가 충돌하면서 사태는 급박하게 변하였다.

이 청일전쟁淸日戰爭에서 승리한 일본이 조선을 자기 나라의 보호국으로 만들기 위해 혈안이 되어 있을 때 명성 황후는 러시아 세력을 끌어들여 일본을 물리치겠다는 이이제이以夷制夷의 방책을 강구하였다. 이것이 일본을 자극하게 되었고 일본은 조선에서 일본의 국익을 실현하기 위해서는 명성 황후를 제거하는 것만이 유일한 방법이라는 결론을 내리게 되었다. 이리하여 1895년(고종 32) 10월 8일 새벽에 명성 황후는 경복궁 옥호루玉壺樓에서 일본인들의 칼에 무참히 시해당하고 말았다. 이는 세계사에 유례가 없는 잔인무도한 행위였다. 명성 황후가 45세 때의 일이었다.

명성 황후의 능은 남양주시 금곡동에 있는 홍릉洪陵이며 여주읍 능현리 생가 앞에는 명성황후탄강구리비를 세웠다. 또 장원서掌苑署에 감모비感慕碑를 건립하였으며 임오군란 때 피난하였던 장호원에는 감모궁感慕宮을 두었다.

민치록의 딸이 고종 비로 입궁한 것은 그가 죽은 지 9년 뒤인 1866년(고종 3)의 일이다. 그 뒤 민치록은 영의정으로 추서되고 여성부원군驪城府院君으로 봉작되었으며, 시호는 순간純簡이다. 어머니 한산 이씨는 한창부부인韓昌府夫人으로 추봉되었다.

개화의 파도에 휘말렸던 명성 황후의 최후

12세 때 왕위에 오른 고종은 재위 3년째 되는 해, 한 살 위인 여성부원군 민치록의 딸을 왕비로 맞이했다. 안동 김씨의 세도정치를 몸소 체험했던 흥선 대원군은 며느리를 되도록 관록은 있되 세력이 크지 않은 집안의 딸로 고른 것이다.

여주에 사는 여흥 민씨 집안은 숙종의 비인 인현 왕후를 배출한 가문으로 정승과 판서를 대대로 누렸으나 안동 김씨의 그늘에서 쇠락한 채 어렵게 살고 있었다. 명성 왕후는 9세 되던 해 아버지가 죽고 이듬해 어머니마저 죽어 고아로 자랐으며, 형제라고는 양자로 들인 민승호뿐이었다.

왕비로 간택된 명성 황후는 후궁 이씨만을 가까이 하는 고종의 그늘에서 늘 외롭게 지냈는데 2년 뒤 이씨가 완화군完和君을 낳고 부터는 명성 왕후의 설움이 더 깊어졌다. 시아버지인 대원군마저 궁궐로 들어오면 항상 이씨와 완화군만 끔찍이 사랑하고 그녀는 거들떠보지도 않았기 때문이다. 질투심이 강한 명성 황후는 시아버지를 몹시 원망했다. 그러나 무엇보다도 대원군과의 사이가 극도로 나빠진 사건이 있었다. 그것은 명성 황후가 20세 되던 해 아들을 낳자 흥선 대원군이 산삼을 보냈는데, 그 산삼을 달여 먹은 후 왕자가 태어난 지 5일 만에 죽은 것이다. 이 일을 두고 명성 황후는 시아버지가 일부러 왕자를 죽이기 위해 산삼을 보냈다고 생각하여 더욱 앙심을 품게 되었다.

작은 일에 구애받지 않는 대범한 성격의 대원군에 비해, 명성 황후는 가난하고 외롭게 자라 심한 질투심과 남을 의심하는 성격이 강했는데, 개혁 정치로 정신없이 바쁜 나날을 보내는 흥선 대원군에게 명성 황후는 한없이 연약한 며느리로 보였기 때문에 가슴속에 서릿발 같은 앙심을 품었으리라고는 감히 생각지도 못했을 것이다.

복수의 날을 기다리던 명성 황후는 양오빠 민승호를 끌어들여 흥선 대원군의 약점을 파기 시작했다. 그녀는 먼저 조정에서 쫓겨난 안동 김씨와 서원 철폐에 불만을 품은 유생들을 끌어 모아 흥선 대원군을 몰아낼 계획을 세웠다.

먼저 유생의 대표 격인 최익현崔益鉉을 통해 흥선 대원군의 실정을 규탄하는 상소를 올리게 하고, 이미 20세가 되어 친정親政을 할 수 있는 고종을 설득해 한마디 상의도 없이 흥선대원군이 전용으로 출입하는 연추문을 봉쇄해 버렸다.

면암 최익현 영정

일거에 세력을 잡은 명성 황후는 곧바로 민승호와 안동 김씨의 김병기金炳冀, 대원군의 맏아들 이재면李載冕을 요직에 등용하고 대원군이 벌인 쇄국 정책을 일시에 뒤엎는 정책을 펼쳤다. 그동안 흥선 대원군이 펼친 쇄국 정책을 폐지해 일본에 항구를 개방하고, 나아가 서원 철폐를 중단시켜 시아버지에 대한 원한을 분풀이했다.

졸지에 쫓겨나 남양주 곧은골과 운현궁에 은폐된 흥선 대원군은 반대로 복수의 날을 기다렸다. 권력을 잡은 민씨 일가의 횡포는 안동 김씨의 폭정을 뛰어넘었다. 민겸호閔謙鎬는 군인에게 녹봉을 주는 선혜청 당상에 있으면서, 구식 군대에게는 녹미祿米에 모래를 섞어주거나 정량이 모자라게 주어 구식 군대를 분개하게 만들었다. 이 사건이 1882년(고종 19)의 임오군란의 시초가 된 것이다.

폭도로 변한 구식 군대는 민겸호의 집에 불을 지르고 궁궐로 들어가 그를 죽였으며, 흥선 대원군을 다시 옹립했다. 절체절명의 위기에 몰린 명성 황후는 궁녀의 복장을 하고 장호원으로 도망가 먼일가인 민영위閔泳緯의 집에 몸을 숨겼다. 가는 도중 군인들이 검문을 하자 가마를 끄는 홍재희가 궁녀인 자기 누이동생이라 속여 간신히 위기를 모면하였고 흥선 대원군 또한 시체를 확인하지 않은채 명성 황후가 죽었다고 생각해 안도의 숨을 내쉬었다. 하지만 정작 몸을 숨긴 명성 황후는 고종에게 사람을 보내 자기가 살아 있음을 알리고 나아가 청나라에게 흥선 대원군을 몰아내 줄 것을 요청했다.

일본과 세력 다툼을 벌이던 청나라는 조선에서 기득권을 확보하기 위해 곧 군대를 조선에 파견했고 흥선 대원군을 잡아 중국 천진으로 압송했다. 다시 권력을 잡은 명성 황후는 흥선 대원군의 세력을 철저하게 제거하고 자신의 피신을 도운 자에게 벼슬을 내렸다. 그 가운데는 유명한 무당도 있었는데 진령군眞靈君이란 벼슬을 주어 세자의 안녕을 빌게한 일도 있었다. 그녀가 얼마나 원한에 사무쳤었는지를 여실히 보여주는 일이다.

한편 4년 동안이나 청나라에 잡혀 있던 흥선 대원군은 다시 운현궁에 돌아와 무료한 나날을 보내게 되는데, 그때 세상을 뒤흔드는 사건이 일어나게 된다. 1894년 봄 전국에 걸쳐 동학농민운동이 일어난 것이다.

명성 황후는 청나라에 파병을 요청했으며 이전 조약에 의해 일본군도 조선에 들어왔다. 조선의 요청에 의해 군대를 파견한 청나라

경기도 고양시에 있는 내각 총리 대신 김홍집 묘소

와 일본은 무력으로 동학혁명을 짓밟은 후 조선에서 자기의 세력을 유지하기 위해 서로 전쟁을 일으키게 된다.

청일전쟁에 승리한 일본은 김홍집 내각을 발족시키고 흥선 대원 군의 행동을 제약하는 등 그 세력을 점차 넓혀갔다. 이에 명성 황후 는 다시 세력을 잡기 위하여 러시아에 접근했고 일본은 자신들의 세력을 만회하기 위해 불량배를 시켜 궁중에서 황후를 시해하는 천 인공노할 일을 저질렀다. 그러나 1896년(고종 33) 러시아의 기민한 반격으로 고종이 러시아 공관으로 피신하는 아관파천俄館播遷이 일 어나게 되고, 친러파가 정권을 잡자 흥선 대원군은 다시 양주의 곧 은골로 돌아와 은거하다가 세상을 마감하였다.

홍유릉 조성시에도 밀어내지 못한 민제인의 5대 무덤

서울 망우리 고개의 오른쪽에 있는 여흥 민씨의 무덤은 홍릉의 우백호 속에 있는 보검출갑형寶劍出匣形이다. 이 보검의 날 끝에다 무덤을 쓰면 자손이 영달한다 해서 택한 산소였다.

그 발복으로 역대 대관을 내는 한편 대원군, 고종, 순종 3대에 이르는 왕비를 그 가문에서 내어 민씨 세도정치를 하기까지 하였다. 고종이 금곡에 홍릉을 정했을 때, 그곳에서 전망되는 산야에 든 묘지는 모두 딴 곳으로 이장시키고 금장禁葬 지역으로 정했다. 이 이장령에 옮겨야 했던 무덤 수는 무려 660여 기에 이르렀으며, 단 하나 이 이장에서 제외된 무덤이 바로 이 여흥 민씨의 묘였다. 어머니가 민씨이고 또 같이 묻힐 왕비가 민씨인 점에서 제외되었다고도 하나, 당시 민씨 세도에 눌려 감히 말을 못했던 것이라는 설도 있다. 이래저래 이 민씨 묘는 자꾸만 더 유명해진 것이다.

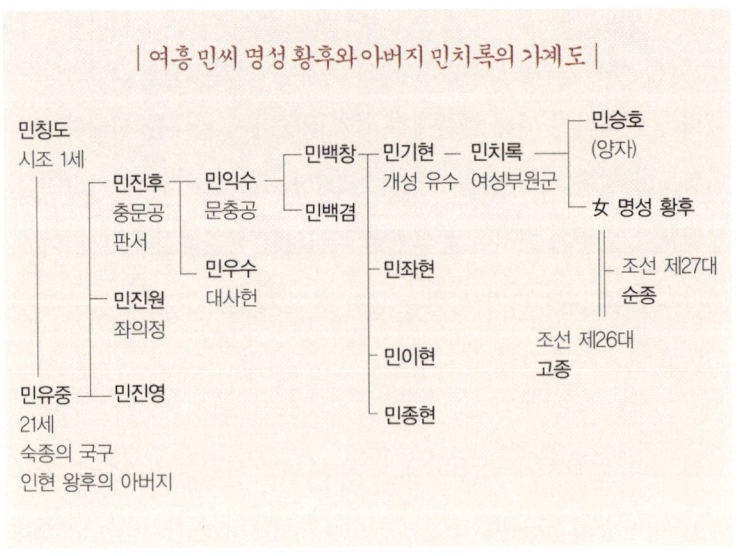

| 여흥 민씨 명성 황후와 아버지 민치록의 가계도 |

흥선 대원군의 외가 또한 여주 출신이었다

흥선 대원군의 어머니는 민경혁閔景爀의 막내딸로 여주 출신이다. 민경혁은 1746년(영조 22) 태어나 순조純祖 대의 문신을 지냈는데 증이조참판 민백헌閔百憲의 차남으로 증좌찬성 민백치閔百徵에게 입양되었다. 두 번째 부인인 청주淸州 한씨韓氏와의 사이에서 모두 3남 4녀를 두었으며 그 막내딸이 남연군南延君 이구李球와 혼인하여 흥선 대원군을 낳은 것으로 고종高宗은 그의 외증손이 된다. 민경혁은 학행學行으로 천거되어 감역監役에 제수되었으나 취임하지 않았으며 1815년(순조 25) 하세할 때까지 70세의 장수를 누렸다. 사후에 의정부 우의정에 추증되었으며 『유고遺稿』 2권이 전한다. 본관은 여흥驪興, 자는 여행汝行, 호는 운소雲巢이다.

여 장군상의 음수와 명성 황후

경기도 여주군 대신면 천서川西의 한강 연안에는 파사婆娑 성터가 있고 그 성의 서북방에 음각해 놓은 여장군의 상이 있다. 3길쯤 되는 거상으로 임진왜란 때 이 성을 쌓고 지켰다던 한 여승의 기념상이라 한다.

이 거상의 깎아 세운 듯한 암벽 아래 커다란 바위 구멍 안 2평 남짓한 공간에서 샘물이 솟는데 사람들은 이를 여장군의 음수陰水라 불렀다. 여상女像의 암벽이나 암벽의 이끼를 긁어 이 음수에 타 먹으면 애가 떨어진다 하여 밤이면 미혼모의 방문을 곧잘 받는다 하였다.

일제 시대만 해도 아이를 낳게 하는 음수라 해서 기자祈子를 하는 일들이 많았는데 특히 이 여장군의 영험은 아주 커서 여주 땅에 여걸女傑을 낳게 한다고 하였다. 그리고 바로 그 거상이 바라보는 정면의 강 건넛마을 농고개에서 태어난 인현 왕후와 명성 황후가 그 영험의 결과로 태어난 여걸이라는 것이다.

해방 후 일시 귀국한 서재필徐載弼 박사는 경기여고 강당에서 가졌던 강연에서 다음과 같은 말하였다.

"김옥균金玉均의 지략은 역사적인 것이다. 박영효朴泳孝, 홍영식洪英植, 서광범徐光範 또한 뒤지지 않는 재사들이었다. 나까지 끼어 5명의 기지와 계략을 모으면 세상에 못 할 일이 없다 하였다. 한데 그 5명이 민비(명성 황후) 앞에 가면 반드시 기선을 잡히고 말았다. 그리고 머리를 긁적거리며 나오게 마련이었다. 민비는 당할 길 없는 지략과 재략의 걸물이었다.…"

임오군란 때 여주에 피난했던 명성 황후가 다시 위험을 느껴 장호원으로 내려갈 때 마을 부녀자들이 가마를 들여다보니 가마꾼들은 장안의 대감댁이라 말하였고, 사람들은

"그 민비년 때문에 대감댁이 이렇게 고생한다."

며 혀를 찼다.

명성 황후는 이후 복권하여 그 마을에 궁중의 군사를 보내서 부녀자들을 학살함으로써 보복하였다. 이 지방에 전해 내려온 말에 의하면 명성 황후의 보복은 10대를 간다 하여 학살당한 자손들이 잘된 사람이 없다 하였다. 그것은 증명하는 이야기가 있다. 이를테

면 4 · 19때 처참하게 집단 자살을 한 이기붕李起鵬 일가도 명성 황후의 복수 때문이라고 해석한다. 당시 흥선 대원군파의 판서이던 이기붕의 증조할아버지는 살아있는 명성 황후의 국장國葬을 치렀다는 이유로 명성 황후에 의해 사약을 받았다. 사약을 마실 때 판서는 내 자손은 절대로 벼슬을 시키지 않겠다는 유언을 남겼는데 그 증손인 이기붕이 그 금단의 영험을 어기고 벼슬을 하더니 그렇게 비참한 말로를 맞았다는 것이다. 그 무서운 명성 황후의 영험을 파사성의 여 장군이 조절하고 있다는 것이 이 고을 사람들에게 전해지는 전설이다.

부모를 보필하고 일찍 떠나다 – 순명효 황후 민씨

순명효 황후 민씨는 순종의 비로 본관은 여흥驪興이며, 아버지 여은부원군驪恩府院君 민태호閔台鎬와 어머니 송재화宋在華의 딸 사이에서 1872년(고종 9) 10월 한양 양덕방陽德坊에서 태어났다. 태어나던 날 저녁, 빛이 집 주위를 둘러싸는데 이슬은 아니고 연기 비슷한 오색의 색채가 휘황하게 빛나 수십 보 거리에 있는 사람의 옷자락까지도 영롱하게 비치면서 시간이 지나도록 흩어지지 않아서 인근 마을이 모두 이상하게 여겼다고 한다.

1882년(고종 19) 세자빈으로 책봉되어 궁에 들어왔으며 1897년 (고종 34) 황태자비가 되었다. 1895년(고종 32) 을미왜변乙未倭變 당시 명성 황후를 가로막고 보호하다가 혼절해 넘어져서 반나절을 기절하여 있었는데 깨어나서도 임금과 왕비의 안부를 묻고는 다시 눈을 감고 깨어나지 못하여 준비했던 약으로 급히 구하니 다음날 새벽이 되어서야 소생하였다고 한다. 이 후유증으로 항상 정신이 아득하고 혼미하여 마치 유아가 그 젖을 잃은 것과 같았으며 혹은 음식을 먹으려다가 갑자기 흐느껴 슬피 목이 메이기도 하고 옷깃과 베개, 이부자리 등에 눈물 흔적이 종횡으로 얼룩졌다고 한다.

1904년(고종 41) 9월 경운궁에서 33살의 젊은 나이로 죽었다. 소생은 없으며 능은 남양주시 금곡동에 있는 유릉裕陵이다. 1907년 순종이 황제에 오른 후 황후로 추존되었다.

아버지 민태호는 척사파 유신환兪莘煥의 문인으로 1870년(고종 7) 정시문과에 병과로 급제한 뒤 여러 벼슬을 거쳐 1875년 9월 운양호雲揚號 사건 때 경기도 관찰사로 있었으며 그 뒤 민씨 중심의 사대수구당의 중진으로서 김옥균金玉均 등의 개화당 세력과 대립 관계에 있었다. 1882년 임오군란 때는 강화 유수로서 개화파의 각료와 함께 그 가옥이 소각되는 일도 있었다.

1884년(고종 21) 3월경 그의 아들 민영익이 전권대신으로 미국과

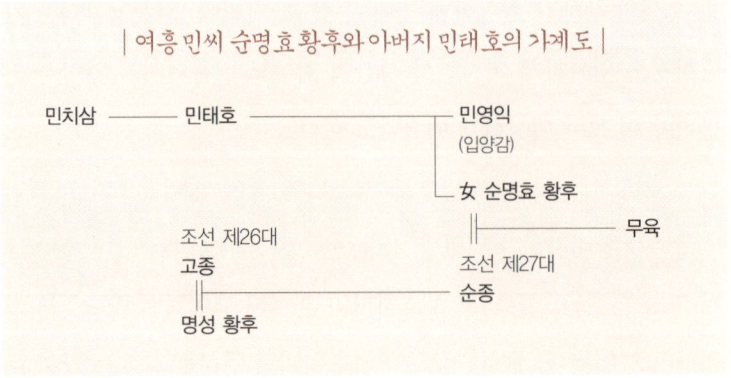

| 여흥 민씨 순명효 황후와 아버지 민태호의 가계도 |

민치삼 ── 민태호 ──────────── 민영익
(입양감)

女 순명효 황후

조선 제26대   무육
고종   조선 제27대
순종
명성 황후

유럽 등지를 둘러보고 왔을 때 민영목閔泳穆, 민응식閔應植 및 그 아들과 더불어 4민閔 체제를 구축하여 세도의 극을 달렸으며 왕가의 외척으로 사대 수구당의 대표적 인물로 활약하다가 마침내 그해 12월 갑신정변 때 김옥균 등 개화당 인사에 의하여 민영목, 조영하趙寧夏, 이조연李祖淵, 한규직韓圭稷 등과 함께 경우궁景祐宮으로 입궐하다가 참살되었다.

민태호는 글씨에 능하여 전서, 예서, 행서, 초서 모두 잘 썼으며 영의정에 추증되었다. 시호는 충문忠文이다.

2대에 걸쳐 국혼을 하다 – 김구덕의 딸 명빈 김씨와 손녀 휘빈

명빈明嬪 김씨金氏는 세종의 제6후궁으로 소생 없이도 정1품의 내명부에까지 올랐다. 평소 궁중 생활이 절도가 있었고 뛰어난 미색과 덕성으로 사람들로부터 존경과 예우를 받았다 한다. 1479년(성종 10) 하세하였으며, 묘소는 경기도 구리시 아천동 아차산에 있다.

세종의 제6후궁 명빈 김씨의 묘소와 묘비. 경기도 구리시 아차산

명빈 김씨의 아버지 김구덕의 묘소. 경기도 여주

　휘빈徽嬪은 향(문종)의 첫째 세자빈으로 김구덕의 아들인 김오문의 딸이다. 김오문은 당시 낮은 벼슬관으로 세종과 사돈이 되었다.

　휘빈은 고모인 명빈 김씨를 닮아 미색과 덕성이 뛰어났다고 하나 향이 글공부에만 몰두하고 휘빈에게는 관심이 없자 그의 애정을 얻기 위해 미신적인 방술까지 손을 대기에 이르렀다. 이 일로 말미암아 폐세자 빈이 된 후 아버지 김오문으로부터 자진을 강요받고 죽음에 이르렀다. 휘빈은 비록 폐세자 빈이 되긴 하였으나 역시 여주가 낳은 여인으로 국혼에 해당된다.

경기도 연천의 숭의전. 고려 16공신 첨의령 충렬공 김방경

　김구덕金九德은 고려 시대의 명장 김방경의 현손으로 본관은 안동安東이다. 단양丹陽, 청풍淸風(현 제천堤川), 한주韓

州(현 한산韓山) 등 3개 고을의 군수가 되어 선정을 펼쳤다. 이후 딸인 김씨가 세종전世宗殿에 간택되어 명빈이 되자 우군동지총제右軍同知摠制가 되었으며 1427년(세종 9)에는 손녀가 세자빈에 간택되었다. 이렇듯 2대에 걸쳐 왕실과 혼인 관계를 맺게 됨으로써 조선 초기 권문세족으로서의 위치를 확고히 하게 되었다. 1428년(세종 10) 그가 죽었을 때 나라에서는 3일 동안 철조輟朝하였고, 조문을

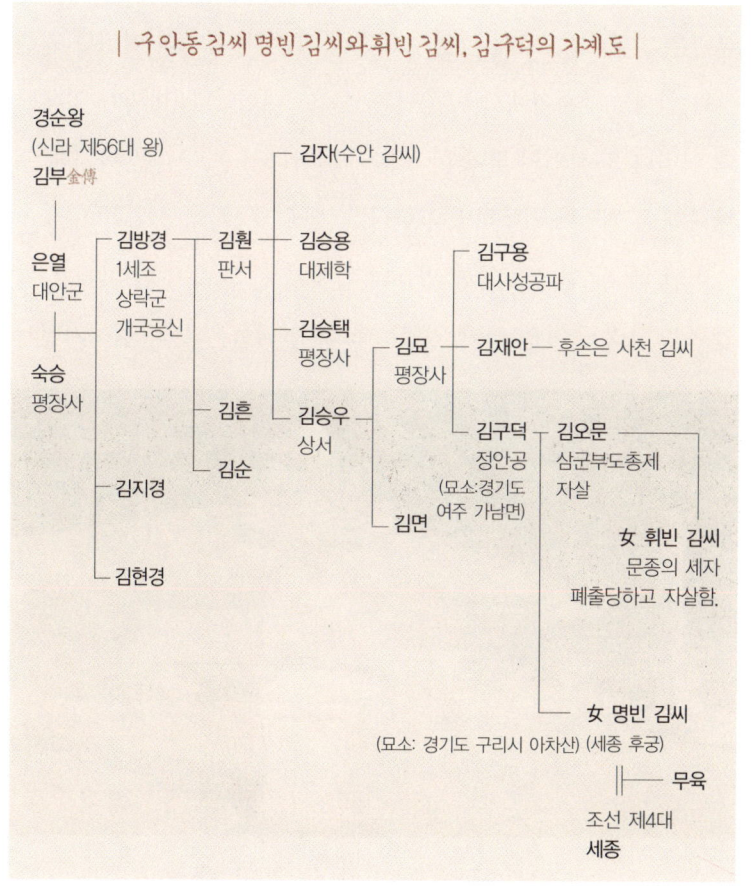

| 구안동 김씨 명빈 김씨와 휘빈 김씨, 김구덕의 가계도 |

경순왕
(신라 제56대 왕)
김부金傅

은열
대안군

숙승
평장사

김방경
1세조
상락군
개국공신

김지경

김현경

김훤
판서

김흔

김순

김재(수안 김씨)

김승용
대제학

김승택
평장사

김승우
상서

김묘
평장사

김면

김구용
대사성공파

김재안 — 후손은 사천 김씨

김구덕
정안공
(묘소:경기도
여주 가남면)

김오문
삼군부도총제
자살

女 휘빈 김씨
문종의 세자
폐출당하고 자살함.

女 명빈 김씨
(묘소: 경기도 구리시 아차산) (세종 후궁)

무육

조선 제4대
세종

내려 치제하였다.

김구덕은 성품이 온화하여 남과 다투지 않고 사람을 예로써 대하였으며 문장에 능하고 음악을 좋아하였다고 한다. 시호는 안정安靖이다.

그녀의 온기로 궁중에 꽃을 피우다 – 수빈 박씨

수빈綏嬪 박씨朴氏는 정조의 빈이자 순조의 생모이다. 조선 시대 본관은 반남潘南으로서 아버지 좌찬성 박준원朴準源과 어머니 원주原州 원씨元氏 사이에서 1770년(영조 46) 태어났다. 박씨가 잉태될 때 어머니 원 부인의 꿈에 한 노인이 나타나서 큰 구슬을 바치매 그 광채가 온 집안에 가득하였다 한다.

어릴 때 두 언니와 함께 있는데 갑자기 큰 호랑이 한 마리가 뜰 안으로 달려 들어온 일이 있었는데 두 언니들은 놀라 넘어지면서

정조의 후궁으로 순조를 낳은 수빈 박씨의 묘소 휘경원. 경기도 남양주

울음을 터뜨렸으나, 박씨는 조용히 걸어가서 방안으로 들어가니 모두 범상한 인물이 아님을 알았다.

　1787년(정조 11)에 정조의 빈이 되어 순조와 숙선淑善 옹주를 낳았다. 이후 왕자를 낳지 못하는 왕비를 위로하고 공경하니 온 궁중에 화기和氣가 가득하였으며 행실이 착하고 예절이 바를 뿐만 아니라 평소에 말이 적으며 의복과 일상 용품들을 극히 검소하게 하니 조야에서 현빈賢嬪이라는 칭송이 자자하였다. 어느 날 그의 궁에서 시중을 드는 나인이 의복을 만들 때 작은 천조각을 버렸다가 크게 꾸중을 받은 일이 있었으며, 후궁인 그의 왕자가 세자로 책봉되자 아첨하는 무리들이 그에게 은밀히 귀중품을 진상하였다가 의금부에 잡혀간 일도 있었다. 1822년(순조 22) 창덕궁 보경당寶慶堂에서 죽었으며 궁호宮號는 가순嘉順, 원호園號는 휘경徽慶이며, 효자동

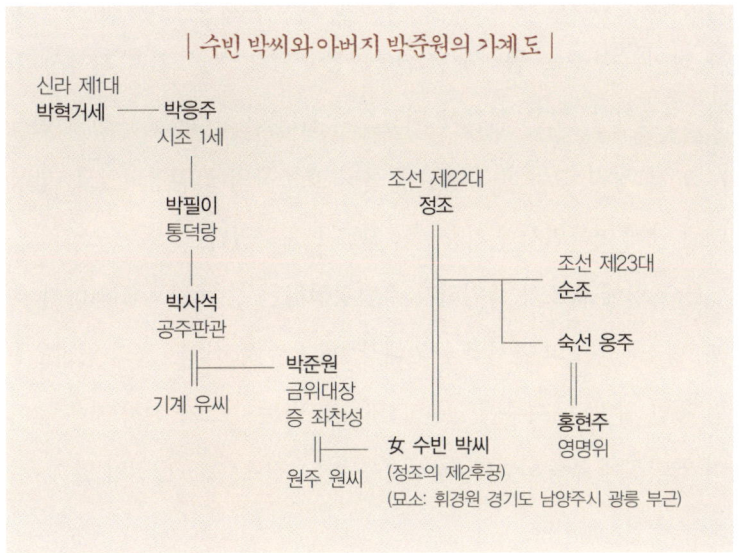

| 수빈 박씨와 아버지 박준원의 가계도 |

신라 제1대
박혁거세 ── **박응주**
　　　　　　　시조 1세
　　　　　　　　│
　　　　　　　박필이
　　　　　　　통덕랑
　　　　　　　　│
　　　　　　　박사석
　　　　　　　공주판관
　　　　　　　　║
기계 유씨 ── **박준원**
　　　　　　　금위대장
　　　　　　　증 좌찬성
　　　　　　　　║
　　　　　　원주 원씨

조선 제22대
정조

조선 제23대
순조

숙선 옹주

女 수빈 박씨
(정조의 제2후궁)
(묘소: 휘경원 경기도 남양주시 광릉 부근)

홍현주
영명위

경기도 여주에 있는 수빈 박씨의 아버지 박준원의 묘소. 순조의 외조부

경우궁景祐宮(칠궁七宮 내)에 제향되었다. 시호는 현목顯穆이다.

아버지 박준원은 어려서부터 독서를 좋아하여 육경六經과 백가百家의 글에 두루 통달하였으며, 맏형 박윤원朴胤源과 함께 학문을 강론하였다. 1786년(정조 10) 사마시에 합격하고, 그 이듬해 그의 셋째 딸이 수빈으로 뽑히자 건원릉참봉健元陵參奉을 거쳐 사복시 주부, 공조좌랑, 보은 현감이 되었으며 1790년(정조 14) 수빈이 원자(순조)를 낳자 그는 통정대부에 올라 호조참의에 임명되었고, 항상 대궐 안에 머물면서 원자를 보호하고 보도하였다.

1800년에 순조가 즉위하자 수렴청정하던 정순 왕후에 의하여 호조, 형조, 공조의 판서와 금위대장禁衛大將 등 삼영三營의 병권을 8년 동안 잡았다. 여주에 있는 그의 신도비는 순조가 친히 지은 것이며 영의정에 추증되었다. 저서로는『금석집錦石集』12권이 있다. 시호는 충헌忠獻이다.

대한제국 마지막 황후 – 순정효황후 윤씨

순정효純貞孝 황후 윤씨尹氏는 대한제국 마지막 황제인 순종의 계비이다. 본관은 해평海平으로 해풍부원군海豊府院君 윤택영尹澤榮의 딸이다. 1894(고종 31) 태어난 윤씨는 황태자비인 순명효 황후 민씨가 1904년에 사망하자, 1906년(고종 43) 12월 13세에 황태자비로 책봉되었고, 이듬해 순종이 즉위하자 황후가 되었다. 당시의 자자했던 소문에는 윤택영이 고종의 후비였던 귀비 엄비에게 거액의 뇌물을 바쳐서 간택되었다고 한다.

1907년(고종 44)에 여학女學에 입학하여 황후궁에 여시강女侍講을 두었다. 1910년(순종 3) 국권이 피탈될 때 병풍 뒤에서 어전회의가 진행되는 것을 엿듣고 있다가 친일파들이 순종에게 합방 조약에 날인할 것을 강요하므로 황비가 이를 저지하고자 치마 속에 옥새玉璽를 감추고 내놓지 않았으나, 숙부인 윤덕영尹德榮에게 강제로 빼앗겼다.

영친왕의 친모인 고종의 후궁 순헌황귀비 순빈 엄씨(좌)와 순정효 황후

만년에 고독과 비운을 달래기 위하여 불교에 귀의하여 대지월大地月이라는 법명을 받았고, 1966년 낙선재樂善齋에서 심장마비로 죽었다. 유릉裕陵에 순종과 합장되었다.

아버지 윤택영은 1899년(고종 36) 시강원 시종관에 임명되고 1901년(고종 38) 비서원승을 거쳐 영친왕부령英親王府

순종효 황제 어진

슈이 되었다가 혜민원 총무 겸임하고 칙임관 4등이 주어졌다. 이듬해 영친왕 부총판이 되어 혜민원 총무를 겸하고 칙임관 3등에 서임되었으며, 이해 전의관前議官 김우용金禹用이 상소를 올려 형 윤덕영의 탐학과 함께 윤택영의 혜민원 총무의 직책을 이용한 축재를 비난하였다.

1906년(고종 43) 딸이 황태자비로 간택됨으로써 이듬해 특별히 가자되었으며 1908년(순종 1) 진종소황제眞宗昭皇帝 옥보전문玉寶篆文의 서사관書寫官에 임명되어 서성대수장瑞星大綬章을 받고 1909년 금척대수장金尺大綬章을 받았다. 국권 피탈과 함께 일제에 의하여 후작에 임명되었다.

순정효 황후의 삼촌 윤덕영은 1894년(고종 31) 진사로 식년문과에 병과로 급제하여 이듬해 비서감우祕書監右 비서랑祕書郎이 되었다. 비서랑의 자격으로 신사유람단紳士遊覽團의 일원이 되어 일본에 다녀왔고, 일본이 경부선 철도 부설권을 획득한 지 3년 뒤인 1902년 착공을 시작하자 철도원 부총재에 임명되었다.

1910년 국권 상실 때에 궁내부 대신인 민병석閔丙奭과 함께 이완용李完用의 합방 불가피 역설에 동의해 줄 것을 요청받고 주저하다가 데라우치 마사타케(사내정의寺內正毅)의 협박과 회유에 동의하여 그 조인에 가장 적극적으로 활동하였다. 국권 상실 후 황실과 황족에 대한 대우와 친일분자에 대한 행상行賞을 실시하였을 때 일본 정부로부터 자작의 작위를 받았다.

이루지 못한 생애 – 영친왕의 약혼녀 민갑완

민갑완閔甲完은 당시 11살의 나이로 영왕 은垠의 배위로 간택되었다. 본관은 여흥驪興이며 민영돈閔泳敦의 딸로 1897년(고종 34) 태어났다.

순종의 동생 영친왕은 고종의 제7자로서 황귀비皇貴妃 엄씨嚴氏의 소생이며 순종이 즉위하자 엄비와 이토 히로부미(이등박문伊藤博文) 등의 중론에 따라 황태자로 책립되었는데 당시 세론은 형제로 계통을 세움이 불가하다 하면서 황태제皇太弟라 하였다.

그러나 이듬해인 1908년(순종 1) 일본은 유학이라는 구실로 영친왕을 볼모로 끌고 갔다. 민갑완은 영친왕을 기다렸으나 영친왕이 일본 황실의 공주 마사코(이방자李方子)와 정략결혼을 하게 되면서 파혼당하고 말았다. 3개월 뒤 민갑완은 중국 상하이로 망명을 선택하였고 부친 민영돈은 화병으로 세상을 떠났다.

상하이에 도착하여 대한민국임시정부의 요인이었던 김규식金奎植의 후원으로 상하이 현지에 미국인이 운영하는 학교에 입학하여 신학문을 배울 기회가 주어졌으나 일본의 핍박은 집요하였고 학교장은 결국 민갑완을 학교에 나오지 못하게 하였다.

김규식은 민갑완에게 독립운동에 투신할 것을 권고했으나, 민갑완은

"나 하나의 희생으로 만사가 평온하기를 바랄 뿐입니다."

라면서 그 뜻을 거절하고 책과 뜨개질로 세월을 보냈다. 파혼으로 여러 번의 혼담이 들어왔지만 모두 거절하였으며 1945년 8월 15일 광복 이후 임시정부요인들이 귀국할 때 함께 귀국하였다.

1963년 영친왕이 박정희 정부의 주선으로 귀국하였으나 영친왕

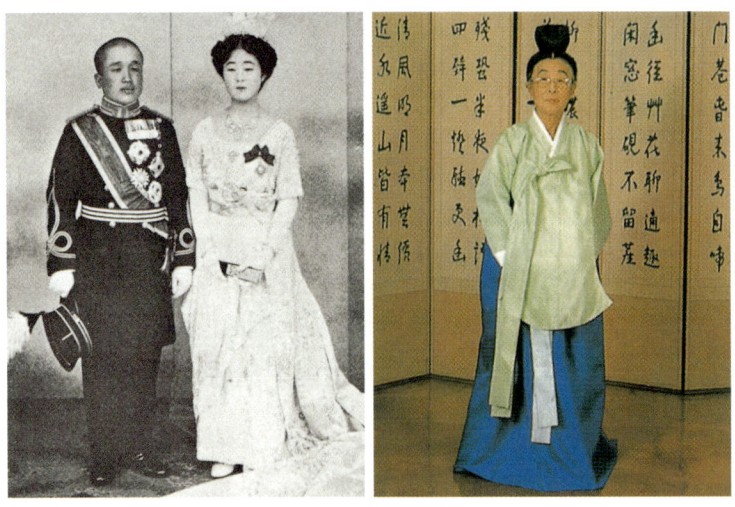

가례시의 영친왕과 이방자 여사(좌). 1963년 11월 영친왕과 환국한 황태자비 이방자는 창덕궁 낙선재를 지키면서 명휘원을 경영하였다. 노년의 이방자 여사(우).

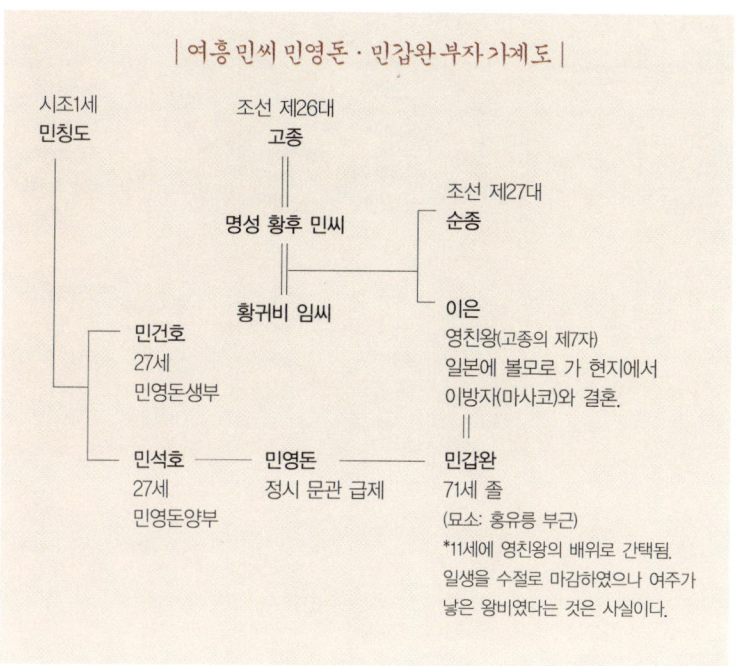

| 여흥민씨 민영돈·민갑완 부자 가계도 |

시조1세
민칭도

조선 제26대
고종

조선 제27대
순종

명성 황후 민씨

황귀비 임씨

이은
영친왕(고종의 제7자)
일본에 볼모로 가 현지에서
이방자(마사코)와 결혼.
||

민건호
27세
민영돈생부

민석호 ── **민영돈** ── **민갑완**
27세   정시 문관 급제   71세 졸
민영돈양부   (묘소: 홍유릉 부근)
                              *11세에 영친왕의 배위로 간택됨.
                              일생을 수절로 마감하였으나 여가가
                              낳은 왕비였다는 것은 사실이다.

은 뇌경색으로 식물인간이 되어 있었고, 그마저도 만날 수 없었다.
인고의 삶을 살던 민갑완은 1968년 후두암으로 71세의 생을 마감하
고 부산의 천주교 공동묘지에 묻혔다. 현재는 경기도 남양주시 금
곡동에 고종과 순종 홍유릉과 같은 곳에 있다.

아버지 민영돈은 1886년(고종 23) 정시문과에 병과로 급제한 뒤
관직에 올랐으며 1889년(고종 26) 왕세자의 계강책자繼講冊子가 되
었다. 이후 여러 관직을 거쳤으며 고종과 순종조 때의 민씨 척족의
한 사람으로서 미국, 영국, 벨기에 등의 특명 전권 공사를 지내면서
조선조 말기의 외교 사절로 크게 활약하였다.

여주가 배출한 인물들의 국혼

왕 대	구분	배우자	혼주	참고	능지·능호	기타
고려 제24대	원종의 비	순경 태후	경주 김씨 김약선	충렬왕의 어머니	강화군 가릉	최충헌의 아들 최우(이) 외손녀
조선 제1대	태조의 후비	성비誠妃	원주 원씨 원상	무육, 임녕 대군 봉사	서울 도봉구	원극유의 후손
조선 제2대	정종의 부마 박갱	정종의 옹주 함양 옹주	밀양 박씨 박득중	박등중의 차자	양평	밀영위
조선 제3대	태종의 비	원경 왕후	여흥 민제	양녕, 효령, 성령, 세종 의 어머니	서울 강남구 헌릉	민무질·민무구 누님
조선 제3대	태종의 부마 권규	경안 공주	안동 권씨 권근	권담·권총 의 아버지	여주 덕평리	29세 하세, 온유하고 겸손했음.
조선 제4대	세종의 후궁	명빈 김씨	구 안동 김씨 김구덕	무육	경기도 구리 시 명빈 묘	김구용의 질녀, 휘빈 김씨의 고모
조선 제5대	문종의 세자빈	휘빈 김씨	구 안동 김씨 김오문	무육	폐출	김구덕의 손녀, 명빈의 질녀
조선 제8대	예종의 계비	안순 왕후	청주부원군 한백륜	제안 대군, 현숙 공주의 어머니	서오릉 창릉	관찰사 한창의 손녀
조선 제8대	예종의 부마 임광재	현숙 공주	풍천 임씨 임사홍	무육	여주	공주와는 별거했음.

왕 대	구분	배우자	혼주	참고	능지·능호	기타
조선 제9대	성종의 부마 임숭재	휘숙 옹주	풍천 임씨 임사홍	후사 있음.	여주읍	임사홍의 제4자
조선 제13대	명종의 세자 순회 세자 부	순회 세자빈	무송 윤씨 참판 윤옥	세자. 13세 에 조졸.	서오릉 순창원	공조판서 윤사익의 손녀
조선 제16대	인조의 왕후	인열 왕후	청주 한씨 한준겸	소현 세자, 효종, 인평 대군, 용성 대군의 혈모	경기도 파주 장릉	한효윤의 손녀
조선 제16대	소현 세자 사위 변광보	경순 군주	황주 변씨 변명익	아들 조졸. 차자로 입양	여주 장흥리	상장군 여몽의 후손
조선 제17대	효종의 부마 원몽린	숙경 공주	원주 원씨 원만리의 아들	.	여주 상구리	원두표의 손자
조선 제19대	숙종의 계비	인현 왕후	여흥 민씨 민유중	무육	서오릉 내 명릉	장희빈이 중전이 되면서 패비. 이후 중전이 됨.
조선 제21대	영조의 계비	정순 왕후	경주 김씨 김한구	무육	경기도 동구릉 내 원릉	원명직의 외손녀
조선 제22대	정조의 빈	수빈 박씨	반남 박씨 박원준	순조의 혈모	경기도 남양주 휘경원	원주 원씨의 외손녀
조선 제23대	순조의 비	순원 왕후	신 안동 김씨 김조순	효명 세자, 명온·복온· 석온 공주의 어머니	서울 강남구 인릉	철종을 추천함.
조선 제24대	헌종의 비	효현 왕후	신 안동 김씨 김조근	무육	경기도 동구릉 내 경릉	16세에 요절

왕 대	구분	배우자	혼주	참고	능지·능호	기타
조선 제25대	철종의 비	철인 왕후	신 안동 김씨 김문근	원자 조졸, 영혜 옹주 (부마 박영효)	서오릉 내 예릉	친정 안동 김씨들을 두둔하지 않았음.
조선 제26대	남연군 이구의 부인	남연군 군부인	여흥 민씨 민경혁	흥녕군, 흥원, 흥인, 흥선 대원군의 어머니	여주	고종의 조모
조선 제26대	흥선 대원군의 군부인	군부인 민씨	여흥 민씨 민치구	고종의 혈모	남양주 화도 국태공 묘	며느리 명성 황후와 불화
조선 제26대	고종의 비	명성 황후	여흥 민씨 민치록	순종의 혈모	남양주 금곡 홍릉	일본 자객에게 시해당함.
조선 제27대	순종의 비	순명효 황후	여흥 민씨 민태호	무육	남양주 금곡 유릉	33세에 승하
조선 제27대	순종의 계비	순정효 황후	해평 윤씨 윤택영	무육	남양주 금곡 유릉. 3위 합장	옥새를 강제로 빼앗김.
조선 마지막 왕	영왕 이은	약혼녀 민갑완	여흥 민씨 민영돈	무육	결혼하지 못함	한평생 영왕의 비로 살았음.

왕비 13명, 후궁 2명, 세자빈 2명, 세제빈(약혼녀) 1명, 군부인 2명, 부마 5명, 군주 1명으로 모두 26명이다.

이괄을 포함한 역적 인맥도 있었다

인조는 즉위 후 광해군 때 희생된 영창 대군, 임해군, 김제남 등의 관직을 복관시켰다. 또한 반정공신들에 대한 논공행상에 있어서 도감 대장 이수일李守一이 내응內應의 공이 있다 하여 공조판서로 임명하였으며 이괄李适은 2등에 녹공하였다. 이괄은 이에 불만을 품고 1624년(인조 2) 난을 일으켜 서울을 점령하였고, 인조는 공주까지 남천南遷했다가 도원수 장만張晚이 이끄는 관군에 의해 이괄이 패하여 죽고 군대가 격파된 뒤에 환도하였다.

조선 시대 중엽 이후로 여주 땅에는 역적의 맥이 흐른다 하여 백안시당한 것은 그 땅이 역신 이괄을 배출했기 때문이다. 그 이후 사람들은 역맥逆脈을 여주 땅과 연결시키기 위해 갑신정변을 일으킨 홍영식洪英植과 그곳에서 살았던 이완용李完用을 여주와 관련한 인맥에 포함하였다.

한편 풍수와 관련하여 이괄과 그의 부친 그리고 영에 대한 이야기가 전해지는데 사실 여부를 떠나 재미있는 풍수의 이야기이니 조금 과장된 점이 있더라도 이해를 바란다.

수장水葬해 줄 것을 유언한 이괄의 아버지

이괄이 태어난 해는 1578년(선조 20), 그러니까 임진왜란이 일어나기 다섯 해 전이다. 그가 성장하던 시기는 임진왜란이 한창인 때였고 나이가 들면서 글공부를 하자 문장과 글씨가 뛰어나 주변에서는 그를 보고 모두들 크게 성공할 인물이라고 하였다. 그러나 그는 문관으로의 길을 가지 않고 무관의 길로 들어섰으며, 인조반정을 성공적으로 이끌었다. 이후 한성 부윤을 거쳐 평안 병사 겸 부원수로 압록강변의 국경 수비를 맡고 있었다.

그러던 어느 날 집으로부터 부친이 위독하다는 전갈을 받고 서둘러 집으로 돌아오게 되었다. 집에 돌아와 보니 부친은 아직 살아있었으나 며칠을 넘기지 못할 정도로 상태가 좋지 않았다.

이괄이 간호를 하던 어느 날 부친은 유언을 남기겠다며 가족들을 모두 방으로 모이게 했다. 저녁이 되자 식구들이 모두 모였는데 유언을 하겠다던 부친은 무슨 이유인지 아들들만 방에 남게 하고 여자들은 며느리들은 물론 딸까지 모두 밖으로 나가게 하였다.

눈짓을 받은 여인들이 밖으로 나가자 부친은 다시 한 번 방 안을 둘러본 뒤 유언을 하였는데, 자기가 죽으면 산에다 묻는 토장土葬을 하지 말고 동네 한가운데 마을 사람들이 먹는 우물 속에다가 장사를 치르되 돌을 매어 달아 집어넣어 바로 세워서 수장水葬을 하라는 것이었다. 마을에는 사람들이 눈치채지 않도록 가시신을 만들어 상여를 메고 산에다가 묘를 쓰는 것처럼 하라고 자세히 이르고 눈을 감았다.

이괄의 부친은 유명한 술사였기 때문에 동네 우물이 수장지水葬地로서는 대명당이라는 사실을 알았기 때문이다.

부친의 유언을 들은 이괄 형제들이 기겁을 하여 서로 얼굴을 바라보다가는 부친의 유언이니 그대로 따르기로 하고 장례를 끝냈다. 부친의 장례를 마친 이괄은 모든 것을 숨긴 채 다시 임지로 돌아갔다가 다음해 소상일小祥日 날 제사를 지내고 다시 다른 임지로 돌아다니니 어느덧 두 해가 지나 대상일大祥日이 돌아왔다.

그사이 마침내 일이 터지고 말았다. 집에서 많은 사람들이 모여 제사를 지내려고 준비를 하던 중에 그만 대판 싸움이 벌어진 것이다. 무슨 이유로 싸우게 됐는지는 모르지만 아들들과 며느리들이 문상객이 모인 앞에서 머리채까지 휘어잡고 싸우기 시작해 상장喪杖으로 후려치고 접시가 날아가는 등 울고불며 뜯어 말리는 소동이 벌어진 가운데 별안간 큰며느리가 악을 쓰며 여러 사람이 모인 곳에서 큰 소리로 떠들어댔다. 죽은 사람을 산에 묻지 않고 수십 가구가 먹는 공동 우물 속에 집어넣었다고 말이다.

며느리가 이것을 알게 된 것은 3년 전 시아버지가 유언을 한다고 할 때 여자들은 밖으로 나가라고 하자, 며느리와 딸도 다 같은 이 집안의 자식인데 나가 있으라는 것이 못내 섭섭하여 뒷문 밖에서 엿들었던 것이다.

며느리가 떠들어댄 말이 구름처럼 모인 사람들 앞에 퍼지자 순식간에 일대 소동이 일어났다. 웅성거리던 사람들이 모든 것을 팽개치고 우물가로 몰려가 물을 퍼내기 시작했는데 횃불이 활활 타오르는 가운데 한밤중이 되자 드디어 우물 바닥이 드러나기 시작했다.

그런데 그 때 별안간 우물 밑바닥 한쪽 구석에서 용의 모양이 다 된 이무기 한 마리가 꾸물꾸물 기어 나오는 것이었다. 그리고는 물을 퍼내던 장정을 보고는 큼지막한 입을 벌리며 잡아먹는 시늉을 하니 장정은 그 자리에서 기절을 해버리고 마을 사람들은 혼비백산하여 도망을 치고 말았다.

또 한번 수를 내었으나

일이 이렇게 되자 난처한 것은 이괄이었다. 무사답지 않게 그날 밤 도망을 가 어느 곳인가에서 쓰러져 잠을 자고 있는데 꿈속에 부친이 현몽을 하였다. 그리고는 야단을 치면서 하는 말이

"이번 삼년상이 지나면 내가 용이 되어 하늘로 승천하여 너도 크게 출세를 하게 되거늘, 중족中足(남자 생식기)이 없는 여자들 때문에 모든 것이 다 틀렸다. 그러나 다시 한 번의 기회는 있으니 서둘러라." 하고는 어느 어느 곳 강가 풀숲에 가면 대망大蟒 (이무기)이 있는데 그 이무기는 우물 속에서 나온 것으로 그게 바로 아비이니 다시 장사를 지내달라는 것이었다. 단, 이번에는 어느 강가 야산에다가 묻되 머리를 산 쪽으로 향하지 말고 강 쪽으로 해서 묻으라고 주의를 주는 것이었다.

깜짝 놀라 잠에서 깨어난 이괄이 급히 그곳을 찾아 달려가니 멀지 않은 곳에 과연 큼지막한 구렁이 한 마리가 똬리를 틀고 있었다. 구렁이는 이괄이 가까이 다가가자 꼬리를 치며 반가워하는 것이었다.

아버지의 현몽을 받은 이괄은 이번에는 아무도 모르게 형제들과 가까운 친지 남자들만 모여서 장례를 치렀다. 그런데 낮이 아닌 야밤중에 다른 사람들 몰래 급히 하느라고 아버지의 부탁인, 머리를 강 쪽으로 두는 것을 잊었다. 그런 부탁 자체를 잊었던 것이다.

그 후 이괄은 난을 일으켰다가 실패하고 죽었다. 그리고는 당시의 법률에 따라 삼족을 멸하라는 왕명이 떨어지니 가족이 모두 참형을 당한 것은 물론, 이미 세상을 떠난 이괄의 아버지도 부관참시를 위해 묘가 파헤쳐지게 됐다. 명을 받은 군사들과 사람들이 모여들어 묘를 파헤치자 하늘에서는 뇌성벽력과 함께 소나기가 쏟아지며 무덤 속에서 한 마리의 용이 나와 어디론가 도망치려 하였다.

그러나 그 순간 전의 일을 모두 알고 있던 군졸 하나가 활시위를 당겼고, 소낙비 속에서 강물 속으로 뛰어들려던 용은 방향을 잘못 알고 산 쪽으로 머리를 돌려 날아가다 그만 화살에 맞고 땅으로 떨어졌다 한다.

이상은 풍수에 얽힌 이괄과 그의 아버지에 관한 이야기이다. 만일 그 때 이괄의 부친이 용이 되어 승천을 하였다면 이괄의 운명도 바뀌고 말았을 것이다.

이천에 숨어 있는
풍수 역사의 흔적

이천 쌀의 풍수적 역설

충신 임경업林慶業을 죽인 역신 김자점金自點은 이천의 백족산白足山에 금반형金盤形의 명혈을 잡고 그곳에 아버지의 무덤을 썼다. 그런데 명당의 조건인 앞물이 없자 보洑를 만들어 금반 명혈의 조건을 인공으로 갖추었다. 그런데 이 보는 그 아래 이천의 넓은 들을 가꾸는 농민들에게는 신나는 일이 되었다. 가물 때 보의 물을 살금살금 빼어 이용하기 시작한 것이다. 결국 백족산 명혈의 영험을 빼어 쓴 영험한 물로 지은 쌀은 바로 그 쌀을 먹는 사람들을 훌륭하게 하는 자양이 된다는 말이 퍼졌다.

그리하여 이천 쌀이 좋다는 말은 과학적인 뜻에서가 아니라 풍수적인 뜻 때문이라 말하는 이도 있다. 이는 어찌 보면 형이상학이 현실에서 토착화하는 과정이라고 할 수 있겠다.

면면히 전해지는 이천 서씨와 풍수설

이천 서씨의 시조는 화살 꽂힌 사슴을 살려 준 서신일徐神逸으로 그는 신라 시대 아간대부에 이른 인물이다. 서신일은 사슴을 살려 준 은덕으로 80세의 노령에 아들을 낳았는데 그가 바로 고려 광종 때의 명상인 서필徐弼이요, 필의 아들은 고려 성종 때 명상인 서희 徐熙이며, 희의 아들은 서눌徐訥, 눌의 조카는 서정徐靖, 정의 손자 는 서순徐淳이다. 또한 고려가 망하자 금천衿川에 숨어 평생을 이조 임금이 사는 북쪽을 바라보지 않고 살았다는 서견徐甄과 역시 기천 箕川에 숨어서 벼슬에 나아가지 않은 서광준徐光俊 등 그 명맥이 화 려하다.

서견이 저항을 하자 태종조의 조정에서는 잡아다가 죄를 주자는 의론이 많았으나 태종은 이 의론을 말리며

"고려의 신하가 그 임금을 잊지 않고 시를 지어 사모하니 이것은 정리正理가 그러한 것 이다. 우리 이씨李氏인들 어찌 천지와 더불어 영원하겠는가. 만일 우리 이씨의 신하에 이같 은 사람이 있다면 가히 칭찬할 일이다. 그만 두고 묻지 말라." 하였으며 이후에도 태종은 백 이숙제라 추앙하며 죄주는 것

숙비 서씨의 조부 서희의 묘소. 경기도 여주

을 여러 번 거부했다.

서견은 금천에서 살다 죽었는데 후세에 윤근수尹根壽가 상소하여 그의 무덤에 「충신묘忠臣墓」라는 명예를 내렸다고 한다.

조선 시대에 들어서는 평장사 서순의 7세손으로 서자를 양반 정직에서 제외시키는 제도를 세운 서선徐選, 서희의 후손 서효손徐孝孫, 효손의 아들 서진徐晉, 진의 손자이자 서곤徐混의 아들로 세종 때 불교를 논하다가 파직당한 서강徐岡, 제자백가의 이론에 통달하여 한라산, 지리산, 계룡산에서 후학을 널리 가르친 서기徐起, 임진왜란에 복병 전술로 함흥과 홍원에서 대첩을 세운 명장 서경충徐敬忠, 역시 임진왜란에 의병을 일으켜 전사한 서대근徐大謹, 서희의 8세손인 서유徐愈 등이 조선 시대 이천 서씨의 명맥이라고 할 것이다.

특히 서기는 고향 홍주洪州의 풍속이 타락해 가자 여씨향약呂氏鄕約[11]으로 바로잡고자 마을에 강신당講信堂을 지어 풍속의 개량에 힘썼으나 그 마을의 악소배惡少輩들로부터 심한 저항을 받았으며 끝내는 악소배들이 서기의 집을 불태우기까지 하였다. 이런 사태 등에 실망한 서기는 가족들을 데리고 지리산 홍운동紅雲洞으로 들어가 산배山梨를 따 삶아 먹으며 찾아드는 후학들을 가르쳤다.

이천 서씨의 근대 인물로는 전 국회부의장 서민호徐珉濠, 전 한은 총재 서진수徐轸銖, 전 의원 서성달徐成達, 서석순徐碩淳·서광순徐廣淳 교수, 실업가實業家로 서준산徐準珊, 서성환徐成煥 등이 있다.

---

11) 여씨향약呂氏鄕約: 11세기 초 중국 북송北宋 때 남전藍田에서 실시한 향촌鄕村 자치 규약으로 조선 후기에 실시된 향약의 모체가 되었다.

이천의 그늘, 반역 인맥

능필能筆이었던 외교관 증지중추 이언화李彦華는 음죽陰竹 이씨李氏로 선조 때 명나라로 가는 사신 길에 죽었는데 부정승 이홍망李弘望, 홍망의 증손 판사 이진은李震殷 등 용인龍仁 이씨李氏와 이식李栻, 이도익李道翼, 이도남李道南, 이윤겸李允謙, 이윤항李允恒 등 연안延安 이씨李氏의 벼슬에 저항한 학행學行 인맥이 두드러진다.

이밖에 성리학자 이관의李寬義, 부제학 최숙정崔淑精, 명신 오상吳祥의 동생 오경吳慶, 기묘사화에 화를 입은 엄용순嚴用順·엄용관嚴用寬·엄영공嚴用恭 삼형제와 용모옥容貌玉, 한묵옥翰墨玉, 언사옥言辭玉, 문사옥文詞玉, 가성옥歌聲玉의 오옥五玉으로 숭앙받는 이성임李聖任 등은 이천에 살았던 명인들이다.

고려 말의 충신 곽충보郭忠甫는 고려 예종 때 율현리栗峴里에 풍광을 구경하러 왔다가 그곳에서 머물러 산 판서 최징崔澄의 후손으로 흥해興海 최씨崔氏들은 경기도 이천시 대월면大月面에서 지금도 살고 있다.

또한 이천에는 수십 년 단위로 반란이 일어난다는 풍수적 속전이 있는데 광해군 대에 일어난 이경준李耕俊의 난, 인조 대에 일어난 홍양걸洪陽傑의 난, 영조 대에 일어난 박필상朴弼祥의 난, 정조 대에 일어난 유한신柳翰申의 난이 그것이다.

우주 공간에 존재하는 모든 것들은 음지와 양지, 정상과 계곡, 삶과 죽음, 지배와 피지배를 피해갈 수 있는 길은 없는 듯하다.

이천이 낳은 국혼과 4대 사옥史獄

　경기도 이천 지역에서는 여주만큼은 아니지만 왕비 3명, 왕의 조비 1명, 후궁 3명, 부마 1명이 배출이 되었다. 이천시의 동쪽에 연접해 있는 것이 여주이다. 이천에서도 국혼과 같이 경사스러운 일만 있었던 것이 아니라 4대 사건 또한 발생하여 큰 기운을 간직한 터이긴 하나 역시 세상에는 단면만 존재하는 것이 아님을 확인시켜 준다.

이천이 배출한 8인의 국혼

　숙비淑妃 **서씨**徐氏는 당시 국자좨주國子祭酒 서눌徐訥의 딸로서 고려 제8대 현종顯宗이 1022년(현종 12) 8월 숙비로 맞이하였다. 현

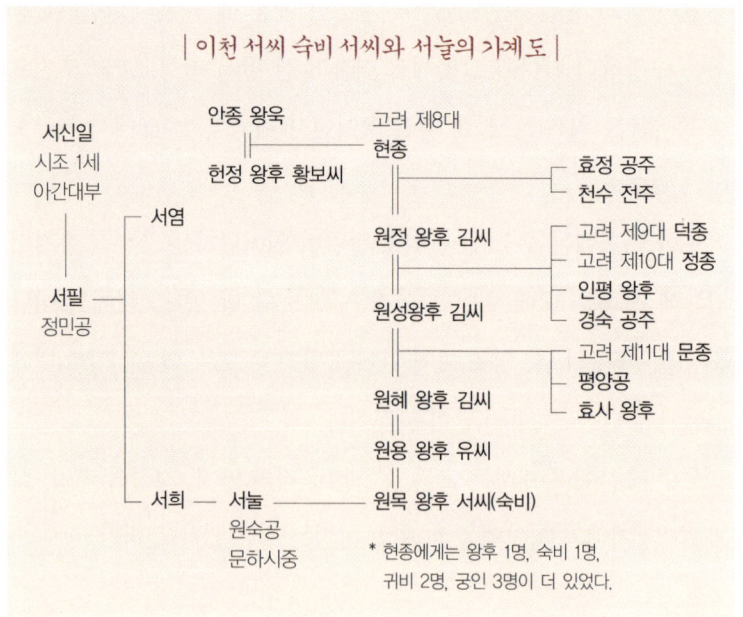

| 이천 서씨 숙비 서씨와 서눌의 가계도 |

* 현종에게는 왕후 1명, 숙비 1명,
귀비 2명, 궁인 3명이 더 있었다.

종의 숙비 서씨는 서희徐熙의 손녀이며 그녀의 생몰년은 미상이다.

　　명덕明德 태후의 본관은 남양南陽이며 부원군府院君 홍규洪奎의 딸로 1298년(고려 충렬 24) 태어났다. 충숙왕忠肅王의 비로 왕으로 즉위하자 덕비德妃라 하였으며, 충혜왕과 공민왕을 낳았다. 1311년(고려 충숙 3) 왕이 원나라의 복국 장공주濮國長公主를 맞아들였는데 복국 장공주가 태후를 투기하므로 정안공定安公의 집으로 옮겨 거처하였다. 일찍이 부府를 세워 덕경德慶이라 하였는데, 공민왕이 즉위한 뒤 문예文睿로 바꾸고 대비大妃로 삼았다. 그러나 뒤에 문예를 숭경崇敬으로 다시 고쳤다. 공민왕이 죽고 우왕이 10세의 어린 나이로 즉위하자 항상 곁에서 국정을 보살폈다. 1380년(고려 폐왕 우 6) 죽은 뒤에는 영릉令陵에 장사지냈으며, 시호는 공원恭元이라

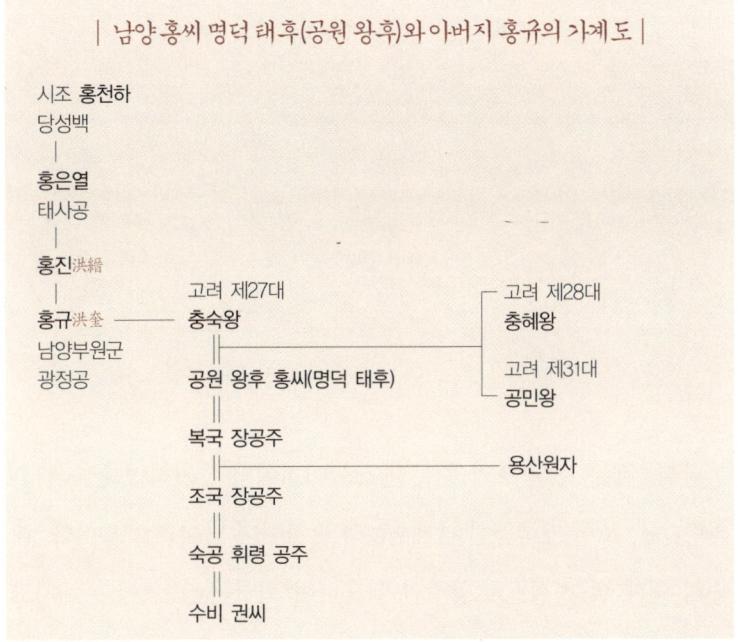

| 남양 홍씨 명덕 태후(공원 왕후)와 아버지 홍규의 가계도 |

하였다.

신씨申氏는 순화후淳化侯 왕유王瑜 의 비로서 정원부원군定原府院君 왕윤王鈞을 낳았다. 윤의 아들인 왕요王瑤가 1389년 창왕에 이어서 왕위에 오르니 바로 고려의 마지막 임금인 공양왕이다. 고려 제34대 마지막 왕인 공양왕의 할머니 신씨로 인하여 이천의 지명을 130여 년이나 칭하던 영창현永昌縣에서 남천군南川郡으로 승칭昇稱하게 되었다. 영창현은 1257년(고종 44)부터 1390년까지 부르던 이천의 옛 지명이며, 남천군은 공양왕이 그 할머니의 고향이라 하여 현縣을 군郡으로 높인 것이다. 신씨의 생몰년은 미상으로, 이천 신씨의 시조인 상서尚書 신진申瑱 의 손녀이며 아버지는 찬성贊成 신여규申汝桂이다.

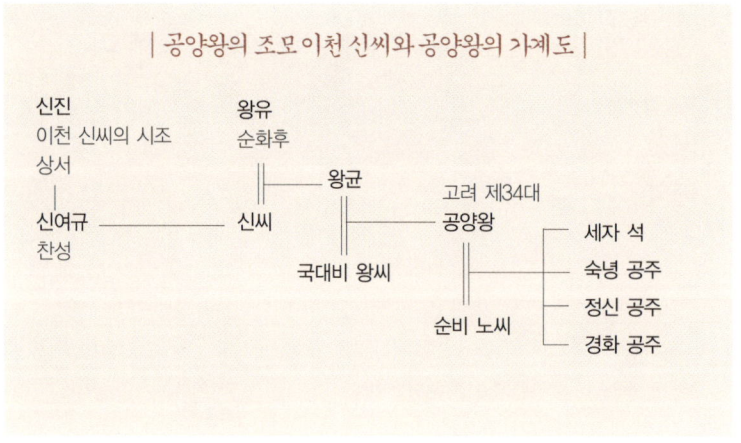

| 공양왕의 조모 이천 신씨와 공양왕의 가계도 |

남휘南暉는 조선 초기의 문신으로 이천에서 우거하였다. 본관은 의령宜寧, 조선 개국공신 남재南在의 손자이며 남이의 조부이다. 태종의 넷째 딸 정선貞善 공주와 결혼하여 의산군宜山君에 봉해지고

태종의 부마와 공주, 남휘와 정선 공주의 묘.
남이 장군의 조부로 묘는 경남 창녕군 부곡면에 있다.

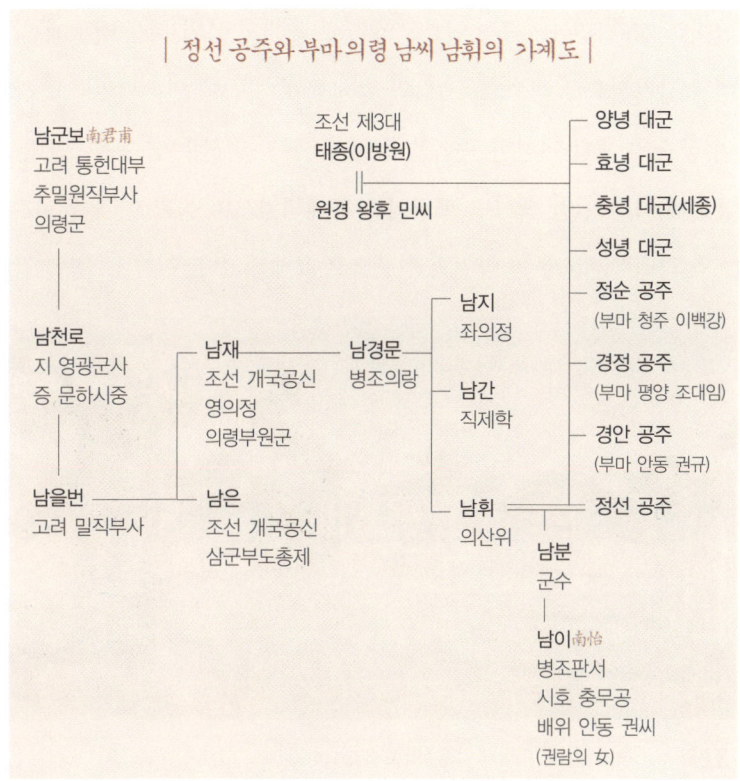

| 정선 공주와 부마 의령 남씨 남휘의 가계도 |

남군보(南君甫)
고려 통헌대부
추밀원직부사
의령군

조선 제3대
태종(이방원)

원경 왕후 민씨

양녕 대군

효녕 대군

충녕 대군(세종)

성녕 대군

정순 공주
(부마 청주 이백강)

경정 공주
(부마 평양 조대임)

경안 공주
(부마 안동 권규)

정선 공주

남천로
지 영광군사
증 문하시중

남재
조선 개국공신
영의정
의령부원군

남경문
병조의랑

남지
좌의정

남간
직제학

남을번
고려 밀직부사

남은
조선 개국공신
삼군부도총제

남휘
의산위

남분
군수

남이(南怡)
병조판서
시호 충무공
배위 안동 권씨
(권람의 女)

세종이 즉위한 1418년에는 동지총제同知摠制, 이듬해 판한성부사判漢城府使가 되었다. 1425년(세종 7)에는 평양 선위사가 되고 이듬해 사은사로 명나라에 다녀왔다. 1428년 양사兩司의 탄핵을 받아 이천에 부처府處되었다가 1431년(세종 13) 풀려났다. 1444년(세종 26) 다시 사은사로 명나라에 다녀오고 1452년(문종 2)에는 사사로이 불상을 만들어 섬겼다고 하여 사헌부에 탄핵을 받았으나 왕의 비호로 무사하였다. 1454년(단종 2) 사망하였으며 시호는 소간昭簡이다.

숙의淑儀 엄씨嚴氏는 성종의 후궁으로 사직司直 엄산수嚴山壽의 딸이다. 1504년(연산 10) 연산군의 생모 윤씨의 복위 문제 때문에 일어난 갑자사화로 정숙의鄭淑儀와 함께 폐비 사건에 연루되었다고 하여 궁중 뜰에서 무참한 죽음을 당했다. 부친 엄산수와 큰아들인 엄훈嚴訓 역시 이천 백사면 도립리로 유배되었으며 둘째 아들 엄회嚴誨와 막내 엄계嚴誡는 양천과 현풍으로 유배되었다. 이 일로 영월 엄

성종의 후궁 숙의 엄씨의 아버지 엄산수의 묘소와 묘비. 경기도 이천

씨들이 이천과 인연을 맺는 계기가 되었다. 1506년 아버지와 아들 형제 모두 유배지에서 죽음을 당했으며 중종반정 후 신면되었다.

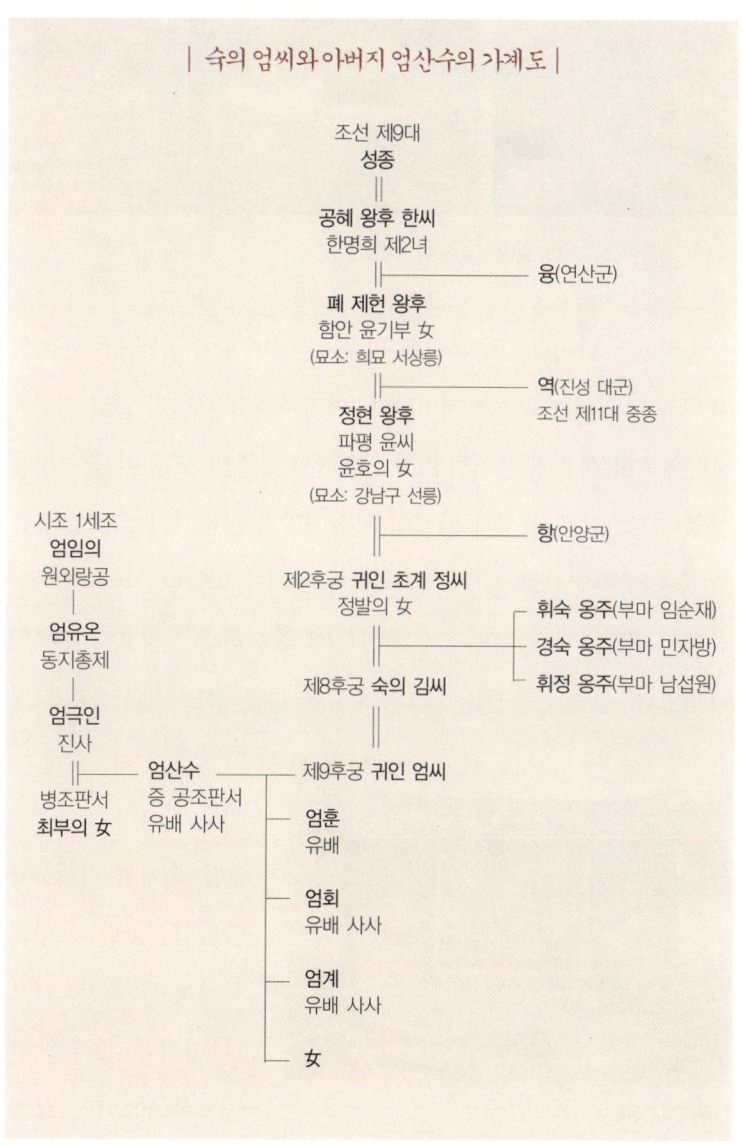

| 숙의 엄씨와 아버지 엄산수의 가계도 |

조선 제9대
성종
‖
공혜 왕후 한씨
한명회 제2녀 ──── 융(연산군)
‖
폐 제헌 왕후
함안 윤기부 女
(묘소: 희묘 서상릉) ──── 역(진성 대군)
‖ 조선 제11대 중종
정현 왕후
파평 윤씨
윤호의 女
(묘소: 강남구 선릉) ──── 항(안양군)
‖
제2후궁 귀인 초계 정씨
정발의 女 ─── 휘숙 옹주(부마 임순재)
─── 경숙 옹주(부마 민자방)
제8후궁 숙의 김씨 ─── 휘정 옹주(부마 남섭원)

시조 1세조
엄임의
원외랑공 제9후궁 귀인 엄씨

엄유온
동지총제 **엄훈**
유배

엄극인
진사 **엄회**
‖ 유배 사사
엄산수
병조판서 증 공조판서 **엄계**
최부의 女 유배 사사 유배 사사

女

종중의 후궁인 숙의 나씨 묘비와 숙의 나씨의 묘소

　　숙의淑儀 **나씨**羅氏의 본관은 나주羅州이며 군수 나숙담羅叔聃의 딸로서 1489년(성종 20) 태어났다. 어려서부터 자질이 곱고 청완淸婉하였으며 성품이 온화하고 효성스러워 문중의 모든 이들이 칭찬하였다. 이 같은 품성과 자질이 조정에까지 알려져서 1507년(중종 2) 중종의 후궁으로 간택되고 숙의의 품계를 받았다. 이후 중종의 총애를 받았으나 1514년(중종 9) 10월에 출산하다가 죽으니 18세의 나이였다. 중종과 종친들이 그의 죽음을 애통해하여 예장하도록 명

숙의 나씨 사당

하였고, 위답位畓과 노비를 하사하고 예관禮官을 보내서 치제토록 하였다. 또한 문중의 차자次子, 차손次孫으로 하여금 제사를 받들도록 하였다. 묘가

원래 경기 고양군 성산城山에 있었으나 1969년 이천시 부발읍 무촌리로 이장하였다.

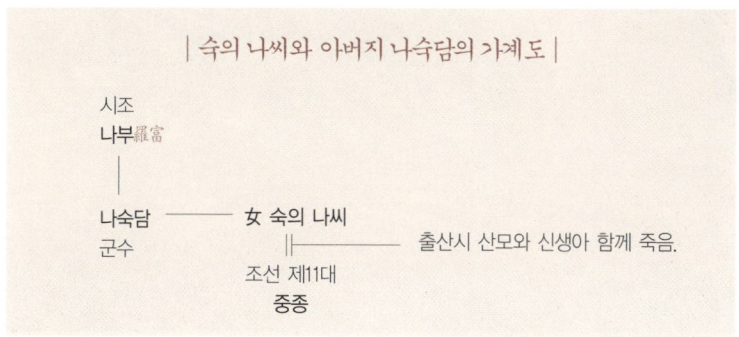

| 숙의 나씨와 아버지 나숙담의 가계도 |

시조
나부羅富

나숙담 ──── 女 숙의 나씨
군수   ‖──── 출산시 산모와 신생아 함께 죽음.
              조선 제11대
              중종

정성貞聖 왕후는 조선 제21대 영조의 원비元妃이다. 달성達城 서씨徐氏 달성부원군達城府院君 서종제徐宗悌의 딸로 1692년(숙종 18) 태어났다. 1704년(숙종 30) 숙종의 제4왕자인 연잉군延礽君 과 가례를 올려 달성군부인에 봉해지고, 1721년(경종 1) 경종이 몸이 약하고 후사가 없어 연잉군이 세제世弟로 책봉되자 동시에 세제빈에

영조의 비 정성 왕후의 묘소, 서오릉 내에 있다.

서종제의 묘소 이장 후 문인석은 방치되어 있고 타인의 묘소가 조성되어 있다. 경기도 이천

서종제 묘소에 있던 장명등.
경기도 이천.

봉해졌으며, 1724년 영조의 즉위에 따라 왕비에 진봉되었다. 1740년(영조 16) 혜경惠敬이라는 존호가 올려진 뒤 생전에 장신莊愼, 강선康宣 등이 덧붙여졌고 1757(영조 33) 사망한 뒤 1772년(영조 48) 공익恭翼이 추존되고, 인휘仁徽와 소헌昭獻이 추상되어 혜경장신강선공익인휘소헌惠敬莊愼康宣恭翼仁徽昭獻이라는 존호를 가지게 되었으며, 1778년(정조 2) 휘호로 단목장화端穆章和가 올려졌다. 소생은 없고 능은 고양에 있는 홍릉弘陵이며, 시호는 정성貞聖이다.

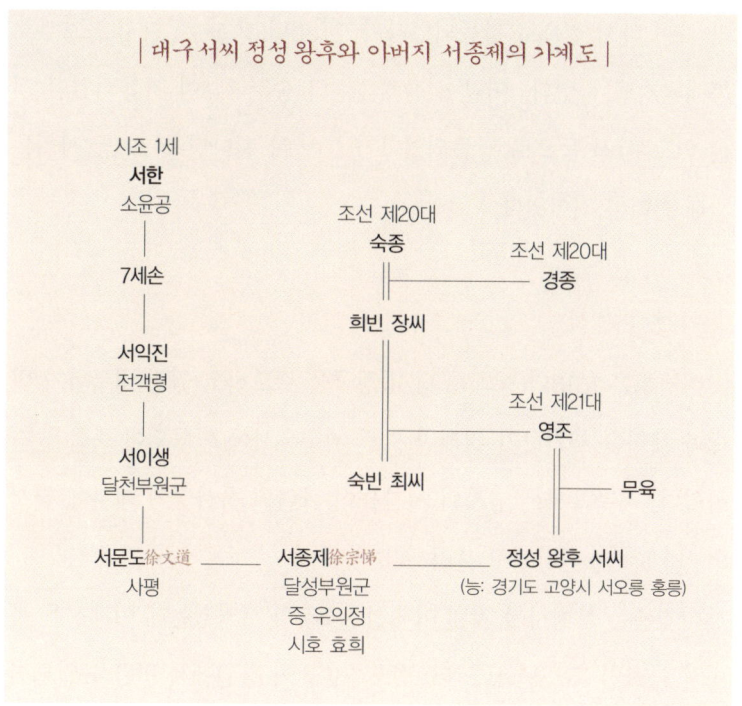

| 대구 서씨 정성 왕후와 아버지 서종제의 가계도 |

시조 1세
서한
소윤공
|
7세손
|
서익진
전객령
|
서이생
달천부원군
|
서문도徐文道 ——— 서종제徐宗悌 ——— 정성 왕후 서씨
사평　　　　　　 달성부원군　　　　 (능: 경기도 고양시 서오릉 홍릉)
　　　　　　　　 증 우의정
　　　　　　　　 시호 효희

조선 제20대
숙종 ——— 조선 제20대
　　　　　　　 경종
희빈 장씨

　　　　　　　 조선 제21대
　　　　　　　 영조
숙빈 최씨　　　 —— 무육

이천의 4대 사옥

조선 후기에 이르러 이천 지역에서는 4번에 걸친 옥사 사건이 발생하였다. 1613년(광해 5)에는 이천에서 이경준 옥사 사건이 발생함으로써 도호부에서 현으로 강등되었다가, 1623년(인조 1)에 다시 도호부로 승격되었다. 그러나 1644년(인조 22)에 다시 홍양걸이 역적으로 주살당한 사건으로 인하여 현으로 강등되었다가, 1653년(효종 4) 부府로 승격되었다. 1729년(영조 5)에는 박필상의 역모 사건이 발생하여 다시 현으로 강등되었다가, 1738년(영조 14) 다시 도호부로 승격하였다. 1777년(정조 1) 4월에는 역적 유한신이 태어난 곳이

라 하여 다시 현으로 강등되었다가, 1786년(정조 10) 다시 도호부로 복귀되기도 하였다. 이같이 읍격邑格의 승강昇降이 거듭되었던 것은 역모 사건 등으로 강등되었다가 10년이 지나면 복호復號시키는 관례에 따른 것이었다.

이경준 옥사

이경준은 1613년(광해 5) 당시 정국을 주도하고 있던 대북파가 반대파 세력을 제거하기 위해 일으킨 계축옥사에 연루되어 죽음을 당하였다. 계축옥사는 명가의 서자들이 관련된 옥사였기 때문에 칠서의 옥七庶之獄이라고도 불리운다.

이경준은 북병사를 지낸 이제신李濟臣의 서자였는데 이제신은 북병사 시절인 1583년(선조 16) 번호藩胡들이 경원에서 변란을 일으키자 이들 부락을 소탕하고 150여 명의 수급首級을 베는 성과를 올렸던 인물이다. 이경준은 같은 서자 출신인 영의정을 지낸 박순朴淳의 서자 박응서朴應犀, 감사를 지낸 심전沈銓의 서자 심우영沈友英, 목사를 지낸 서익徐益의 서자 서양갑徐洋甲, 평난공신 박충간朴忠侃의 서자 박치의朴致毅, 박유량朴有良의 서자 박치인朴致仁, 서얼 허홍인許弘仁 등과 사귀었다. 이들은 허균許筠, 김장생金長生의 서제庶弟 김경손金慶孫 등과도 교유하면서 자신들을 죽림칠현竹林七賢 또는 강변칠우江邊七友라 일컬었다. 이들의 우두머리 격인 서양갑은 항시

"우리들이 뛰어난 재질을 갖고 있는데 오늘날의 법 제도 때문에

출세길이 막혀 뜻을 펴지 못하고 있다. 사나이가 죽지 않는다면 모르지만 죽는다면 큰 이름을 드러내야 할 것이다."

하며 조선의 서얼 차별에 대해 불만을 토로하곤 하였다. 이들은 1608년 서얼 금고의 폐지를 연명으로 상소하였으나 허락되지 않자, 1613년(광해 5) 초부터 경기도 여주 강변에 무륜당無倫堂을 짓고 같이 살며 나무꾼, 소금 장수, 노비추쇄인奴婢推刷人을 가탁하여 전국에 출몰하며 화적질을 하였다. 3월에는 새재에서 상인을 죽이고 은자 수백 냥을 터는 일을 벌였다. 피살자의 노복 춘상이 이들의 뒤를 추적, 포도청에 고발하여 이들의 행각은 발각되었다.

맨 먼저 잡힌 인물은 박응서로 혼자 집에 있다가 체포되어 도적질을 자복하였다. 그런데 포도청에 갇혀 있던 박응서가 돌연히

"우리들은 천한 도적이 아니다. 은화를 모아 무사들과 결탁한 다음 반역하려 하였다."

고 상소하였다. 자신들은 영창대군을 추대하려고 하였다는 것이다. 이로써 사건은 역모를 다스리는 옥사로 변모하였다.

박응서로 하여금 역모를 고변하는 상소를 올리도록 유도한 자들은 대북파의 이이첨 등이었다. 이이첨은 포도대장 한희길로부터 큰 도적을 잡았다

이경준의 아버지 이제신의 초상. 경기도 이천 출신으로 묘소는 양평에 있다.

는 소식을 듣고 그 심복 김개, 김창후, 정항 등과 모의하여 박응서를 꾀여 역모를 도모했다는 상소를 올리도록 한 것이다.

당시 정국은 북인이 정국의 주도권을 잡고 있는 가운데 남인과 서인 일부가 비주류로서 참여하고 있었다. 북인은 선조 말엽부터 왕위 계승을 둘러싸고 광해군을 지지하는 대북파와 영창 대군을 지지하는 소북파로 나뉘어 암투를 벌였다. 광해군은 임진왜란 초에 세자로 책봉되었는데, 선조 말년에는 영창 대군을 총애하는 선조에게 냉대를 받았다. 1607년(선조 40) 선조가 병이 중하여 세자에게 전위한다는 전교를 내렸고 이때 소북파의 영수인 영의정 유영경은 전교를 회수할 것을 요청하여 영창 대군을 지지한다는 의심을 샀다. 그러자 합천에 있던 정인홍이 세자를 칭송하고 유영경의 행사를 심하게 공박하는 상소를 올렸다.

1608년 선조가 죽고 광해군이 즉위하자 정인홍, 이이첨 등 대북파가 집권하게 되었고 대북파는 먼저 영창 대군을 왕으로 옹립하려 하였다는 구실로 소북파의 영수인 유영경을 사사하는 등 소북파를 압박하였다. 그리고 계속적인 정국의 주도권을 장악하기 위해 폐모론을 제기하게 되었는데, 폐모론의 계기가 되었던 사건이 바로 계축옥사였다.

왕이 친국하는 자리에서 박응서는 도적질은 거사 자금을 구하기 위한 것이었으며, 자신들은 이미 1608년(광해 즉위)에도 명나라 사신을 쏘아 맞추고 군사를 일으키려 했으며, 1612년(광해 4)에도 이경준이 흥의군興義軍의 이름으로 격문을 작성하고 사대문에 붙여 민심을 동요케 한 뒤 곧바로 군사를 일으키려 하였다고 하며, 앞으로의 계획으로는 자금을 모아 가지고 3백여 인을 동원해 대궐을 습격해서 제일 먼저 대전을 범하고, 두 번째로 동궁을 범한 다음 급히 국보를 가지고 대비전에 나아가 수렴청정을 하도록 청하는 한편, 성문을 굳게 닫고 백관을 모두 바꿔치려 하였다고 대답하였다.

두목으로 지목된 서양갑은 거듭된 형벌에도 처음에는 완강히 부인하였으나, 그의 어머니와 형제들이 심한 국문을 받다가 죽자 이경준을 보고

"나라가 내 눈앞에서 내 어머니를 죽였으니 나 역시 크게 뒤흔들어 보복하고자 하는데 어떻게 생각하는가."

하였다고 한다. 과연 그는 영창 대군을 세우려는 역모를 꾀하였다고 자복하고, 일을 맨 먼저 창도한 자는 인목 대비의 아버지 김제남이었다고 지목하였다. 서양갑의 자복이 나오자 소북인 유희분과 박승종의 무리는 영창 대군을 법대로 처단하라고 요청하고 이이첨의 무리는 한걸음 나아가 폐모론을 주장하였다.

이경준은 국문을 받고 공초하기를,

"신이 과연 박응서 등과 서로 알고 지내기는 하였습니다. 그러나 요즘 들어 박응서가 바르지 못한 행위를 하는 것을 보고 늘 염려하는 말을 김경손과 이야기했습니다. 이 사람이 마음 씀씀이가 형편 없어 신들을 함정에 빠뜨리려 하는데 꾸며댈 말이 없는 것을 걱정하겠습니까? 신이 역모를 꾸민 사람과 서로 친하게 지냈다고 한다면 그 죄는 달게 받겠습니다만, 역모를 미리 알고 있었다고 한다면

정말 원통하기 그지없습니다."

하였다. 이경준은 압슬壓膝, 낙형烙刑 등 혹독한 형을 당하여 정강이에 살이 붙어있지 않을 지경이었는데도 끝내 말을 달리하지 않았다고 한다. 이경준이 썼다고 하는 격문은 1610년 허균이 서양갑 등과 같이 역모를 꾀하였다고 고발되었을 때 허균이 쓴 것으로 지목되기도 하였다.

우영의 아들 심섭沈燮의 입에서 여주와 이천의 군사를 역모에 동원하려 하였다는 이야기가 나왔고 심섭은 한 차례 형장을 맞자

"서양갑이 괴수가 되어 여주와 이천의 군사를 가지고 서울을 공격하려 하였습니다. 그리고 신의 아비가 과연 노추奴酋를 청해 오면 좋겠다고 말했는데 그 뜻은 서울을 공격하려고 하는 것 같았습니다."

라고 공초하였다. 이에 대해서 서양갑은 여주와 이천의 군사를 동원한다는 설은 허황된 것이라고 부인하였다.

사건에 연좌된 서얼 대다수는 불복한 채 죽었다. 그리고 이 사건에 연좌된 종선 판관 정협鄭浹, 선조로부터 인목 대비와 영창 대군을 잘 보살펴달라는 유명을 받은 신흠申欽, 박동량朴東亮, 한준겸韓浚謙 등 7대신 및 이정구李廷龜, 김상용金尙容, 황신黃愼 등 서인 수십 명이 수금되었다. 김제남은 사사되었고 영창 대군은 강화도에 위리안치되었다가 이듬해 강화도에서 살해당하였다. 당시 영의정 이덕형과 좌의정 이항복을 비롯한 서인과 남인들은 유배당하거나 관직을 삭탈당하고 쫓겨났고 대북파는 정권을 완전히 장악하였다.

인목 대비는 이 옥사로부터 제기되기 시작한 폐모론에 의해 결국 1618년(광해 10) 폐위되어 서궁에 유폐되었다. 이 사건으로 이천 도호부는 현으로 강등되었다.

홍양걸의 역모 사건

홍양걸은 이천 출신으로 심기원沈器遠의 역모에 가담하였다. 심기원은 1644년(인조 22) 청나라에 대한 굴욕 외교에 불만을 품고 회은군 덕인德仁을 추대하려는 반란을 꾀하였으나 거사 전에 발각되어 죽음을 당하였다. 홍양걸은 역모의 핵심 인물인 권두창權斗昌의 공초에서 이름이 나와 정형正刑을 받았다.

심기원은 1623년 인조반정에 공을 세워 정사공신靖社功臣 1등에 책록되고 청원부원군으로 봉해졌던 인물이다. 반정 이후에는 동부승지를 거쳐 병조참판에 특진되었고 1624년(인조 2) 이괄의 난이 일어났을 때는 한남 도원수가 되어 난을 막았으며 1627년(인조 5) 정묘호란 때는 경기·충청·전라·경상도의 도 검찰사가 되어 종사관 이상급李尚伋, 나만갑羅萬甲 등과 함께 세자를 모시고 피란하였다. 1636년(인조 14) 병자호란이 일어나자 유도대장으로 서울의 방어책임을 맡았고, 1642년 좌의정에 승진되었다. 이듬해 성절사聖節使로 청나라에 다녀온 뒤 1644년(인조 22) 좌의정으로 남한산성 수어사를 겸임하게 되자 이를 기화로 심복의 장사들을 호위대에 두고 전지사 이일원李一元, 광주 부윤 권억權澺 등과 모의하여 회은군 덕인을 추대하려는 반란을 꾀하였다.

심기원 등은 공초에서 반란을 꾀하게 된 동기를 청에 대한 굴욕을 씻고자 하는 마음에서 비롯된 것이라고 말하였다. 그들은 병자호란 이후 10여 년간 군사를 일으킬 생각을 해왔다는 것이다. 그런데 이 시점에서 심기원이 모반을 하였던 배경에는 최명길崔鳴吉이 명과 밀통하였다고 하여 청으로 끌려간 사건이 작용하였다. 병자호란 이후 최명길, 신경진申景禛, 심기원沈器遠 등은 우호적인 대명 관계를 추진하는 등 양면적인 외교 정책을 취해왔었는데, 이 때문에 최명길이 청에 불려가게 된 것이다.

인조반정으로 등장한 서인 정권은 반정 명분의 하나로 광해군의 명에 대한 배은망덕을 내세우고 있었기 때문에 청에 대한 강경한 입장을 취하였다. 그러다가 1627년(인조 7) 막상 청이 정묘호란을 일으켜 침입해오자 이를 막지 못하고 조선이 아우로서 청을 형으로 모신다는 굴욕적인 화의를 맺고 많은 예폐禮幣를 바치는 무거운 부담을 안게 되었다. 한편 국호를 청으로 고치고 스스로를 황제라고 일컬은 청 태종은 조선이 예폐의 증액과 군신 관계의 수립을 완강하게 거절하자 1636년(인조 14) 12월에 병자호란을 일으켰다.

병자호란은 인조가 삼전도에서 엎드려 절하며 항복의 예를 행하는 굴욕을 당하면서 화친하는 것으로 끝을 맺었다. 청은 조선의 세자와 봉림대군과 대신의 자제들을 심양으로 끌고 갔고, 척화론의 주모자인 윤집, 오달제, 홍익한을 잡아가 처형하였으니 이들이 3학사이다. 그리고 청은 많은 사대부 부녀자들을 포로로 잡아갔다. 후일에 이들을 보내주는 대가를 받아내려는 목적이었다. 병자호란 이후 조선에서는 반청 의식이 고조되어 가는 가운데 청은 몇 차례 조선에 명을 공격할 군사를 보내줄 것을 요청하였다.

1639년(인조 17) 10월에도 청 태종은 명을 정벌할 계획을 세우고 조선에 파병과 군량미 조달을 요구하였다. 조선 정부는 임경업에게 전선戰船 120척, 군사 6천 명, 군량 1만7천 석 등을 동원하여 의주를 떠나 청의 금주 공격을 돕도록 하였다. 그러나 임경업은 명군과 은밀히 내통하여 승려 독보를 보내 청군의 동태를 명 진영에 보고하곤 하였다. 결국 임경업은 한번도 명군과 싸우지 않고 배를 버리고 육로로 청나라의 허실을 정탐하면서 서울로 돌아왔다. 1642년(인조 20) 청의 금주 공격에서 명 장군이 투항하자 임경업이 승려 독보를 파견하여 내통한 사실이 명백히 드러났다. 청은 조선 조정에 임경업을 체포하여 청으로 압송하도록 요구하였다. 압송 도중 임경업이 도망하였는데, 이 때 심기원이 그의 도망을 도와주었다. 임경업은 도망하여 배를 타고 명나라로 가서, 명으로부터 평로장군平虜將軍의 칭호를 받고 4만의 군사를 이끄는 위치에 올랐다.

심기원은 임경업이 명의 군사를 지휘하는 이 기회에 모반하여 왕을 교체하고 군사를 일으켜 서로 합심하면 청을 물리칠 수 있을 것으로 생각하였던 듯하다. 심기원은 대궐에는 미리 내응 군사를 입직시켜서 자신들이 군사들을 동원하여 대궐을 범할 때 호응하도록 하고, 대궐 바깥에서는 권억이 군사를 이끌고 와서 다른 군사들을 막는다는 계획을 세웠다. 그러나 거사 직전에 황익과 이원로 등이 고변하여 심기원 등은 체포되고 말았다. 심기원, 권억, 이일원, 권두창, 정형, 홍양걸 등 관련자들은 정형을 당하였다.

심기원의 모반 사건에서 여러 번 이름이 나온 임경업은 청나라가 북경과 남경을 함락시킨 후 탈출을 꾀하다가 붙잡혀서 북경으로 압송되었는데, 조선에서는 그가 모반에 연루되었다고 송환을 요청하여 서울로 압송해 왔다. 그는 심기원으로부터 도망할 때 도움을 받은 것은 사실이나 역모에 가담한 사실은 없다고 부인하였으나, 모진 심문을 받는 중에 숨지고 말았다. 군사 동원의 중책을 맡았던 권억의 아들이며, 심기원과는 숙질 간으로서 모반의 핵심 인물의 하나였던 권두창은 몸을 숨겨 도망하였다가 이천에서 사로잡혀 서울로 압송되어 국문을 받았다. 권두창의 공초에서 홍양걸의 이름이 나와 홍양걸도 정형을 받았다. 이 사건으로 이천부는 다시 한 번 군으로 강등되었다.

박필상 반란 사건

박필상은 이천 출신으로 1728년(영조 4) 무신난戊申亂에 참여하였다가 참형에 처해졌다. 그는 당시 반군의 핵심 인물이었던 정세윤鄭世胤의 권유로 그의 군관이 되었다. 흔히 이인좌李麟佐의 난이라고도 불리는 무신난은 남인과 소론이 중심이 되어 경종 독살설을 주장하면서 영조와 노론을 제거하고 소현 세자의 증손인 밀풍군密豊君 탄坦을 추대하기 위해 일으킨 무장 반란이었다. 이 반란에는 중앙 정계의 사족들만이 아니라 지방의 사족들도 참여하였으며, 이들의 주도 아래 일반 인민과 중간 계층도 참여하였다. 따라서 무신난은 단순히 당쟁으로 인한 지배층의 역모 사건에 그치지 않고 당시 사회에 문제를 느끼고 있던 여러 계층이 참여하는 반란 사건으로 발전하였다.

난의 주도 세력은 남인과 소론의 명문대가의 후예들이었다. 남인은 인현 왕후 폐비 사건과 경종 세자 책립 등의 문제로 서인과 대립하면서 경종과 정치적인 이해관계를 같이 하게 되었으며, 소론은 숙종 말기 경종의 보호 세력이 되었다. 난의 주도 세력들은 영조와 노론을 제거해야만 정치 진출의 기회를 잡을 수 있다고 생각하는 세력을 중앙과 지방에서 규합하였다. 이들이 규합한 인물 가운데 한 사람인 정세윤은 경종 대부터 각처의 녹림당綠林黨과 접촉하며 영조 즉위년인 1724년부터는 6백~7백 명에 이르는 세력을 포용하였던 인물이다.

소현 세자의 증손 밀풍군 탄의 묘비. 경기도 고양

거사는 박필현朴弼顯이 경중에서 내응하고 이인좌가 외방에서 기병하기로 하였는데, 이때 군사력으로 변산, 양성 등의 녹림당을 이용할 계획이었다. 그런데 핵심 인물인 박필현이 갑자기 태인 현감으로 임명됨에 따라 경중의 주도층은 관망 자세로 돌아섰다. 이에 비해 지방에서는 이인좌,

정희량鄭希良, 정세윤 등이 반 노론의 정서를 지닌 영남의 사족과 호남의 토호층, 녹림당을 규합하여 난의 준비를 착실히 갖추었다.

반란은 지방 세력의 적극적 활동에 의해 시작되었다. 반란 세력은 경중 내응 세력의 취약성을 극복하기 위해서 〈주상이 경종을 시역하였다〉는 내용의 괘서掛書를 살포하여 도성의 민심을 동요시키고 도성 인근의 여주와 이천에서 군사를 모집하여 내응하기로 하였다. 3월 초순에 안성, 양성 등지에서 군사를 둔취시키는 일이 결행되었고 이들은 청주로 이동하여 청주를 점령하고 이어서 점령 지역을 황간, 회인, 청안, 목천, 진천 등지로 확대하였다. 한편 정희량 등은 영남의 안음, 거창, 합천, 삼가, 함양 등을 장악했으나 안동과 상주를 점거하는데 실패하였다. 또 호남에서는 나주, 태인, 무장 등지를 근거로 병사를 동원하려 했던 박필현 등의 시도가 좌절되었다. 다만 정세윤과 연결되었던 변산의 김수종 등만이 청주로 향했다. 청주병은 영남병과 호남병의 도래가 없는 가운데서 도성 진격을 실행하지 않을 수 없게 되었다. 이들은 진천을 경유하여 안성, 죽산 간으로 진격하였다. 반란군은 병조판서 오명항이 직접 지휘한 관군에게 패하였다. 안성·죽산 전투를 계기로 지방의 사족들도 '창의倡義'을 내세우고 군사를 모집하여 반란군이 점거한 지역을 회복하였다.

무신난은 중앙의 명문 양반가 출신과 지방의 사족, 토호, 향임, 군관층, 유민과 화전민 등 여러 계층이 연대하여 일으킨 반란이었다. 이천은 반군이 경중의 내응을 위해 군사를 동원하고자 한 곳이었으며 여주 이천의 조덕규, 조상, 임서호, 평안 병사 이사성 등은 초기부터 가담하였다. 그 밖에 가담한 이천 사람으로는 사족 곽중휘, 서얼 최기징, 정조윤, 박필상 등이 확인된다. 박필상의 공초에 따르면 난의 주요한 참가자인 정세윤도 이천 출신이다. 박필상은 정세윤의 육촌인 정조윤을 따라서 반란에 참가하여 정세윤의 군관으로 활동하였다. 무신난으로 인해 이천은 현으로 강등되었다.

유한신 사건

유한신은 이천 출신으로 정조 즉위년인 1776년 사도 세자의 죽음과 관계된 상소를 올렸다가 정조에 의해 역적으로 규정되어 죽음을 당하였다. 유한신과 함께 상소를 올린 인물은 이덕사李德師, 조재한趙載翰, 박상로朴相老, 최재흥崔載興, 이일화李一和 등이었다.

먼저 시골 선비 이일화가 1762년(영조 38) 사도 세자의 죽음을 말하는 상소를 올렸으며 이 상소는 조재한이 사주한 것으로 밝혀졌다. 같은 날 이덕사와 유한신의 상소도 올라왔는데 같은 내용이었다. 상소의 자세한 내용은 알 수 없지만 정조는 이를 받자 "이는 선왕先王을 무함한 역적이다" 하고 곧바로 이들을 친국하였다. 정조는 조재한 등이 환관 이흥록李興祿, 김수현金壽賢 등과 결탁하여 자신이 세손일 적에 효도이니 의리이니 하면서 자신을 유혹하고 협박하였던 일이 있었다고 밝혔다.

유한신은 1767년(영조 43) 한림회권翰林回圈에 들었으나 대간이 인망人望에 맞지 않으니 빼버리라고 상소하여 삭직되었으며, 1773

년(영조 49) 대간臺諫의 천망薦望에 올랐으나 지평 이기송이

〈미천微賤하고 무식하며 또한 내력이 없는데, 명기名器를 더럽히
게 되므로 물정物情이 모두 놀라고 있다.〉

고 상소하여 삭제되었던 인물이다.

이 사건으로 이덕사, 박상로, 조재한, 이일화, 유한신 등은 모두
정형되었다. 유한신의 아버지 유문유는 산골의 어리석은 백성으로
나이가 60세가 넘었기 때문에 특별히 일률一律을 용서하여 정배에
처해졌다.

정조는 즉위하면서 자신을 사도 세자의 아들이라고 하면서 사도
세자에게 장헌莊獻이라는 존호를 바치는 추숭 작업을 하였다. 그리
고 정조는 즉위하자마자 사도 세자의 죽음과 관련된 인물인 김상로
와 숙의 문씨를 처단하였다. 정조가 사도 세자의 죽음을 초래한 세
력들 즉 홍계희, 김상로, 정후겸, 홍인한 등 외척 내지 부마 세력과
연결된 권력 집단을 제거하면서도 사도 세자의 죽음을 문제 삼는
상소를 단호하게 처리한 것은 사도 세자의 죽음에 관한 논의가 영
조에까지 미치는 것을 용납하지 않고자 한 것이다. 이 사건으로 이
천부는 다시 현으로 강등되었다.

2대에 걸쳐 황제가 나온
남연군 유택

고종이 즉위하기까지 숨죽인 세월

60년 안동 김씨 세도정치 아래에서 약자가 살아남는 방법을 잘 알고 살아오던 이하응李昰應은 스스로의 운명을 바꿀 수 있는 기회를 한 단계 한 단계 만들고 있었다. 운명을 바꾸기 전에는 흥선군 혹은 파락호破落戶로서 모자라는 왕족으로 불리다가 생각한대로 뜻을 이룬 후 흥선 대원군으로 호칭이 바뀌게 되었다. 그럼 군에서 대군 大君(대원군大院君)으로 된 가계를 한번 살펴보자.

영조는 영빈暎嬪 이씨李氏 사이에서 아들 선愃 (사도 세자)을 낳았는데 선은 세자였지만 임금은 되지 못했다. 그리고 사도 세자는 둘째 빈인 숙빈肅嬪 임씨林氏와의 사이에서 서자인 은신군恩信君을 낳았고 은신군이 후사가 없었기에 이구李球는 그 양자로 입양되었으며 남연군南延君으로 봉해지고 수원관守園官과 수릉관守陵官으로서 공원이나 왕릉을 지키고 관리하던 하급 관리를 지냈다. 남연군은 여흥부대부인驪興府大夫人 민씨閔氏 사이에서 흥녕군, 흥원군, 흥인군, 흥선군을 낳았다. 남연군은 바로 인조의 아들인 인평麟平 대군의 6세손 이병원李秉源의 둘째 아들이자 고종의 생부인 흥선 대원군 이하응의 아버지인 것이다.

흥선 대원군은 왕족이었지만 세력이 없는 위치에 있었다. 제24대 왕 헌종에게 세자가 없었고, 제23대 순조 즉위시부터 세력을 잡은 안동 김씨의 기세에 눌렸으며 제25대 철종의 비까지 안동 김씨 가문에서 들였기 때문이다. 강화에 살던 사도 세자와 영빈 임씨 소생 은언군恩彦君의 셋째 아들 전계군全溪君의 아들이 덕원군德元君 철종인데 불행하게도 철종 또한 후사 없이 공주만 있었고 그 부마는 개화파인 박영효였다.

한편 순조의 세자 익종의 비인 신정神貞 왕후는 1834년 아들 헌종이 즉위하자 왕대비가 되었으며, 1857년(철종 8) 대왕대비로 진봉되었다. 1863년 제25대 철종이 승하하자 흥선 대원군과 밀약하고 흥선 대원군의 둘째 아들 희熙를 양자로 입적하고 고종으로 즉위하게 하여 대왕대비로서 수렴청정하였고, 흥선 대원군에게 정책 결정권을 주어 대원군의 집정을 이루게 하였다. 풍양豊壤 조씨趙氏인 신정 왕후는 안동 김씨들과 대립적 관계에 있던 중 흥선 대원군의 계획과 맞물리면서 자신의 발판을 마련하기 시작한 것이다.

남연군의 묏자리는 절터였다

그 당시 이렇게 우여곡절 끝에 왕을 탄생시켰지만 그 뒷면에서 왕을 탄생시킬 준비에 바탕이 된 것은 흥선 대원군의 아버지 남연군을 이장한 묘소였다.

흥선 대원군 이하응은 위의 세 형님들과는 달리 욕심도, 기개도, 의지도 달랐다 한다. 때마침 그는 당대의 풍수가 정만인鄭萬仁에게 장차 앞일이 어떻게 될 것인지를 물었다.

그러자 정만인은 차령산맥 중에서도 예산 땅 가야산을 지목하며 충청도 덕산에 만대를 거쳐 영화를 누릴 곳과 2대에 걸쳐 황제가 나올 자리가 있다고 귀띔을 해주었다. 지사 정만인의 안내로 명당자리를 확인하고 돌아온 이하응의 뇌리에는 가야사의 금탑이 선하였다.

그는 형들에게 연천連川에 있는 친산親山을 덕산 가야산으로 면례緬禮를 하자고 제의를 한다. 그러나 490리 길이나 되어 힘이 드는 이장으로 세 형은 아무도 찬성하지 않았다.

그는 대망에 불타는 집념으로 형님들을 설득하였다. 모두들 흥선군의 고집을 막을 도리가 없었다. 야심에 사로잡힌 이하응은 작은 권세이지만 왕족이란 신분으로 지방에 사는 힘없는 사람들에게는 충분히 세력가로 군림할 수 있었고 이를 이용해 아버지 남연군의 묘 490리 길 이장이 이루어졌다.

왕족인지라 한 지방을 통과할 때마다 그 지역 주민이 동원되었고 덕산 지방에 이르러서 마지막 구간을 담당한 것은 나분들 부락(나박소면 광돌리, 현 덕산면 광천리) 주민들이었다.

운구가 끝난 다음 상주들은 그에 대한 보답으로 이장에 사용한 상여를 이 마을 사람들에게 선물했다. 이 상여는 마을에서 오랫동안 쓰이다가 1974년 중요 민속자료 제31호로 지정되어 원형대로 보존되어 오고 있다. 이 상여는 약 140년 전 궁중에서 쓰던 법도대로 만들어진 것이다.

장지는 석문 윤봉오의 후손으로부터 빌린 자리였으니, 가야사의 금탑(현 남연군 묘소)에서 서북쪽으로 4백 미터쯤 떨어진 곳으로 현재 상가리 동민들이 구광舊壙터라고 부르는 곳이다.

가야사를 불사르고 금탑을 허물다

가야산 옥양봉 기슭으로 친산을 이장하고 돌아온 흥선군은 집안에 전해 오던 중국산 단계석端溪石 벼루를 당시의 충청도 관찰사에게 선사하고는, 그로 하여금 덕산 현감에게 명령케 하여 가야사에 승려가 살지 못하도록 하였고 가야사는 결국 폐절이 되고 말았다.

다음해 그는 성묘를 빙자하여 덕산에 내려와서는 마곡사麻谷寺로 사람을 보내 승려를 초치하니 스님 셋이 왔다.

이하응은 승려들에게 나라와 종실을 위해 가야사를 소각해야만 하겠으니, 절에 불을 지르라고 강요하였다. 그들은 불제자의 몸이 어찌 법당을 불사를 수 있겠느냐며, 항거했지만 이하응의 위압과 강요에 견디지 못하고 이미 폐절이 된 보웅전普雄殿에 불을 지르고 말았다.

이리하여 1400년의 역사를 지닌 백제 고찰 가야사와 나옹의 금탑은 영구히 자취를 감추었고, 그 자리에 흥선대원군의 친산인 남연군의 묘가 다시 면례되었다.

대원군은 이장 때에 있었던 일에 대해 그와 친하던 이건창李建昌에게 이야기 한 적이 있는데

"탑이 이미 부서지고 나니 그 속에서 백자白磁 그릇 두 개와 단차團茶 두 덩어리가 나왔다. 또 사리주舍利珠도 세 개가 나왔는데, 그 구슬은 어린이의 머리통만한 크기였고 심히 밝고 영롱하였다. 맑은 물속에 담겨 있었는데, 푸른 기운이 물을 뚫고 어른거리는 것이 유리구슬에 비치는 빛과 같았다."

라고 말하였다.

2대二代 천자지지天子之地, 남연군 묘터

충남의 신례원과 합덕을 잇는 32번 국도를 타고 가면 온천으로 유명한 덕산德山이 있다. 옛날 이곳은 예산을 다스리던 관아가 있던 행정의 중심지였다. 또한 서산, 당진, 예산으로 통하는 교통의 중심지로 충청도 병마절도사가 머물던 군영도 있었다.

이곳을 지나 서해 지방의 명산으로 손꼽히는 가야산으로 가면 수덕사를 비롯한 천하의 명당자리가 많다. 근처에는 예산군 덕산면의 상가리라는 곳이 있는데 아마 남연군의 묘를 이장했던 상여를 보관한 마을이기 때문에 붙여진 이름이 아닐까 추측된다. 좁은 도로로 들어가면 마을이 끝나는 지점에 남연군의 묘비가 묘 아래쪽에 서 있다. 근처에는 보덕사報德寺가 있는데 이 절은 수덕사修德寺의 말사로 서원산書院山 남쪽 기슭에 있으며 1871년(고종 8) 고종이 가야사를 승계한다는 뜻에서 세웠다. 가야사에는 금탑金塔이라 불리는

철첨 석탑鐵尖石塔이 있었는데, 사면에 감실을 두고 부처님을 봉안했던 빼어난 탑이었다 한다.

그러나 이 절터가 왕손을 낳게 한다는 풍수설에 의해 흥선 대원군이 절을 불태우고 부친 남연군의 묘로 쓴 이후 고종이 왕위에 오르자 그 은혜를 고맙게 여겨 새로 절을 짓고 이름을 보덕사라 한 것이다. 묘는 높은 구릉 위에 있는데 아래에 서 있는 묘비에

有明朝鮮國 顯祿大夫 南延君 兼 五衛都摠府都摠官
贈 諡榮僖公之墓 郡夫人驪興閔氏府左

유명조선국 현록대부 남연군 겸 오위도총부도총관
증 시영희공지묘 군부인여흥민씨부좌

라는 명문이 오석의 비신에 새겨져 있다.

묘소로 오르는 계단은 흙으로 만들어져 있으며 묘에서 바라보면 덕산을 비롯한 삽교와 예산의 들판이 한눈에 들어오고 동남향으로 탁 트여 가슴속까지 시원해진다. 이곳의 형승에 대한 풍수가의 의견은 다음과 같다.

〈백두대간의 주봉 소백산을 조산으로 하여 속리산을 거쳐 차령산맥이 지나는 청양의 백월산, 홍성의 대월산으로 이어져 가야산이 만들어지고, 이

남연군의 묘소.

어 그 줄기는 북쪽으로 뻗다가 몸을 돌려 가야산을 다시 돌아보는 가운데 한 맥이 서쪽으로부터 내려와 만든 명당이라 한다. 방향은 남동향인 해좌사향亥坐巳向이고 물줄기는 동쪽에서 나와 남동쪽으로 막히니 묘득진파卯得辰破이며, 혈穴로 들어오는 용龍(석문봉)의 좌우에는 가야봉이 천을天乙이 되고 옥양봉이 태을太乙이 되어 각각 혈을 호위하고 있다. 또한 오른쪽의 백호는 금성과 목성의 산들이 연이어 뻗어 혈을 감싸고 수구를 막고 있는 반면, 청룡 쪽은 목성의 산들이 서로 이어져 역시 수구를 막아주고 있다.

이곳의 형승은 한마디로 용장호단龍長虎短의 형세로 앞산들은 마치 만조백관이 묘소 쪽을 보고 절하는 모양 같으니 누가 보아도 왕의 자리이다. 그러나 굵은 몽둥이 같은 왼쪽 청룡이 묘를 향해 공격하는 듯 머리를 내밀고 있어 후손에게 피를 부르는 우환이 있을 것이고, 백호 쪽은 각각의 형봉의 모습이 뛰어나 청룡을 압도하니 부인들의 주장이 드셀 것이다.〉

언덕 위에 높이 모신 묘소는 낮은 호석을 둥글게 두르고 그 앞에는 장명등과 묘비를 두었다. 묘비의 비문은 묘 아래의 묘비와 동일하게 평범하지만 장명등은 몹시 화려한데 서양 궁궐의 지붕 모양을 본뜬 옥개석이 특이하고 화창을 둥글게 사방에 내었다. 그러나 정작 눈길을 끄는 것은 망주석이다. 보통의 망주석은 아래 부분을 땅에 묻어서 고정시키는데 비해 이 망주석은 간석竿石을 갖춘 기단 위에 높이 서 있으며 모양과 위용이 대단하다.

묘 주위에는 군데군데 바위가 땅 속에 묻혀 있어 옛 절의 흔적을 보여주며, 석물은 이끼가 끼어 고태스럽다. 남연군의 묘는 1989년 12월 29일 충청남도기념물 제80호로 지정되었다.

흥선군 이하응, 대원군이 되다

1846년(헌종 12) 3월 18일에 친산을 가야사 금탑 자리로 면례를 한 지 7년이 되는 임자년(첫 이장을 한 때로부터는 8년)에 이하응은 차남 명복明福(재황載晃)을 낳았다.

계략대로 친산 이장을 완료한 이하응은 자구책을 강구하기 시작하였다. 거짓 주사酒事가 심해지더니 드디어 관직에서 물러섰고, 집안까지 궁하게 만들어 놓고는 장동壯洞 김씨 문전을 드나들며 아부를 일삼으며 세상을 살아갔으며 시정의 불량배와 어울리며, 체통 없는 짓을 서슴지 않았다.

안동 김씨의 정략으로 왕위에 오를 수 있었던 철종은 몸이 약하고 후사도 없었기에 날이 갈수록 이씨 왕조의 정치 실권은 장동의 안동 김씨 일족으로 넘어가고, 종친인 전주 이씨는 그 존재를 잃어갔다.

이하응은 이도정李都正에 대한 모략 사건 이후 더욱 몸조심을 하지 않을 수 없었다. 이하응은 이도정이 사형을 당하자 미소를 지었을지도 모른다. 장차 자기와 왕위를 다툴 최강의 대상이 안동 김씨 일족에 의하여 저절로 사라졌으니 말이다. 혹은 마음속으로 비웃었을지도 모른다. 강직한 체하다가 거세를 당한 그 순진한 우직을 말이다.

대왕대비 조씨.
제23대 왕 순조의 세자 익종翼宗의 비이자
제24대 왕 헌종의 생모이다.

이하응은 파락호로서 자신의 겉모습을 위장하면서 대망을 성취하려는 계략만은 어김없이 추진하고 있었다.

철종이 승하하면 새로운 왕을 지정할 권한은 종실의 제일 어른이 되는 대왕대비 조씨가 가지게 된다. 그러므로 대망과 패기를 간직한 흥선군은 차남 명복의 교육에 유달리 주력하면서, 6촌 종계수인 조대비와의 접촉을 그 친정 조카 조영하趙永夏를 통해 꾸준히 이어갔다.

흥선군이 44세 되는 1863년(철종 14) 12월, 철종이 승하하니 대왕대비 조씨의 교지로 흥선군의 차남 재황은 12세의 어린 나이로 왕위를 계승하게 되니 그가 바로 조선 제26대 왕 고종이 된다.

이하응은 필연적으로 대원군으로 봉해지고 이로써 이하응은 흥선 대원군으로서 국정을 휘어잡고 이씨 조선조 말기의 풍운에 뛰어든 것이다.

대원군과 보덕사

종실 보전의 일념으로 가야사를 불살라 버린 흥선대원군의 마음속에는 항상 미안함과 죄책감이 남아 있었던 듯하다.

그렇기에 그는 아들이 조선의 왕으로 즉위하자 곧 불타버린 가야사의 동쪽 산 중턱에다 새 절을 창건하기 시작하였다. 궁궐을 건축하는 훌륭한 도편수며 목공, 기와공, 토공, 단청공까지도 나라에서 직접 보내서 2년 만에 완공하고는 장남 재면載冕의 이름으로 부처님께 이 절을 바치는 예를 치렀다. 부처님의 은덕에 보답한다는 뜻으로 보덕사報德寺라 이름하고, 죄를 속하면서 스스로의 정신적 위안을 얻고자 한 것이리라.

흥선 대원군은 불상과 범종, 궁중 화원이 그린 불화佛畵 10점, 많은 전답과 재화, 궁중에서 사용하던 각종 가구와 기물 등 일체를 하사하여 공양에 쓰게 하였다.

한편, 묘 앞에 서서 바라다 보이는 모든 산야를 전부 국유화하였는데 우선 병계屏溪 윤봉구尹鳳九와 석문石門 윤봉오尹鳳五 형제 소유이던 가야동 통안 1천여 정보 사패지지를 국유로 수용하면서, 공주 유구 지방에다 수백 정보町步의 대토를 주기도 하였다. 또한 가야산에 있는 모든 묘소를 외부로 옮기도록 하면서 석물을 모두 제거토록 하니, 국유화된 산중에 개인 묘소는 자취를 감추게 되었다.

가야산을 중심으로 한 주위 지방은 초기 불교가 중국의 중부 지방으로부터 해상으로 전파되어 북쪽으로 서산 보원사普願寺의 마애삼존불, 태안의 마애불, 서쪽의 개심사開心寺, 남쪽의 수덕사, 동쪽의 봉산 화전 4면 석불 등 백제 불교의 유적이 존속되고 있건만 가야골에서는 가야사의 소멸과 더불어 암자들까지도 쇠퇴하고 만다.

원래 산중에는 국보급 석조 유물들이 허다했는데 일제 때 일본인들의 사주를 받은 도굴꾼들에 의해 반출되거나 지방민의 무지로 훼손된 경우가 허다했다. 이리하여 가야산의 고대 문화는 파멸되고 조선왕조는 종말을 고함으로써, 풍수설에 현혹되었던 흥선 대원군의 기대 또한 무산되고 말았다.

풍수로 운명은 바꾸었으나

12살에 어머니를 잃고 17세에는 아버지를 여의고 기인 행세를 하며 살아가던 이하응이 12살밖에 안 된 아들을 조선왕조 제26대 임금으로 등극시켰다.

또한 1907년 헤이그 만국 평화 회의에 이준 등을 밀사로 파견한 사건에 연루되어 아들인 고종이 물러나고 이어 고종과 명성 황후 소생의 순종이 황제로 등극하니 2대에 걸쳐 황제에 오른 셈이다. 천하의 명당으로 묘를 이장한 덕분에 아들을 왕위에 오르게 하고 그토록 갈망하던 권력을 한손에 쥐고 개혁을 주도했지만 열강들의 통상 압력이 거세게 몰아치던 때라 쇄국정책을 펼치던 대원군은 사면초가의 위기에 몰렸다.

그토록 기다리던 권세도 얻었지만 험악한 역사의 길목에 서 있던 흥선 대원군과 고종, 순종은 과연 세력가와 군주로서 한 시각이라도 마음 편한 날이 있었을까. 흥선 대원군은 며느리 명성 황후와 권력 다툼에서 밀고 당기는 과정에서 천륜인 부모 자식 간의 도리도 짓밟았으며, 조부 남연군의 묘소 덕분에 왕위를 얻은 고종 역시 이민족 일본에 나라를 넘겨주고 빼앗고 하는 과정에서 심사가 얼마나

아팠을 것인가.

홍선 대원군과 명성 황후의 틈에 끼어서 어렵게 고종의 뒤를 이은 순종은 힘없는 껍데기뿐인 왕 역할을 하다가 3년 만에 519년 동안 이끌어온 한 왕조의 문을 닫게 되었다. 남연군의 묘소 덕분에 그렇게 갈망하던 왕권은 얻었으나 말로가 그렇게 되었음엔 천년 가야사를 허물고 빼앗은 죗값을 치른 것처럼 보여진다. 순리를 행하지 못한 결과라는 말이다.

오페르트의 남연군 능묘 도굴 사건

1866년(고종 3) 두 차례에 걸쳐 조선과의 통상을 요구하다가 실패하고 돌아간 독일의 상인 오페르트(Oppert) 일행은 1868년 4월 제3차 한반도 답사를 기도하였다.

그러나 그들의 말과 실제행동은 전혀 다른 것이었다.

상해를 떠난 그들은 북독일 연방의 국기를 게양하고 일본 나가사키(장기長崎)항으로 가 그곳에서 소총을 사서 중국 청년들을 무장해 군대화시킨 다음, 4월 18일 충청도 홍주군 행담도行擔島에 와서 정박하였다. 그들은 이로부터 소 증기선 그레타호에 옮겨 타고 삽교천으로 올라와 덕산군 고덕면 구만포에 이르러 상륙하였다.

이들은 스스로를 러시아 군병이라 거짓 칭하면서 덕산에 이르러서는 읍내를 통과하는 길을 피해 북문리에서 심통골로 지나 상가리에 이르렀다. 오페르트 일행은 천주교도들의 안내를 받아 몰래 남연군 묘에 도착해 도굴을 하기 시작했다. 그러나 묘가 견고하고 썰

물 시간에 쫓겨 그들은 결국 도굴을 포기하고 돌아갔다. 이 사건은 묘 속에 부장된 유품을 도굴해서 그것을 미끼로 천주교 신앙과 통상 약속을 얻어내려는 오페르트의 수작이었다.

덕산 군수 이종신李鍾信과 묘지기, 여러 동민이 이를 제지코자 하였으나 무장을 한 서양인과 수많은 중국 청년을 당해낼 수 없었다. 그들의 굴총은 관곽棺槨에까지 미쳤으나 파 올리지는 아니하고 그대로 방치한 채 구만포로 퇴각하였다. 그리하여 하리 후포(고덕면 상궁리~양촌 하리~시거리)에 도착해 하루를 머물면서 민간인에게 갖은 횡포와 약탈을 감행하고는 20일에야 차이나호에 옮겨 타고 바다 쪽으로 자취를 감추었다.

이것이 오페르트의 남연군묘 굴총 사건이다.

2일 간에 걸친 해괴한 사건이 공주로 급보되자 관찰사 민치상閔致庠은 관군 1백 여 명을 출동시켰으나 이미 떠나간 후였다.

삽교천의 구만포로부터 퇴각한 차이나호는 서해안을 북상하여 21일 강화 영종진永宗鎭 앞바다에 나타나서, 덕산의 대원군 친산을 범하였다. 이것은 전년인 1866년(고종 3) 7월에 평양에서 일어난 신미양요辛未洋擾에서 제너럴셔먼호(General Sherman)가 불타고 미국인 등이 살해된 데 대해 보복하고자 한 것으로 그들은 속히 사자를 보내오라고 요구하였고, 25일에는 수십 명이 영종진에 상륙하여 성문에 육박하였다.

이에 신효철申孝哲이 지휘하는 1백여 수비군과 교전 끝에 2명의 사망자와 많은 부상자를 내고 물러갔다.

이 소식은 21일 서울로 전해졌고 조정의 놀람은 물론 부모의 묘를 모욕당한 대원군의 분노는 극도에 달하여 양이洋夷의 추적을 엄명하는 동시에, 이러한 괴변은 필시 천주교도의 내통과 향도響導에서 발생하는 것이라 결론짓고, 국내에 잔존하는 천주교도들을 더욱 엄히 단속하도록 전국에 명령하였다.

이 사건이 있은 후 세력을 한 손에 장악한 흥선대원군은 서양인들을 해적이나 미개인으로 보았고 그리하여 쇄국정책은 더욱 강화되었으며 나아가 천주교도들을 박해하는 계기가 되었다. 전통적으로 조상의 묘를 중히 여기는 조선 땅에서 분묘를 도굴하는 행위는 도저히 용납될 수 없는 일이었다.

풍수설을 광신했던 흥선 대원군의 묘소는

경기도 남양주에는 고종(홍릉)과 순종(유릉)의 능이 있다. 홍유릉에는 흥선 대원군의 아들과 손자가 있고, 한평생 숙적인 양 밀고 당기며 정치 싸움을 하던 며느리 명성 황후와 손부 순명효 황후 민씨그리고 순정효 황후 윤씨가 있다. 이곳으로부터 이들이 자주 다니면서 문안드려도 될 만큼의 거리인 남양주 시청을 지나 경춘 국도를 따라 가다 보면 마석 조금 못 미친 곳에 화도면 창현리가 나오는데 바로 흥선 대원군이 말년을 보낸 곳으로 근처에 묘소가 있다.

개천가로 비포장 된 길을 따라 올라가면 '흥원興園'과 '국태공원소國太公園所'란 글자가 바위에 새겨져 그곳이 예전에 '곧은골(직곡直谷)'임을 알 수가 있다.

홍선 대원군의 묘소와 국태공원소

　원래 풍수를 숭상하던 홍선 대원군이 사후 유택지를 스스로 원했는지는 모르지만 고양군 공덕리(현 서울 마포 공덕동) 언덕에 초장으로 모셔졌다.

　차츰 번잡한 곳으로 변하기도 했겠으나, 무슨 이유에서인지 이장을 하게 된다. 이장지는 조선조 제16대 인조가 묻혔던 바로 그 자리로 운천면 대덕리(현 경기도 파주 문산 운천리)였다. 영조 때 좌의정 이집이 이곳은 사혈巳穴이라 뱀이 많이 있으므로 옮겨야 한다는 주장에 따라 인조의 묘는 1731년(영조 7)에 파주의 탄현면 갈현리로 옮겼으며 인조가 이장된 곳은 장릉長陵이라 한다.

　인조가 버린 그 자리로 홍선 대원군의 묘소를 옮겼는데 다시 그 자리도 버리고 1966년 현재의 자리인 경기 남양주시 화도읍 창현리에 묘소를 조성하였다. 그 옆자리에는 홍선 대원군의 근친 후손들의 묘 대신 단비가 세워져 있다.

매화낙지에 묻힌 고종의 뒷날

한편 고종과 명성 황후가 묻힌 금곡金谷의 홍릉은 고종 재임시에 당대의 명풍수가 주운한朱雲漢, 김광석金光石, 전기응全基應 등에게 명해 선택된 것이다.

마석磨石의 천마산天磨山을 조산으로 하고, 그 맥이 뻗어 내린 묘적산妙積山을 주산으로 삼았으며, 그것으로부터 흘러내린 맥이 묘방卯方(동쪽)에서 입수하여 매화낙지형梅花落地形을 이루고 있다. 그 상부에 을좌신향乙坐辛向의 봉분을 일구었기 때문에 청룡과 백호는 안팎으로 여러 겹으로 쌓이게 된다.

이 홍릉 땅은 원래 장중응張重應의 선조 산소로 왕릉을 조영할 즈음, 바로 관이 들어갈 자리를 파는데 글을 새긴 돌이 발견되었던 것이다. 그 돌을 씻어보니 〈5백년권조지지五百年權措之地〉라 쓰여 있었다. 이것은 조선 초기에 무학 대사가 5백 년 후 왕의 묘소가 되리라는 것을 예측하고 그 뜻을 돌에 새겨 매장해 둔 것일 거라는 설이 지배적이었으나 구구한 후문은 많았다.

매화낙지의 영험은 자손 번창과 부귀에 있다고 한다.

홍릉의 오른편에 있는 유릉裕陵은 조선의 마지막 임금 순종의 무덤으로 홍릉의 청룡 안에 자리잡고 있다. 이 묘지를 정한 이왕직李王職, 참봉인 지관 전기응은 다음과 같은 말을 남겨놓고 있다.

〈십자통기형十字通氣形, 또는 내팔겁팔형來八怯八刑이라고도 말하는 이 지형은 지맥이 8자 형으로 위에서 내려뻗는 데 상대하여, 아래로부터 다시 역 8자 형의 지맥이 맞닿아 이룬 명혈이다. 이 거팔내

팔去八來八이 마주치는 양측에는 1개씩의 약간 높은 원구圓丘가 있는데, 이를 좌종사左鬃砂와 우종사右鬃砂라 한다.

이 풍수혈은 생기生氣를 거두어 모으는 데는 더 이상 좋은 형이 없고, 이 점에서는 홍릉보다 혈이 좋다. 좌우 종사는 유기격遺氣格, 또는 유기격留基格이라 하여 자손의 번영을 이루는 금사禽砂의 일종이다.〉

하필이면 자손이 없는 그 임금에게 자손이 번창할 혈을 잡아 묻었으니, 유릉의 발복은 추상적일 수밖에 없는 노릇이다.

그곳에 홍릉을 조성키 위해 사후 5백년이 넘은 양주 조씨 공신 조말생趙末生의 묘소 등 약 5백여 기의 묘소를 이장했다 하니, 진정 백성을 아끼는 군주였다

고종(상)과 명성 황후(하)의 영정

면 바람직한 처사는 아닌 듯하다. 또한 유릉의 자리를 잡아준 이왕직과 지관 전기응은 이미 후사가 없는 순종의 능침을 놓고 좌종사니 우종사니 하였기에 왕실과 백성들을 속이는 행위에 불과하다고밖에 말할 수 없으며, 지관이란 명분을 유지키 위한 지나친 아부에 다름 아닐 것이다.

103년의 세월 차로 같은 터에 태어난 최영과 성삼문

고려왕조의 수호를 위해 보낸 최영의 한평생

1316년(고려 충숙 3) 충청남도 홍성에서 태어난 최영崔瑩은 고려 왕조를 수호하기 위해 평생을 전장에서 보내고, 고려왕조의 자립을 위해 생의 마지막 불꽃을 태웠던 인물이다. 그리고 같은 터에서 103년 뒤 성삼문이 태어나게 된다.

최영의 관향은 동주東州로 지금의 강원도 철원鐵原이다. 동주 최씨 집안은 고려 시대 대대로 이어진 관료 집안이었다. 시조는 개국공신 최준옹崔俊邕이며, 5대조 최유청崔惟淸은 고려 제18대 왕 의종毅宗을 전후한 시기에 활동하며 평장사의 직위에 올랐다. 최유청의 아들 8형제와 손자들은 문신이었지만 무인 집권 기간에도 정치적인 어려움 없이 활동하며 중앙 고위직에 포진하여 문벌의 지위를 누렸다.

『고려사高麗史』「열전烈傳」기록에 의하면 할아버지 최옹崔雍은 어려서부터 학문을 좋아하여 젊어서 동지 10인과 함께 10년 간 공부하기로 약속하였는데 다른 사람들은 모두 포기하고 갔지만 홀로 10년 동안 배우고 힘써 읽지 않은 책이 없어 박학으로 일컬어졌다고 하였다. 최옹은 제23대 고종高宗 때 과거에 급제하여 제25대 충렬왕忠烈王이 황태손으로 있을 때부터 사전師傳으로 있었으며 충렬왕이 즉위한 뒤에는 국자사업國子司業을 지니며 『통감通鑑』을 강하였고, 관직도 높아져 부지밀직사사를 지냈다. 또한 음률을 좋아하였으며, 학생을 모아 글을 가르쳤는데 귀한 집안의 자손이 많았고 한미한 자는 적었다고 한다. 이와 같은 기록을 통해 최옹의 학문적인 성향과 신진 세력보다는 유력 가문들과 가까운 가문의 특징을 짐작할 수 있다.

황금 보기를 돌같이 하라

최옹에게는 두 아들이 있었는데 최영의 백부인 최원중崔元中은 상서를 역임하였으며 아버지 최원직崔元直 역시 종6품으로 사헌 규정糾正을 지냈다.

문신 가문의 최영이 문신의 길을 택하지 않은 이유는 정확히 알 수 없다. 실제로 최영은 어려서 아버지가 세상을 떠난 뒤, 백부나 아버지의 후광을 직접적으로 받을 수 없었다면 집안의 형편상 학문에 힘쓸 여건이 마련되지 않았을 수도 있다. 그러나 어려서부터 풍채가 뛰어나고 힘이 다른 사람보다 뛰어났다는 기록을 보면 그의 타고난 무인 기풍 때문이라고도 짐작할 수 있다.

아버지 최원직은 최영이 16세 되던 해에 사망하여 고봉현(현 경기도 고양시 지역)에 묻혔다. 최원직은 자신이 죽기 전 최영에게 "황금 보기를 돌같이 하라(견금여석見金如石)"는 유언을 남겼는데 이는 최영의 삶에 중요한 지침으로 작용하였으며, 또한 최영에 대한 평가에서 가장 자주 거론되는 중요한 척도 중의 하나가 되었다. 최영은 화려한 옷을 입은 일이 없었고 재산을 늘리려고 애쓴 일도 없었으며, 거처하는 집이 추하여도 태연하였다. 그는 평소에 좋은 비단옷을 입고 다니며 호의호식으로 일삼는 자를 보면 개나 돼지로 여겼다. 비록 그의 신분이 장수와 재상에 이르고 오랫동안 병권을 맡아 보았어도 수레를 타지 않았기에 그 검소함에 다 경탄하였고 뇌물을 주고받는 등의 부정한 일을 행하지 않았으며 나라에서 상을 내려 준 하인이나 전지田地는 모두 사양하며 받지 않았다.

최영의 학문에 대해서는 전쟁터에서도 늘 시를 읊을 수 있었다고 하는 것을 보면 문자를 모르는 여타의 무장들과는 달랐음을 알 수 있다. 학문이 없었다는 사평史評도 있지만 이는 성리학에 대한 소양을 말하는 것이므로 최영이 학문적인 소양이 부족했다고 말하기는 어렵다.

1392년 이성계는 새 왕조를 열고 조선 태조가 되었는데 6년 뒤에 최영에게 무민공武愍公이라는 시호를 내리고 그 넋을 위로하였다.

측근 무장으로 공민왕의 개혁을 지키다

최영이 역사의 전면에 이름을 알린 사건은 원나라의 쇠퇴와 깊이

뒤편이 아버지 최원직의 묘소이며 앞은 최영의 묘소이다.　최원직의 묘비로 최영이 짓고 썼다.

연결되어 있다. 원·명 교체기의 혼란이 그에게 기회를 제공한 것이다. 최영의 공적인 활동에 관한 기록은 양광도 도순문사楊廣道都巡問使 휘하에 있던 것에서 시작된다. 양광도 도순문사 휘하에서 왜적을 여러 차례 잡은 공으로 왕의 숙위 책임을 맡은 우달치(우달적于達赤)에 임명되었는데 당시 우달치에 임명된다는 것은 중앙 진출의 기회를 잡는 것이었다.

기회는 제31대 공민왕恭愍王 즉위 뒤 바로 찾아왔다. 최영의 나이 37세 때인 1352년(고려 공민 1) 조일신趙日新의 난이 일어났다. 조일신은 반원 정책에 편승하여 정치적 위치를 확고히 하기 위해 대표적인 부원파 세력이었던 기씨 일족의 처단을 주도하며 왕을 압박하여 스스로 우정승이 되었다. 이에 공민왕은 1개월 만에 이제현李齊賢 등 원로대신과 연합하여 조일신을 잡아 정동행성征東行省에서 참형을 가해야 했다.

최영은 조일신의 난에 안우安祐, 최원崔源 등과 함께 공을 세워

호군護軍이 되었다. 곧이어 최영이 동아시아 정세를 본격적으로 익히고, 공민왕 역시 원의 쇠퇴를 확인하면서 반원적인 개혁에 자신감을 갖는 계기가 마련되었다. 한편 공민왕 즉위 전후에 원나라 각지에서 한족들의 반란이 일어났고 결국 한족들의 반란에 힘이 부친 원나라는 고려에 원병을 요청하였고 1354년(공민 3) 유탁柳濯, 염제신廉悌臣 등 명망 있는 장군 40여 명과 군사 2천 명이 파견되었다. 이 속에 대호군大護軍으로 승진한 최영도 끼어 있었다. 최영 등이 속한 고려군은 수십 회의 싸움에서 혁혁한 전과를 거두고 5월 환국하였다.

이러한 원의 혼란과 쇠퇴를 확인한 공민왕은 본격적으로 반원 자주화 개혁을 시행할 수 있었다.

원은 반원적인 공민왕의 태도에 대해 위협을 가해왔다. 고려에서는 이인복李仁復을 보내어 원래 고려의 땅이었음을 들어 정당성을 항변하였고 원나라와의 통상적인 관계는 유지하였으나 한편으로 1357년부터 강남 지역에서 활동하던 장사성, 방국진 등과도 각각 13차례, 7차례 왕래함으로써 원을 견제하였다.

고려로서는 원명 교체기의 혼란 속에서 위기 상황을 맞이하고 있었는데 바로 왜구와 홍건적의 침입으로서, 홍건적의 침입이 본격화될 무렵 최영은 주로 서북면의 책임을 맡아 외적들을 방어하고 있었다. 1361년(공민 10) 10월에는 홍건적의 주력 부대 10여 만 명이 다시 쳐들어와 34일 만에 개경開京이 함락되고 공민왕은 복주福州 (현 안동安東) 지역으로 피난하는 상황이 벌어졌다. 1362년(공민 11)

1월에 최영은 정세운, 안우安祐, 이방실李芳實과 함께 서울 수복에 공을 세워 1등 공신에 오르고 전리 판서典理判書에 제수되었다.

1357년(공민 6) 이후 더욱 잦아진 왜구의 침입에다가 두 차례에 걸친 홍건적의 침입은 고려 사회에 충격을 주었다. 원나라와 관계 회복을 도모하여 관제를 되돌리고 원의 연호를 사용하는 등 원나라의 영향력이 다시 증대되었으며 이런 와중에 공민왕 친위 세력 내에서도 갈등이 빚어졌다. 무장 출신인 최영이 중앙에서 정치적인 영향력을 확대할 수 있었던 것은 이런 정치적인 혼란에서 군사력을 이용하여 공민왕을 지켜주었기 때문이다. 친원파인 최유崔濡의 책동과 김용金鏞의 흥왕사興王寺의 난을 경천흥·이성계 등과 함께 막아 낸 것이 그 계기였다.

신돈 집권기의 유배 생활과 명으로의 교체

1363년(공민 12) 2월 개경으로 환도한 공민왕은 흥왕사에 머물고 있었다. 덕흥군德興君과 내응한 김용은 공민왕이 환도한 뒤 거처하던 흥왕사에 50여 인을 보내 행궁을 침범하고 홍언박을 살해하였다. 당시 밀직사密直事로 있던 최영은 앞장서서 군사를 정비하여 부사 우제禹磾 등과 함께 군사를 거느리고 흥왕사에 달려가 이를 진압하였고 이 공으로 진충분의좌명공신盡忠奮義佐命功臣 1등으로 책봉되어 2백 결(60만 평)의 토지를 받고 관직도 판밀직사사를 거쳐 찬성사에 올랐다.

반원 정책에 여전히 불만을 가지고 있던 원나라에서는 기황후의 책동으로 계속하여 공민왕을 폐립하려고 시도하였다. 1364년(공민 13)에 원나라에 있던 최유가 덕흥군을 받들고 원나라의 군사 1만 명과 함께 압록강을 건너왔고 다시 최영이 파견되었고 이 전투를 통해 최영의 입지는 확실해졌다.

공민왕은 최영 등 무장 세력에 의해 지위를 유지하기는 했으나 그들을 개혁의 중심으로 삼고 싶지는 않았다. 공민왕의 새로운 선택은 세상을 떠나 패거리를 짓지 않을 미천한 가문 출신의 승려 신돈辛旽이었다. 1365년(공민 14) 공민왕은 신돈을 중용했다. 당시 최영은 동서강도지휘사東西江都指揮使로 교동喬桐과 강화江華 주변의 적을 지키고 있다가 왜인들이 진영을 탈취하였는데도 알지 못했다 하여 1365년 3월 지휘사의 지위를 빼앗겼다. 최영은 곧이어 이구수李龜壽 등과 함께 내환과 결탁하여 상하를 이간시켰다는 명목으로 무고를 받았다. 신돈 계열 이득림李得林의 국문이 이어졌고 최영은 3품 이상의 벼슬을 삭탈당하고 재산을 적몰당한 채 유배되었다. 『고려사』에 의하면 이득림이 최영을 죽이고자 했으나 간관 출신 정사도鄭思道의 항의로 목숨을 건졌다고 한다.

병권을 장악한 무장 세력의 영향력을 약화시키려는 공민왕의 의도와 신돈의 이해관계가 맞물린 대책이었다. 원은 극도로 쇠약해진 상태에서 관계 개선을 위해 공민왕에 대한 복위 조서를 내렸다. 왜구의 침입도 소강상태를 맞이하였다. 이러한 상황이 최영에 대한 처벌을 가능하도록 했다.

최영이 신돈에 의해 유배생활을 하던 사이에 중원의 주인이 바뀌어 명이 새로운 주인이 되었다. 또한 새로운 신진 관료들이 성장하고 있었다. 이런 신진 관료들의 협력을 얻어내지 못한 신돈의 개혁은 표류하기 시작했고 공민왕은 신돈의 세력 결집에 대해서 의심하기 시작하였다. 여기에 1370년 제2차 동녕부東寧府 정벌을 치르면서 무장에 대한 중요성이 다시 제기되었으며 1371년(공민 20)을 전후하여 왜구의 공세가 강화되고 있었기에 최영 등 무장 세력의 보호가 공민왕에게는 절실해졌다.

신돈은 패퇴하였고 최영은 곧바로 문하찬성사를 맡으면서 중앙에 다시 등장하였다. 그런데 중원의 새 주인인 명 중심의 세계 질서를 대세로 받아들인 신진 관료들이 등장한 이 시기는 신돈 집권 이전 최영이 정방을 주도하던 시기와는 달랐다.

신진 관료들로서는 신돈도 함께 하기 어려운 존재였지만 최영 역시 그리 달가운 존재가 아니었다. 그러나 공민왕은 최영의 편을 들어주었고 공민왕 재위 중 최영에게 마지막으로 주어진 임무는 결국 무장으로서의 역할이었다. 1371년 이후 고려에 대한 압력을 가중시켜 오던 명은 1374년(공민 23) 사신 임밀林密을 보내 제주의 말 2천 필을 요구하였다. 그런데 제주의 목장 관리인이었던 원나라 출신 목자인 함치(합적哈赤) 등이 말을 3백 필만 보내왔고 공민왕은 전함 314척과 군사 약 2만5천6백 명을 보내 제주를 토벌하도록 했다. 최영 등이 합치의 저항을 토벌한 뒤 돌아왔을 때 공민왕은 이미 시해된 뒤였다.

왜구와 이인임 세력으로부터 국가와 국왕을 보위하다

1374년(공민 23) 9월 공민왕이 시해된 뒤 우왕禑王이 10세의 나이로 즉위하였고, 우왕을 옹립한 이인임은 실권을 장악하였다.

최영 또한 정예화 된 군사 집단을 배경으로 권력에 참여했다. 정국의 주도권을 장악했지만 독자적인 군사력이 부족했던 이인임은 군사 기반을 장악한 최영의 협력이 필요했다. 우왕 대의 정국은 기본적으로 이인임파와 최영의 연합 혹은 협력에 의해 운영되었다.

우왕 초 이인임은 원나라와의 국교 재개 문제로 신진 관료들과 충돌하였는데, 일련의 사태에서 최영은 이인임보다도 더 강력하게 신진 관료들을 견제했다고 알려져 있다.

그러나 최영의 힘의 원천은 무엇보다도 국가적 위기에서 지켜줄 무장으로서의 신망이었다. 최영은 공민왕과 우왕 대를 전후하여 크고 작은 1백여 차례의 싸움에서 한번도 패하지 않았다. 왜적들은 최영을 백수白首 최崔 만호萬戶라 불렀는데 항상

"가장 무서운 자는 백수 최 만호뿐이다."

라는 말을 할 정도였다. 최영은 이미 노년에 이르렀음에도 불구하고 자신의 휘하 정예병을 중심으로 군사 활동을 계속하여 존재를 과시하였다.

우왕 때 왜구와의 가장 큰 싸움 중의 하나는 홍산鴻山 전투였다. 1376년(고려 폐왕 우 2) 연산連山 개태사開泰寺에 왜구가 쳐들어왔다. 왜구 격퇴를 맡은 원수 박인계朴仁桂가 패하여 죽고 왜구는 홍산으로 향하자 최영이 출정을 자원했다. 당시 우왕은 최영의 나이

를 들어 출정을 만류하였으나 출정을 거듭 청하였다. 당시 최영은 노구에도 불구하고 험하고 좁은 석벽에 의존하여 도망갈 길을 스스로 차단하고 병사들보다 앞에 나가 싸워 대승을 거두었다. 최영은 홍산 전투에서 세운 공으로 인해 시중에 임명될 기회를 잡았으나 왜구와의 싸움이 아직 끝나지 않았다는 이유로 스스로 시중 자리를 사양하고 철원 부원군에 봉해졌다.

이후에도 최영의 출정은 계속 되었다. 1380년(폐왕 우 6)에는 해도海道 도통사로 개경 입구에 있던 예성강 하류의 동서강東西江에 나가 왜구를 막았는데 당시 병에 걸려서도 출전을 고집하는 최영에게 우왕은 그 공을 기록한 철권을 내렸다. 이러한 전공으로 인해 최영의 위치는 확고했다. 최영은 이인임의 협력 세력이기도 했지만 한편으로는 이인임의 전횡을 견제할 수 있던 유일한 세력이었다. 실제로 최영은 우왕 초년부터 이미 이인임파를 견제하였다.

자신을 더욱 엄하게 단속하다

천도 문제 등을 두고도 대립하였지만 이인임계를 향한 비판의 칼날은 역시 권력을 이용한 토지의 탈점에 집중되었다. 1377년(폐왕 우 3) 교동과 강화의 수비를 맡았을 때 최영은 교동과 강화의 토지를 호강들이 점령하였다고 비판하였다. 최영은 사용私用을 파하여 군량을 삼도록 하자고 청해 우왕의 허락을 얻어냈으며, 교동에는 장정이 머물러 농사를 짓게 하였다.

1379년(폐왕 우 5)에는 신정군新定君 마경수馬坰秀가 양민 30인을 멋대로 은닉하여 종으로 부리고 1백 경이 넘은 토지를 점령하였다가 발각되어 감옥에 갇혔다. 이때 재상들이 마경수를 석방하려 하자 최영은 이들에게 일침을 놓았다. 이인임 등이 마경수를 용서하고 대신에 탈점한 토지만 회수하려는 것을 반대하고 마경수를 국문하였고, 이인임이 다시 도당을 통해서 마경수의 처벌을 늦추고자 하였으나 최영은 끝내 처벌을 강행하였다.

이러한 비판을 위해서 최영은 자기 자신과 주변을 더욱 엄히 단속하였다. 1379년 순천順天과 조양兆陽으로 출전하기 위해 나설 때에는 문하부의 금지 규정을 들어 도당의 전송 행사를 거부하였다. 1380년 승천부 싸움에 세운 공을 제대로 인정받지 못하였다고 호소하던 자신의 휘하 군사 이인무李仁茂, 박위朴葳 등을 사평부에 가두기도 했으며 사람에게 해를 끼친 조카 사위 안덕린安德隣을 법사에 넘겨 엄격히 처리하도록 하기도 하였다.

또한 국가의 창고가 비어 있다는 이유를 들어 하사받은 토지를 사양하고 스스로 여러 차례 쌀을 내어 군량미에 보충하기도 했다. 즉 합법적인 사전 확보의 기회마저 사양함으로써 사전 확대에 반대하는 자신의 명분을 강화하였다. 이러한 청렴성이 바로 최영의 또 다른 무기였다.

최영의 청렴성은 근본적으로 이인임 쪽의 농장 확대와 왜구의 침탈, 잦은 전란으로 인해 피폐한 민생에 대한 염려에서 나왔다. 최영은 우왕 연간 어느 유학자 못지않게 활발히 민생을 돌보기 위한 대책을 왕에게 아뢰었다. 1380년 해도 도통사로 있을 때 명나라가 금은, 마필馬匹, 세포稅布를 독촉하자 포를 거두는 문제로 논의가 있었다. 당시 최영은 사민들의 많은 사고로 인해 생업에 제대로 종사하지도 못했는데 또 베를 내게 하면 그 폐해가 적지 않고 명나라의 요구는 끝이 없을 것이라며 먼저 사신을 보내 바칠 액수를 감하게 해달라고 요청하기를 청하기도 하였다. 명의 지나친 요구로 인한 민생의 피폐를 염려한 것이었다.

상인들의 농간에 따른 물가의 앙등으로 고통을 받는 백성들의 생활을 염려해 이를 해결하기 위한 엄격한 통제를 주장하기도 하였다. 1381년 서울의 물가가 뛰어 오르자 장사치들이 조그마한 이익을 다투게 되자 모든 시중의 물건을 경시서京市署에서 값을 정하고 세인稅印으로 표시한 뒤에야 사고팔도록 하였다. 세인이 없는 것을 매매하는 자는 등뼈와 힘줄을 추려 죽이겠다며 갈고리를 시장에 달아 놓았다는 기록이 있다. 앙등하는 서울 개경의 물가를 안정시키려는 노력이었다. 진휼에도 힘을 기울여 1382년(폐왕 우 8)에 왜구 때문에 생업을 잃고 굶주린 백성들을 위해 보리가 익을 때까지 관미를 내어 싸라기죽(원미죽元味粥)을 만들어 진휼하기도 하였다.

최영이 갖는 힘의 또 다른 원천은 우왕이었다. 최영은 우왕에게 이인임의 독주를 견제해 줄 유일한 세력이었던 데다가 우왕 자신을 지켜줄 믿을 만한 유일한 무장 세력이었다. 최영은 이러한 우왕의 신임을 바탕으로 우왕에게 충언할 수 있었던 몇 안 되는 신료 중 하나였다.

이인임 세력을 축출하고 개혁을 시도하다

최영은 청렴과 강직성에 따른 신망을 무기로 이인임파의 부패와 전횡을 견제해 왔다. 이인임으로서는 최영은 협력자일 뿐 아니라 가장 강력한 맞수일 수밖에 없었다. 이인임은 최영이 장악하고 있던 군사 기반을 자신의 것으로 하기 위해 도방을 장악하고 최영을 압박하였다. 당시 최영을 밀어내려는 음모가 있었던 것은 분명하다. 그러나 우왕의 권유로 관직에 다시 나온 최영은 이인임 계열에게 역공을 펼쳤다. 이미 우왕에게서 토지를 받지 않겠다고 사양하고 스스로 쌀을 내어 군량에 두어 차례나 충당했던 최영은 도당에 나와 여러 재상이 토지와 백성들을 겸병하는 폐해를 말하여 금약을 세워 재상들의 서약을 받아내었다. 그러나 최영으로서는 재추의 재상들을 완전히 장악할 기반이 부족하였고 이인임파 또한 도덕적인 우위를 갖고 있고 왜구의 침입을 막아 낼 구심점인 최영을 대신해 줄 사람을 찾을 수 없었다.

그러다가 이인임파를 축출할 기회가 찾아왔다. 불법적으로 사전私田을 확대하는 이인임 일파에 대해 신진 관료들과 우왕의 불만이 고조되었으며 반대적으로 최영에 대한 우왕의 신뢰와 의존은 점점 깊어졌다. 우왕은 최영에게 의지하여 왕권을 강화하려고 시도하였고 여기에 힘을 보태준 것이 이성계와의 연합이었다. 1380년 황산 전투를 계기로 더욱 입지가 강화된 이성계 세력과 밀착할 수 있었던 것이다.

이성계 등을 우군으로 확보한 가운데 염흥방의 가노가 전임 관료였던 조반趙胖의 땅을 빼앗으려던 사건이 발생하였고 이는 염흥방 등은 축출하고 토지 문제를 바로잡을 절호의 기회였다. 더구나 이성계와 이미 밀착되어 있는 정몽주 등 신진 관료들의 지원까지 얻을 수 있었다. 최영은 정몽주를 비롯한 신진 사류들의 영향력 확대를 염려했지만 이성계 및 신진 사류들의 힘을 빌되 최영과 직접적으로 대립하지 않던 이색 그리고 최영과 가까웠던 우현보禹賢寶 등을 중용하여 균형을 유지함으로써 정국의 주도권을 유지하기로 결정했다.

승리는 최영에게 돌아갔고 최영과 이성계가 정방을 장악하였다. 최영의 측근 세력을 중용하되 이성계 세력과 명망 있는 인사를 포괄하는 인사 개편이 이루어졌다. 최영은 이인임은 보호하되 임견미, 염흥방이 썼던 사람을 모두 내쫓으려 한데 반해 신진 사류들은 임흥방 등에 의해 쓰여진 인물들 중 신진 관료들은 보호해야 한다고 주장했다. 최영 주도의 개혁이 부진하고 신진 관료들을 등에 업은 이성계와의 갈등이 깊어지는 가운데 명과의 외교 문제가 악화되었다.

위화도 회군으로 갈리는 최영과 이성계의 운명

우왕 대에 북원은 명과의 대결을 위한 사신을 보내며 고려와의 관계를 회복하려고 애쓴 데 비해 새로 중원의 주인이 된 명은 고려와 북원이 연결될 것을 감시하는 한편 명나라 사신 살해 사건, 우왕 책봉 문제를 빌미로 고려에 끊임없이 공물을 요구해왔다.

최영으로서는 공민왕 말년부터 계속된 명의 요구에 마냥 끌려 갈 수는 없을 것이라는 걱정을 이미 여러 차례 피력하고 있었다. 명은 철령 이북의 땅을 요구하였고 철령위 설치를 공식으로 통보해 왔다.

최영은 명과 충돌해서는 안 된다는 생각을 밝힌 하륜과 명의 관복을 따르자고 주장했던 친명파 이숭인을 유배보냈으며 요동 공략이 불가하다고 극력 간했던 공산부원군公山府院君 이자송李子松은 임견미의 잔당을 숙청한다는 명목으로 유배 보냈다가 죽였다. 또한 같은 해인 1388년(폐왕 우 14) 3월 최영의 딸이 우왕과 결혼하게 되는데 이는 최영의 뜻이라기보다는 이성계와 최영 세력 사이의 갈등 속에서 왕권의 한계를 느낀 우왕의 불안감이 강하게 반영된 것이다. 당시 최영은 자신의 딸이 첩의 딸이라는 이유를 들어 울며 거절했다는 것으로 보아 오히려 소극적이었던 것으로 보이나 결과적으로 영비寧妃를 매개로 최영은 우왕과 더욱 밀착될 수 있었다.

곧이어 명이 요동에서 철령까지 70개의 역참을 설치했다는 보고가 들어오자 총동원령이 내려졌으며 명의 관복을 벗고 원나라의 관복을 다시 입고 명의 연호 사용도 중지했다.

이성계는 이때 잘 알려진 대로 요동 정벌을 반대한다. 1388년(폐왕 우 14) 5월 14일 이성계와 조민수는 사대의 의리와 사신 박의중의 귀국을 기다려 볼 것, 여름철의 비와 식량 부족을 내세워 회군을 다시 한 번 청했으나 최영은 거절하고 압록강을 건널 것을 거듭 재촉하였다.

5월 22일 이성계와 조민수는 회군을 결정하였다. 6월 1일 원정군은 회군하였고 원정군과 개경 수비군, 왜적의 방비를 위해 양광도 지역으로 흩어져 있던 최영의 군대는 힘을 쓸 수 없었다.

그러나 이성계로서도 최영을 쉽게 처단할 수는 없었다. 패배를 모르는 백전노장으로 왜구로부터 나라를 지켜내었고, 황금 보기를 돌같이 하던 청렴한 인물로 신망이 두터웠기 때문이다. 더구나 이성계는 국왕의 명을 어기고 회군해왔으며 또한 최영은 이성계를 적극 믿고 추천해 준 인물이었다. 『고려사』에서는 당시의 일을 기록하기를 이성계가 다음과 같이 말했다고 한다.

"이와 같은 사섭事燮은 나의 본심이 아닙니다. 그러나 대의를 거역했을 뿐 아니라 국가가 편안하지 못하고 백성들이 수고롭게 어려움을 겪어 원망이 하늘에 사무친 까닭으로 부득이한 일이었으니 잘 가십시오."

또한 최영과 이성계가 서로 마주 보고 울며 헤어졌다고 기록하였다.

최영은 고봉현, 지금의 고양 지역으로 유배되었다가 곧 다시 합포合浦(현 마산)로 옮겨졌다. 최영의 측근들도 모두 제거되었으며 우왕도 이성계와 조민수를 제거하려다가 폐위되어 강화에 안치되었다. 최영은 창왕 즉위 후 다시 잡혀와 왕안덕王安德, 정몽주, 성석린, 조준 등의 국문을 받은 뒤 충주忠州로 옮겨졌다. 최영을 죽이라는 조인옥趙仁沃과 이제李濟의 상소가 이어졌으며 같은 해 12월 최영은 처형되었다.

최영의 죽음을 슬퍼하여 서울 사람들은 철시하고, 어린아이와 부녀자까지 모두 눈물을 흘렸으며 길옆에 있는 최영의 시신을 본 길가는 자들은 말에서 내렸다. 이성계 등이 실권을 장악하고 있던 도당都堂에서도 장례 비용을 부담해 주었다.

풀이 나지 않은 최영의 붉은 무덤

이성계는 회군하여 실권을 장악하였고, 그 뒤에 돌아온 사신 박의중은 철령위 문제를 명나라에서 양보했다는 소식을 전해 왔다. 이성계 세력은 토지 제도 개혁을 단행하고 곧이어 조선을 건국하였다. 최영은 처형되었고 공민왕 때부터 시도된 요동 회복의 꿈도 사라졌다.

조선 시대에 최영은 어떤 인물로 비춰졌을까? 최영에 대한 비판은 명에 대한 사대의 의리를 저버려 명의 노여움을 촉발시켜 국가적 위기를 가져왔다는 것에 두어졌다. 그 외에는 최영이 막료들에게 심하게 대했다거나 강직하기는 하지만 고지식하다는 것 외에 크게 비판할 거리가 없었다. 그들도 재산 불리기를 일삼지 않고 의복과 음식도 검소하며 오랜 병권에도 뇌물을 받지 않고 불의를 미워하던 최영을 부인하지는 못하였다.

건국의 정당성과 관련되어 있어 요동공략에 대한 평가는 박하였지만, 조선 건국 후 태조 자신이 1396년(태조 5) 최영에게 무공과 나라에 대한 충성심을 인정하여 무민武愍이라는 시호를 내렸다. 세종은 최영의 자손 중 서용하겠다는 뜻을 밝히기도 하였으며 세조 때에 양성지梁誠之는 왜구를 토벌한 공을 들어 최영을 제사해 주기를 청하였다. 중종이나 선조 때에 들어서도 왜적과 부딪히게 될 때마다 최영이 왜적을 물리친 공과 엄격한 군율로 왜적을 두렵게 했던 것을 회상하기도 하였다.

민간에서는 자신의 꿈을 실현시킬 기회를 얻기 어려운 일반 백성들이 무신巫神으로 숭앙되기도 했다. 또한 고양 대자산大慈山에 있는 묘는 조선 시대 내내 충성과 청렴결백을 상징하는 기념물로 기려졌다. 최영이 참형을 당할 때

"내가 평생에 탐욕의 마음을 가졌었다면 내 무덤에 풀이 나겠지만 그렇지 않았다면 풀이 아니 날 것이다."

라고 하였는데, 과연 그의 무덤에는 풀이 나지 않아서 '붉은 무덤'이라고 불리게 되었다. 『신증동국여지승람新增東國輿地勝覽』이래 19세기 편찬된 읍지邑誌들은 모두 그의 무덤이 풀이 나지 않는 적분赤墳이라는 기록과 함께 그를 기리는 변계량卞季良의 시를 함께 전해주고 있다.

奮威匡國髮星星 분위광국발성성
學語街童盡識名 학어가동진식명
一片壯心應不死 일편장심응불사
千秋永興泰山橫 천추영흥태산횡

위엄을 떨쳐 나라를 바로 잡으려다가 머리털 희게 되니
거리에 노는 어린애도 다 그의 이름 아는구나.
한 조각 장한 마음 죽어도 없어지지 않고서
먼 세대를 지나도록 태산과 함께 길이 빛나리.

또한 원천석元天錫도 최영을 기리는 시를 남겼다.

水鏡埋光柱石頹 수경매광주석퇴
四方民俗盡悲哀 사방민속진비애
赫然功業終歸朽 혁연공업종귀후
確爾忠誠死不灰 확이충성사불회
紀事靑編曾滿帙 기사청편증만질
可憐黃壞已成堆 가련황괴이성퇴
想應香香重泉下 상응향향중천하
掛眼東門憤未開 괘안동문분미개

거울이 빛을 잃고 주석이 무너지니
사방의 백성들 모두 슬퍼하네.
빛나는 공업은 끝내 썩어지게 된다 해도
꿋꿋한 충성은 죽어도 사라지지 않으리.
이미 기록된 사실 사책에 가득 실렸건만
새로 이루어지는 흙무덤 가련도 하구나.
멀고 먼 저승에서 무엇을 하는가 하니
뜬눈으로 동문을 향해 울분을 참지 못하리.

　한편 고양 군수로 부임한 김유金楺, 최창대崔昌大, 윤지尹志 등
은 섭토涉土를 더해 주고 제문을 지어 제사를 지내주기도 하였다.
고양은 최영의 아버지 최원직이 묻힌 곳이며, 다른 곳의 전장을 사
양하면서도 아버지 선산이 있던 이 지역의 전장은 사양하지 않아
그의 경제적 기반이 되어 준 곳이기도 하다. 또한 그가 신돈에게 몰
려 유배되기 전에 머물던 곳이기도 하며, 이성계의 위화도 회군 뒤

유배된 첫 지역이기도 하다.

동주 최씨의 혈통

현대까지도 추앙받는 최영 장군을 배출한 동주東洲 최씨崔氏의 시조는 고려의 개국공신으로 삼중대광의 벼슬을 지낸 최준옹崔俊邕이며, 본관은 동주東洲(철원鐵原)로 정하고 정착한 가문이다. 시조의 5세손 최석崔奭은 고려의 제11대 왕 문종文宗 때 형부시랑을 역임하고 제13대 선종宣宗 대에 이르러서는 감수국사에 이르렀다. 제16대 예종 대의 대문장가 최유청崔惟淸도 문중을 빛낸 대표적 인물이라 하겠다. 한편 최유청의 증손이며 최정소崔貞紹의 아들 최옹崔雍은 제23대 고종高宗 때 문과에 급제한 후 대관승大官丞을 거쳐 1280년 (고려 충렬 6) 정랑正朗과 경사교수經史教授를 겸임하였으며 부지밀 직사사, 문한학사文翰學士의 영예를 차지한 동주 최씨의 선현이다.

근대에 이르러서는 대국학자 육당六堂 최남선南善과 역대 국무총리와 대한적십자사 총재를 지낸 최두선崔斗善 형제도 문중의 대표적 인물로 보전되고 있다.

우리나라 민족의 정신적 지주가 되고 있는 최남선은 11세의 어린 나이에 〈황성신문皇城新聞〉에 투고하여 주위를 놀라게 하였고 잡지 『소년』을 창간하여 주권을 잃은 우리 민족의 울분과 격문을 논설로 발표하여 일제에 항거하였으며, 3·1운동 당시 기미 독립 선언문을 기초한 민족 대표로 활약한 진정한 애국자이자 신문학新文學과 국학國學 개척의 선각자이다.

큰 활약을 한 동주 최씨의 인물들을 보면 다음의 표 같다.

동주 최씨 역대 인물고

동주 최씨	왕대	벼슬	동주 최씨	왕대	벼슬
최유崔濡	고려 제12대 인종	평장사	최정崔証		예부상서
최석崔奭	고려 제13대 선종	대학사	최방계崔芳啓		대제학
최유청崔惟淸	고려 제19대 명종	감수국사	최신윤崔臣胤		이부상서
최종준崔宗峻		문하시중	최선崔善	고려조	평장사
최종재崔宗梓		판공부사	최영崔英		도감판사
최평崔坪	고려 제23대 고종	형부시랑	최담崔潭		조열대부
최린崔璘		우부승선	최민변崔閔抃		좌의정
최온崔溫		좌복야	최민사崔閔思		찬성사
최문본崔文本	고려 제24대 원종	판도판서	최충헌崔忠獻		중추부사
최옹崔雍	고려 제25대 충렬왕	정랑	최망용崔望龍		중추부사
최운崔雲	고려 제27대 충숙왕	상호군	최두혁崔斗赫	조선조	부총관
최맹손崔孟孫	고려 제31대 공민왕	밀직제학	최충국崔忠國		호조참의
최원직崔元直	고려조(최영 아버지)	정시랑	최정섭崔廷燮		가선대부
최영崔瑩	고려 제33대 창왕	찬성사	최도崔渡		가선대부
최징崔澄	고려조	평장사	최익하崔翊夏		중추부사

대자산 기슭에 천년 유택을 잡았건만

고려 말기의 명장이자 충신으로 고려를 끝까지 받들려다 뜻을 이루지 못하고 끝내 처형된 최영 장군의 묘는 경기도 고양군 벽제읍 대자산大慈山 기슭 고봉高峰 마을에 있다. 봉분은 단분으로 부인 문화 유씨와의 합장묘이며, 묘의 형태는 화강암 장대석長臺石으로 2단의 호석護石을 두른 전형적인 고려 양식의 방형묘方形墓이다. 봉분의 바로 앞에는 혼유석, 상석, 향로석이 차례로 있으며 그 좌우에는 후대에 세워진 묘비 2기가 있고 봉분의 좌측 후편에 원래의 묘비 1기가 세워져 있다. 봉분 앞쪽 좌우의 망주석 1쌍 중 문인석은 1970

년에 새로 제작된 것이며, 곡장曲墻이 추가되었다. 이 묘의 위편에는 장군의 부친 최원직의 묘가 있다.

원래 최영의 묘에는 풀이 자라지 않아 예부터 주민들은 그의 묘를 '붉은 무덤'이라고 불렀는데 1980년대 중반 그의 후손들이 묘역 공사를 하면서 봉분이 내려앉는 것이 안쓰러워 봉분에 풀을 입혀서 지금은 예전의 모습과 달리 풀이 자라고 있다. 하지만 잔디는 보이지 않고 잡초만 자랄 뿐이다.

이성계의 위화도 회군 이후 고양에 유배된 뒤 1388년(폐왕 우 14)에 장단 덕물산에서 처형되어 이곳에 안장되었다.

현재 아버지 최원직의 묘는 최영의 묘 앞에는 상석 1기와 향로석이 있을 뿐이며 봉분은 고려와 조선 초에 쉽게 볼 수 있는 사각 묘이다. 봉분의 뒤편으로 약 50미터 길이의 곡장이 둘러쳐져 있다. 묘 좌측에 있는 묘비는 팔작지붕 형태의 옥개석과 비신 그리고 기단으로 이루어져 있는데 건립 시기는 1386년 12월에 세워진 것이다.

비의 앞면에는

贈推忠雅亮廉儉 輔世翊贊功臣 壁上三韓三重大匡 判門下府事
上護軍 兼 判藝文春秋館事 東原府院君 崔公墓

증추충아호렴검 보세익찬공신 벽상삼한삼중대광 판문하부사
상호군 겸 판예문춘추관사 동원부원군 최공묘

라 새겨져 있다.

이 묘비는 그의 아들인 최영이 직접 쓰고 세운 것이라 하는데 우리나라에 남아 있는 고려 시대의 매우 드문 화강석 묘비이다. 최원직은 고려 후기 문신으로 상호군, 예문관, 춘추관사를 지낸 뒤 동원부원군에 봉해진 인물이다.

충신 중의 충신 성삼문

그대는 나의 임금이 아니오

성삼문이 태어난 터를 살펴보면 충청남도 홍성군 홍북면 노은리魯恩里를 둘러싼 삼봉산三峯山이 있고 그 산줄기인 수리봉 아래 최영사지崔瑩祀地가 있으며, 이 마을 입구엔 성삼문의 유허비가 있어 최영과 성삼문 두 분이 동일한 터에서 태어났음을 알려준다. 최영이 태어났던 그 터에 성삼문의 외조부 춘천春川 박씨 박첨朴瞻이 살고 있었으며, 성삼문의 어머니는 그를 잉태한 후 친정에서 해산을 하였다. 103년 세월의 공간을 두고 같은 장소에서 태어난 최영과 성삼문은 높은 명성에도 불구하고 모두 비명에 세상을 떠나 그들이 태어난 터의 지세에 대해 생각해 보지 않을 수 없다. 최영과 성삼문 모두의 운명은 승승장구 했으나 모두 혹독한 죽임을 당했으니 운명이란 것이 참 얄궂다고 밖에 말하지 못하겠다.

유허비 전면은 우암 송시열이 비문을 지었음에도 사정에 의해 세우지 못한 뒤 윤봉구尹鳳九가 뒷면에 다시 그 유래를 적어 세우고, 적동赤洞을 노은동魯恩洞이라 칭하였다고 한다.

이 노은단에는 성삼문, 박팽년, 이개, 유성원, 하위지, 유응부 여섯 분을 모셨고, 옆자리 별사別祠는 성삼문의 아버지 성승成勝을 모

충남 홍성에 있는 성삼문의 노은단(상)과 유허비(하)

신 충절의 사당이다.

충신 성삼문의 본관은 창녕昌寧이고 자는 근보謹甫 또는 눌옹訥翁이요, 호는 매죽헌梅竹軒이다. 아버지는 도총관 성승이며, 어머니는 현감 박첨의 딸이다. 성삼문이 태어날 때 하늘에서 낳았느냐고 묻는 소리가 세 번 들려 왔다고 해서 그의 조부 성달생이 이름을 삼문三問이라 지었다 한다.

조선 초기의 문과 급제자인 성삼문은 한 임금의 복위 운동을 목숨과 바꾼 사람이다. 성삼문 일족은 대부분이 경기도 파주, 포천, 양주, 고양 등지에서 뿌리 내린 권문세도가의 씨족으로서, 성삼문은 파주시 천현면(현 법원읍) 금곡리에서 성달생으로부터 글공부와 인생을 배우며 학문을 닦았다. 성달생의 지도를 받으면서 먹 글씨를 얼마나 많이 썼는지 골짜기 개울에 먹물이 많이 흘러 개묵溪墨이라고 불리며 전승되는 곳이 있다. 이곳에는 성달생과 그 자손들이 살았다는 생가터가 있기도 하다. 한때 한양에서 거주한 일이 있으나 언제쯤인 지 확실하지는 않다.

지금 그 곳은 파주시 적성면 수정봉 기슭 덕내곡德乃谷이니 현재

성삼문의 집터. 현 서울시 종로구 정독도서관 자리

의 동 이름으로는 장현리 산덕동에 해당되며, 그 곳에 가면 서당터가 남아 있어 충신의 혼령이 머물고 있는 곳으로 여겨진다.

이후 성삼문이 한양에서 살았던 곳은 장원서掌苑署(궁중 정원에 과일, 꽃 등을 가꾸던 관청) 앞인데 현재 서울 종로구 화동花洞 23번지의 정독도서관 부근이다. 1986년 서울시에서는 그가 거주하던 곳임을 기념하기 위해 이곳에 표석標石을 설치해 놓았다.

1442년(세종 24)에는 삼각산 진관사津寬寺(현 서울 은평구 진관동에 있는 고찰)에서 박팽년, 신숙주, 하위지 등과 함께 사가독서를 하였다.

성삼문은 1449년(세종 29) 문과 중시에 장원급제하고 이후 집현전 학사로 뽑혀 이때 세종의 명에 따라 신숙주와 함께『예기대문언독禮記大文諺讀』을 편찬하고 경연관이 되어 항상 세종을 가까이 모시면서 두터운 사랑을 받았다.

또한 세종이 훈민정음을 만들 때에 정음청正音廳에서 정인지, 최항, 박팽년, 신숙주, 이개 등과 이에 참여했는데 이들이 훈민정음 28자를 만든 주역이다. 특히 한글 창제 과정에서는 신숙주와 같이 명나라의 요동을 13번이나 오가면서 그 곳에 유배 중이던 명의 유명한 학자인 한림학사翰林學士 황찬黃瓚과 왕래하면서 음운音韻을 질의하고 명에 가서 음운과 교장敎場의 제도를 연구해 오는 등 노력을 기울여 1446년(세종 28) 10월 9일 드디어 훈민정음을 반포하는 데 커다란 공적을 남겼다.

세종은 말년에 숙환인 안질로 고생하여 온천에 자주 갈 때도 으레 성삼문과 신숙주, 박팽년 등을 따르게 하여 고문으로 삼으니 당시 사람들은 매우 영광스럽게 생각하였고, 세종과 그 뒤를 이은 문종으로부터 나이 어린 단종의 보필을 당부 받아 왔다.

세종과 소헌 왕후 두 분께서도 항상 염려하며 단종의 보필을 부탁했던 것이 훗날 야망이 남달랐던 수양 대군과 안평 대군의 출연을 예측이라도 했던 것은 아닌지, 두 분의 안목이 새삼 경이롭다.

1453년(단종 1) 좌사간으로 있을 때 수양 대군이 계유정난癸酉靖難을 일으켜 영의정 황보인과 그의 세 아들, 손자 넷 등 모두 8명 그리고 김종서 등을 죽이고 스스로 정권과 병권을 잡으면서 그 추종자들과 함께 집현전 신하들에게 정난공신靖難功臣의 호를 내리자 여러 학사들이 돌아가며 잔치를 베풀고 자축하였으나 성삼문은 혼자 그 호를 받음을 수치로 알고 잔치를 열지 않았으며 사양하는 상소를 올렸다. 이처럼 충직한 성격 탓에 시련도 많았다.

성삼문은 이듬해 집현전 부제학이 되고 이어 예조참의를 거쳐 1455년(단종 3)에 예방승지가 되었다. 이해 윤 6월에 들어 세조가 어린 조카 단종을 위협하여 선위禪位를 강요할 때 성삼문은 국새를 끌어안고 만좌 앞에서 대성통곡을 하였다고 한다. 그랬기에 성삼문은 수양 대군으로부터 반수양파로 인식되었다.

봉래산 제일봉에 독야청청 하리라

당시 통곡을 하면서 경회루 물에 빠져 목숨을 끊으려던 박팽년에게 뒷날을 도모하자고 했던 성삼문의 마음은 지금도 널리 퍼져 사람들의 입에서 마음으로, 마음에서 다시 육신으로 전해지며 암송되고 있다.

봉래산蓬萊山 제일봉第一峰에 낙락장송落落長松 되었다가
백설白雪이 만건곤滿乾坤할 제 독야청청獨也青青 하리라.

이 단가短歌에 나오는 봉래산은 흔히들 중국에 있는 봉래산이라고도 하고 금강산이 계절의 변모에 따라 여름철을 '봉래' 라 하는 것에 따라 금강산 봉래라고 하는 이들이 많다. 그러나 성삼문이 읊은 봉래산은 영월 8경의 한 곳이다. 단종을 복위시키려다가 동료 김질(정창손의 조카사위)의 변절로 실패로 돌아간 뒤 죄인 아닌 죄인이 된 성삼문이 처형장으로 끌려가며 읊조린 글이다.

예부터 영월을 평창, 정선과 함께 산다삼읍山多三邑이라 했으니 보이는 것이 태산, 준령이며 깊은 골을 이어가는 물줄기뿐으로 지세가 험해 '이남의 삼수갑산' 이라고 하였다. 이곳은 지금도 자연 도로 사정이 좋지 않아 찾는 사람이 많지 않다.

관문을 하직하니 공명功名이 부운浮雲(뜬구름)이라.

이 몸이 할 일 없어 영월 8경 구경할 제

을지산乙指山 올라가서 태화산泰華山을 바라보니

오색단풍이 가경佳景이요,

계족산鷄足山 가자하니 금강錦江이 둘러 있고,

독야청청 봉래산이 안개에 잠겼노라.

영월 8경을 노래한 이 고장 민요의 한 토막을 읊조리며 역에서 강을 가로질러 시내 쪽으로 들어서면 나지막이 누워 있는 야산이 강 안쪽에 걸쳐 있다. 이 산을 이름하여 봉래산이라 한다.

산은 삼신산三神山에는 미치지 못해도 빽빽한 녹음과 중첩한 산세들이 포근히 안긴 모양이 아름다운 전설의 내용이 서려 있을 법하다. 봉래산은 읍 시가지 동쪽에 머물며 멀리 가리왕산에서 발원하는 물길은 물놀이로 유명한 어라연 계곡을 거쳐 영월에 도착하면 동강을 이루며 산 바닥을 훑는다. 천혜의 암벽은 한 발자국을 내딛지 못할 만큼 현기증을 부르기에 족하다. 다음은 금강정과 민충사, 낙화암이 나란히 이어졌다.

성삼문이 형장으로 가는 길에 이용하여 마음 깊숙한 곳에 숨겨놓았던 농축된 사연이 그의 눈물과 범벅이 되어 오늘날까지 내려오는 것은 참으로 비통한 일이 아닐 수 없다. 성삼문의 심정은 이 세상에서 무엇과도 바꿀 수 없는 선대 임금 세종, 문종과의 약속을 지키지 못한 것에 크게 기인했을 것이다.

임금의 말인 어명을 중요시 하는 것이 아니고 인간다운 약속, 부탁을 저버리지 않으려 하다가 마지막 그 약속과 부탁에 따르지 못하는 사정의 충신은 저 멀리 있는 봉래산이 아니라 바로 단종 임금이 쫓겨나 비통하게 세상을 마감한 영월 땅의 봉래산을 떠올린 것이라 볼 수 있다. 그리고 제일봉 그곳에 키가 큰 푸른 소나무는 바로 성삼문 본인을 가리키는 것이 아닐까 한다.

여기에서 백설白雪은 산과 나무 등을 밟고 있는 존재이니 아마도 수양 대군이 아닌가 싶다. 독야청청은 '홀로 푸르다' 란 의미로 높은 절개를 지켜 변절자들과는 상대를 하지 않겠다는 강한 의지의 표시로 보인다.

백이伯夷 숙제叔齊를 비난한 성삼문

여러 차례 중국을 드나들며 성삼문은 어렵게 얻은 기회를 놓치지 않고 백이, 숙제의 묘에 들렀다. 참배 후 그는 백이, 숙제와 본인의 충신론忠臣論은 다르다며 다음과 같은 시를 지어 묘비에 붙였다. 그러자 차가운 버선에서 갑자기 땀이 흘러내렸다고 한다.

當年叩馬敢言非 당년고마감언비
大義堂堂日月輝 대의당당일월휘
草木亦霑周雨露 초목역점주우로
愧君猶食首陽薇 괴군유식수양미

말머리를 두들기며 그르다고 말한 것은
대의가 당당하여 일월같이 빛났건만
초목도 주나라의 이슬을 먹고 자랐는데
그대 어찌하여 고사리는 먹었는고.

수양산首陽山 바라보며 이제夷齊를 한恨 하노라.
굶어 죽을 진들 채미採薇를 해야 하는 것인가.
아무리 푸성귀인들 그 뉘 땅에 났더냐?

수양산은 중국 산서성山西省에 있는데 백이와 숙제가 숨어 살다가 목숨을 바친 곳으로 그때 먹거리로는 산나물과 고사리 정도였다고 한다. 아무리 대수롭지 않은 풀이라고 하나 그것이 누구의 땅에서 났기에 먹었단 말이더냐 하는 것은 주周의 폭정에 등을 돌린 백이와 숙제가 권력을 피하여 깊은 산골 수양산에 숨어버렸지만, 먹고 살아갈 일이 없어서 산나물과 고사리를 뜯어 먹고 살았다고 하니 그 산나물과 고사리의 주인도 역시 주의 것이기에 비열하게 살았다고 꼬집고 있는 것이다.

이 시의 내용으로 보아 성삼문 본인은 차라리 죽음을 택하더라도 등 돌린 임금의 땅에서 생산되는 모든 것은 어느 하나도 먹을거리가 될 수 없다고 했음과 같다. 이처럼 성삼문은 정의의 편에 서서 투쟁하다가 마지막은 백이와 숙제처럼 은둔의 생활로 목숨을 연장했던 것이 아니라 초연하게 비참한 죽음을 택하였다. 사람의 예지와

심중에 있는 한 점의 결의가 본인의 운명을 결정한다고 하여도 과한 말은 아닐 듯하다.

거열형으로 찢긴 성삼문의 시신

성삼문의 묘소 한 곳은 서울 한강변 노량 영당에 모신 육신묘六臣墓이고, 또 한 곳은 찢어진 수족을 모신 논산의 묘이며, 마지막으로 충남 홍성에 노은단魯恩壇이 있다.

고려와 조선 시대에는 사형 집행 방법이 비슷했지만 유교를 바탕으로 국정의 기본을 삼던 조선 시대에는 그 형벌의 종류도 다양했고 중죄에 대해서는 또한 처참했다. 그 죄와 형벌의 종류를 보면 모반이나 대역죄를 범한 경우 능지처참의 엄한 벌을 받았다. 이는 죄인의 머리, 팔, 다리를 토막을 내어 죽이던 극형으로 토막 낸 시신을 각 지방에 내려 보내 백성들이 다시는 그러한 죄를 짓지 못하도록 만드는 경고성의 효과를 보기 위해 형벌이 이뤄진 후 매장조차 허용치 않았다.

또한 효수梟首라는 형벌은 죄인의 목을 베어 사람들이 자주 왕래하는 곳이나 길가의 나뭇가지, 아니면 높이 장대에 꽂아 전시하는 형이며, 기시棄市란 죄는 왕지王旨(교지)를 위조한 자를 사람들이 많이 모이는 곳에서 목을 베어 그 시체를 길거리에 버리는 형벌이고, 그 밖에 거열車裂은 능지처참의 한 방법으로 죄인의 다리와 팔을 수레에 각각 묶어 반대 방향으로 달리게 하여 사지를 찢어 죽이는 극형의 방법이었다. 여기에 해당되는 죄인은 간통한 남자와 짜고 남편을 살해한 경우나 반역죄를 범한 중죄인으로 거열의 형벌을 적용시켰다. 효수는 집행을 주로 한강변 새남터(용산당 고개)에서 시행했고, 거열형은 의주로 통하는 서대문 밖에서 거행했다. 반역죄에 해당되는 성삼문은 거열의 극형에 처해졌는데 갈기갈기 찢긴 시신은 전국을 돌며 일벌백계의 본보기로 철저하게 매도당하였다.

한 차례 전국을 돌며 본보기로 매도당한 성삼문의 시신 일부는 노량진 야산 언덕에 버려졌고, 남은 일부분은 충청남도 논산군 가야곡면 양촌리에 모셨는데 그곳에 모셔진 사연이 다음과 같이 전해진다.

갈기갈기 찢긴 시신은 전국을 돌고 돌아 마침내 통박산 고개 중턱에 이르렀다. 그때 시신을 운반하던 사람들은 모두 무더운 여름에 냄새는 역하고 땀은 나며 또한 마음도 별로 내키지 않아서 몹시 투덜거렸다고 한다.

함께 있던 사람 중에 "그렇다면 아무데나 묻어라" 하는 소리가 나왔고 이에 짐꾼은 더 가지 않고 그곳에 그냥 시신을 묻었다고 하니 이곳이 바로 충신의 또 다른 묘소가 되었다.

이곳 묘소 앞쪽에는 성삼문의 사당 성인각成仁閣이 있는데, 이 사당은 선생의 충성심과 흡사하리만큼 담장과 삼문까지 위엄을 갖춘 사당각이다. 비석의 나이는 정확히 알 수 없으나 비바람에 몹시 시달린 듯 초라해 보이고, 비문은 독해하기가 불가능하다. 묘역에 시립한 문인석은 주인 성삼문의 혼령과 육신을 지키는 수호자로서 찾아오는 문상객을 549년이란 세월 동안 맞이하고 있다.

노량진 언덕 사육신 공원 묘소

서울시 동작구 노량진1동 155-1 언덕에 총면적 9천370평의 넓은 곳에 사육신 공원이 역사의 한강을 껴안고 있다. 이곳은 1400년 중반에 성삼문과 같은 뜻을 가지고 단종의 복위 운동에 뛰어들어 야수와 같은 손아귀에 목을 내놓았던 선배, 동료 충신들과 함께 있는 곳이다.

묘소는 좌측으로부터 하위지의 묘가 있고, 다음으로 성삼문의 묘소가 위치해 있다. 충신 성삼문이 젊은 청춘과 학문, 식견, 정의 등을 모두 주고 바꾼 것은 작고 변색된 상석 1기와 키 작은 비문에 눈물로 먹을 갈아 쓴 성씨지묘成氏之墓란 네 글자의 흔적, 그리고 사발 그릇만한 봉분에 혹독한 한강 바람을 견디면서 따뜻한 봄을 기다리는 퇴색한 잔디 몇 평이 전부이다.

노량진 언덕에 있는 사육신 묘는 대학자이며 생육신의 한 분으로 꼽히는 매월당梅月堂 김시습金時習이 당시 육신이 죽임을 당하고 시신이 여기저기 버려질 때 일부 시신을 한강에 던져 놓았는데, 그 중 일부를 수습하여 만년에도 썩지 않을 충절로 살게 하였다고 전해지고 있다.

서울 노량진 사육신 묘소 내에 있는 성삼문의 묘소

형벌보다 더 잔인한 가족의 몰살

성삼문은 박중림, 김문기, 박팽년, 하위지, 유응부, 허조, 유성원, 권자신, 이개 등과 함께 거사의 기회를 노렸다. 그러던 중 1456년(세조 2) 6월 1일, 상왕인 단종과 함께 창덕궁에서 명나라 사신을 위한 연회를 열기로 하자 그날을 거사일로 잡았다.

거사 바로 전날 집현전에서는 비밀 회의를 열고 세부적인 계획을 세웠다. 즉, 성삼문의 아버지 성승과 유응부兪應孚, 박쟁 등 무신들에게는 세조의 뒤에 서 있다가 운검으로 세조와 윤사로尹師路, 권람權擥, 한명회를 제거하고 병조 정랑 윤영손尹鈴孫에게는 신숙주를 처치하도록 하였던 것이다. 그리고 김질에게는 그의 처숙부 정창손으로 하여금 상왕 복위를 주장하도록 설득시켰다.

그러나 하늘도 무심하게 당일 아침에 갑자기 연회 장소가 좁다는 이유로 운검의 시립이 폐지된 채 잔치가 열리게 되었다. 어쩔 수 없이 거사를 훗날 세조가 친히 거동하는 관가觀稼 때로 연기하기로 하였다. 하지만 그날은 결국 오지 않았고 단종 복위의 전모가 세상에 밝혀지고 말았다. 함께 모의했던 김질과 그의 처숙부 정창손이 세조에게 밀고하여 모의자 모두가 체포당했기 때문이다.

성삼문은 체포된 뒤 모의 사실을 시인하면서 세조에게

"그대로부터 받은 녹祿은 우리 집 창고에 쌓아 두었으니 모두 가져가라."

고 할 정도로 의연한 모습을 보였다. 모진 고문을 당하면서도 조금도 굴하지 않았으며 오히려 이 사건에 연루되어 문초를 받고 있던 강희안姜希顔을 변호하여 그를 죽음에서 면하게 하는 한편, 세조의 불의를 나무라거나 세종과 문종의 당부를 배신한 신숙주에게 그 불충을 지적하였다. 이에 크게 노한 세조는 무사를 시켜 쇠를 불에 달구어 그의 다리를 태우고 팔을 잘라냈으나 얼굴빛 하나 변하지 않았다고 한다.

얼마 뒤 성삼문은 김문기, 이개, 하위지, 박쟁, 박중림, 유응부, 아버지 성승 등과 함께 군기감 앞에서 능지처사되었다. 더욱이 당일 형을 받은 충신 모두의 가족 중 남자는 동기간을 비롯하여 자식, 손자까지 죽이고 그 가손(여자)들은 모두 비천한 관노로 입적하게 하였다. 이로써 성삼문의 아들 맹첨孟瞻, 맹년孟年, 맹종孟終 그리고 갓난아이까지 4대 모두가 죽임을 당하여 손이 끊어지고 말았다. 형을 시킨 뒤 별감을 보내 집안을 살펴보니 정말로 세조가 내린 녹이 그대로 남아있었으며, 방바닥엔 거적만이 깔려있을 뿐 가진 것이라고는 아무 것도 없는 가난하기 짝이 없는 선비의 집이었다고 한다.

소탈하여 이야기와 농담을 좋아하고

성삼문은 조선조의 대표적인 충신이자 절신으로 조정의 경연經筵과 문한文翰을 도맡을 정도로 타고난 재질과 자질이 준수하고 문명文名이 높았다.

뒷날 추강秋江 남효온南孝溫은 자신의 저서인 『추강집秋江集』의 「육신전六臣傳」에서 대의를 위하여 홀연히 죽음의 길을 간 그의 높은 절의를 기려 후세에 다음과 같이 전했다.

〈그는 사람됨이 소탈하여 이야기와 농담을 좋아했고, 앉고 눕는 것도 방종하여 겉으로 보기에는 지조를 섬기지 않는 것 같으나 속뜻은 굳고 확실하여 빼앗을 수 없는 뜻이 있었다.〉

이렇듯 마음의 여유를 잃지 않는 가운데 항상 웃음을 머금었고, 그 누구도 흉내 낼 수 없는 지조를 간직했다고 한다.

"성삼문은 충신입니다"

성삼문은 결국 거열의 형을 받고 시신이 갈기갈기 찢긴 채 팔도를 돌아다녔다. 성삼문이 죽자 24세의 젊은 나이로 명나라 사신이 되어 조선에 온 장녕張寧은 몹시 슬퍼하며

"우리 스승 예겸倪謙이 조선에는 재사才士가 많다고 했는데, 어찌하여 한 사람도 볼 수 없느냐."

하였으며, 조정에서 인재들을 모두 없앤 이후부터 그는 조선의 문사文士들과는 글을 나누지 않았다고 한다.

세조는 계유정난의 붉은 핏자국이 지워지지 않은 상태에서 조카 단종으로부터 찬탈한 재위를 14년 동안 붙들고 있다가 1468년 9월 52세의 나이로 수많은 백성들로부터 원망과 비난의 화살을 피하기라도 하듯이 훌훌 떠났다. 세조의 회생 가능성이 없게 되자 둘째 아들 예종은 미리 위位를 받았지만, 그 역시 13개월의 짧은 집정을 마감한 1469년 11월 하늘이 준 20세의 청춘을 돌려줘야만 했다. 예종의 뒤를 이어 세조의 손자이자 예종의 조카인 잘산군(월산 대군의 동생)이 왕위에 오르니 그가 바로 성종成宗이다. 성종이 아끼는 신하

김종직金宗直이 다음과 같이 아뢰었다고 한다.

"성삼문은 충신입니다."

라고 하니 성종의 안색이 좋지 않자 다시 아뢰기를

"전하께서 만약에 변고가 생긴다면 신臣은 성삼문이 되겠습니다."

라고 하니 성종의 안색이 다시 평온해졌다고 한다. 만고의 충신이었지만 반역의 죄로 신원되지 못한 성삼문은 세상을 떠난 지 235년 만인 1691년(숙종 17) 12월에 함께 저 세상으로 동행한 사육신과 함께 관직이 복위되었다. 그리고 이조판서 겸 대제학에 추증되어 충문忠文이라는 시호도 받았다.

형장으로 가는 성삼문의 수레에는

성삼문이 모든 것을 체념하고 형장으로 끌려 갈 때였다. 기회를 보아 그 하인이 슬피 울며 술을 올리자 성삼문은 포박된 몸을 굽혀 마시면서 당시의 심경을 이렇게 토로했다.

食軍之食衣君衣 식군지식의군의
素地平生願慕違 소지평생원모위
心上但知忠與孝 심상단지충여효
顯陵松柏夢依依 현릉송백몽의의

임금이 내린 밥을 먹고 임금이 내린 옷을 입으니
예로부터 먹은 마음 평생에 어김없길 바랐노라.

마음에는 오로지 충과 효만 있을 뿐

현릉(문종의 능)에 있는 송백이 꿈에 아련하구나.

죽음을 맞이하는 그 순간, 자기의 임금인 문종의 능에 심어진 절개의 상징인 소나무와 잣나무가 눈에 아련하다는 이 시의 내용에는 신숙주, 권람, 김질 등의 밀고와 반대에 몹시 격분하고 있음과 말할 수 없는 배신감에 사로잡힌 심경이 드러난다. 어쩌면 시라기 보다 생의 최후를 맞는 인간의 절규라고 봐야 할 것 같다.

자리 잡지 못한 충신의 영혼

충신은 죽고 시신은 각처에 흩어지자 부인 김씨는 자신의 손으로 직접 신주神主를 써서 제사를 지냈다. 그 후 부인도 남편의 곁으로 가게 되자 외손 박호朴壕가 신주를 모시다가 결국 박호 또한 자손이 없어 신주를 인왕산 기슭에 묻었다.

박호가 중종 때 정언正言에 제수되자 그때 대사간[12]에 있던 조 모 씨가 이렇게 논박하였다고 한다.

"역신의 후손은 간관諫官이 될 수 없다. 그러니 이렇게 중요한 직책을 박호에게 맡길 수 없다."

그러자 조정에 있던 신하들이 조씨를 바라보면서 오히려 그를 논박하면서 말했다.

"네가 감히 명신의 후손을 탄핵하고 논박하면서 어떻게 간관의

---

12) 대사간大司諫: 사간원의 최고직, 정3품관으로 언론의 내용을 왕에게 진언하는 직책이다.

성삼문의 조부 성달생의 단비와 아버지 성승의 묘비. 경기도 파주

자리에 있을 수 있는가."

라고 말이다. 훗날 박호는 이조판서까지 지내게 된다.

1672년(현종 13) 호조의 관리 엄의룡嚴義龍이 우연한 기회에 인왕
산 비탈에서 질그릇을 발견했는데 그 안에는 밤나무로 만든 3기의
신주가 들어있었다. 그중 1기는 성삼문이요, 2기는 박호의 부모의
것이었다. 엄의룡은 '성삼문 무술생成三問 戊戌生'이라 적힌 신주를
보고 바로 사대부에 알렸고, 곧이어 서로 앞을 다투어 절을 했다.
그 후 신여神輿(상여)에 담아 박엄찬朴嚴纉의 집에 봉안했다가 곧바
로 홍성에 사는 외손에게 알려져 그때까지 남아 있던 성삼문의 옛
집으로 신주를 옮겼다.

이때에 경기 감사 김우형은 신주가 경유하는 각 고을 수령에게
정성껏 모시도록 명을 내렸다. 심지어 어떤 수령은 상여를 멈춘 뒤
에 노제路祭까지 지냈다고 한다. 1676년(숙종 2) 노은서원魯恩書院

을 세워 사육신을 봉양한 후 이번 일로 성삼문의 집 옆에 녹운서원 綠雲書院을 세우고 사육신 모두를 모시고 제사를 지냈다고 한다. 이후 1871년(고종 8), 세운 지 195년 만에 훼철되자 사육신의 위패를 땅에 묻고 사육신단을 만들어 향사를 지내고 있다.

성삼문의 할아버지 성달생의 묘는 현 경기도 파주시 천현면 금곡리 개묵동 위 파평산 남맥 각모봉 중턱에 모셨고, 아버지 성승과 어머니 박씨의 묘는 노은단 뒷단에 고이 잠들어 있는데 당진에 살고 있는 성삼문의 둘째 동생 성삼빙成三聘의 후손만 수호 관리하고 있다.

참고 문헌

『열성지상통기列聖誌狀通紀』, 한국정신문화연구원, 2003
『한국민족문화대백과』, 한국학중앙연구원, 2001년
『이천군지』, 이천군민회, 1998
『경기금석대관京畿金石大觀』 제4집, 신천식, 경기도청, 1990
『한국풍수사상』, 최창조, 민음사, 1984년
『국사대사전』, 이홍직 외, 삼영출판사, 1984년
『한국구비문학대계』, 한국정신문화연구원, 1980~1988년
『한국구비전설의 연구』, 최내옥, 일조각, 1981년
『한국사』 16, 국사편찬위원회, 1975
『한국학대백과』, 을유문화사, 1972년
『한국설화문학연구』, 장덕순, 서울대학교출판부, 1970년
『조선 풍수』, 촌산지순村山智順, 조선총독부, 1931년
『매천야록梅泉野錄』, 황현, 한말
『조선명신록朝鮮名臣錄』, 이장훈 편찬, 이광훈방, 1925년
『만성대동보萬姓大同譜』, 구희서 편찬, 1900년 경
『갑신일록甲申日錄』, 김옥균, 조선 후기
『선원계보기략璿源系譜記略』, 1897년(고종 34)
『증보문헌비고增補文獻備考』, 홍봉한 등, 1770년(영조 46)
『소재집蘇齋集』, 노수신, 1652년(효종 3)
『지봉류설芝峰類說』, 이수광 편찬, 1614년(광해 6)
『신증동국여지승람新增東國輿地勝覽』, 이행 등 편저, 1530년(중종 25)
『경국대전』, 최항 노사신 강희맹 등, 1485년(성종 16)
『고려사절요』, 김종서 등 편찬, 1452년(문종 2), 춘추관
『고려사』, 정인지 · 김종서 등 편찬, 세종~문종 1년(1451)
『공사견문록公私見聞錄』, 정재륜, 조선
『조선왕조실록』, 조선
「순원 왕후 능지純元王后陵誌」, 「효현 왕후 능지孝顯王后陵誌」,
「철인 왕후 능지哲仁王后陵誌」, 「순명효황후능지純明孝皇后陵誌」
「황후 세보皇后世譜」
「광주 이씨 족보」, 「여흥 민씨 족보」
「명릉지明陵誌」
『승정원일기承政院日記』, 조선
『일성록日省錄』, 조선
『정감록鄭鑑錄』, 조선
『해동이적海東異蹟』, 홍만종, 조선 인조
『역사와 현실』 제15호, 「고려 말 대중국 관계의 변화와 신흥 유신의 사대론」, 김순자, 1995
『국사관 논총』 24, 「고려 후기의 군사 지휘 체계」, 오종록, 1990
『역사학보』 제158집, 「고려 우왕 대 이성계와 정몽주, 정도전의 정치적 결합」, 김당택, 1998
『역사학보』 제143집, 「고려 말 최영 세력의 형성과 요동 공략」, 유창규, 1994
『역사학보』 제38 · 40집, 「신돈의 집권과 그 정치적 성격」, 민현구, 1968년
『진단학보』 83, 「고려 우왕 원년 원과의 외교 관계 재개를 둘러싼 정치 세력간의 갈등」, 김당택, 1981
『일제의 풍수침략사』, 서길수, 서경대학교